"Cultural chic"

(una memoria intelectual)

ALEX PIRET

Alex Piret es un 'famoso autor desconocido', español apócrifo, bilingüe volumen 1, nihilista a ratos - no clichés pls!-, un punto antisocial, no concede entrevistas (a personal manifesto), y vive más o menos placidamente con su mujer e hijo en algún lugar del paralelo 42... Species: unknown. Status: vulnerable

Otras obras del autor

"El pensamiento salvaje"
Una mujer de 54 kilos
1984
Hamburger Hamlet
Alrededor del mundo con 80 usd
Notas desde una habitación de hotel
Pequeños viajes para tipos duros
Cultural chic
Vida urbana
The Alex P Private collection
Españoles: daños colaterales
2100 DC

ISBN-13: 978-1519128546
ISBB-10: 1519128541
Impreso por CreateSpace

"… si las memorias de un yo-yo pueden ser la leche, una memoria intelectual…no digamos, ahora que nadie lee ni su sopa de letras y todos escriben en Facebook o ciento cuarenta caracteres en Twitter -¡qué poco que ver con los tres trillones que hay en un sólo DNA!-, ahora que todos son escritores sociales y cuelgan cabeza abajo en el habitat húmedo y caliente de las redes, una memoria como ésta es puro chic cultural…"

"…don`t miss it! Ponla junto a tus apuntes de clase. Te enseñará a sobrevivir en un dulce y corrosivo anonimato, en la madre de todas las cuevas…"

"…irresistible, extravagante, políticamente incorrecto, oscuro, Alex P es nuestro Pelevin en clave razzmatazz, un genio oculto de la sátira…"

"...si pensabas que Psic era sólo una de esas materias zurronas de no sé qué ciclo... estás invitado a entrar en este laberinto para topos y pupas de la propia identidad, el último grito en militancia subversiva on line..."

"...una antropología de bolsillo para viejos y nuevos españoles, unitarios y federales... life is on line! y en ninguna otra parte. Don´t miss Part I I ("Españoles: daños colaterales") in this same channel...!"

"...polémico, elocuente, inesperado, este chico sabe lo que dice y lo poco que le interesa a nadie, es como una cita a ciegas en el mercato de Addis Abeba...; pero no se preocupe, es inofensivo, fácil de identificar y self constrained..."

"...si sobrevivimos a Meyer, al desórden cultural en televisión y a la sobrepoblación de la Antártida, todavía lo tenemos a él, el último flâneur de las calles de nuestras telépolis...

"...savages reviews del inconsciente colectivo... Alex P es un apócrifo de las redes, un Galliano para nuestro fondo de armario espiritual..."

para agatha y michel de montaigne:
"yo mismo soy el tema de mi libro"

11

PRIMERA PARTE
Historia de yo

Esta entrevista fue realizada a principios de siglo a un sujeto blanco caucásico de mediana edad, clase media baja y formación universitaria, considerado un buen exponente de un sector muy mal definido y en vías de extinción, y que carece de oportunidades para expresarse. El sector en cuestión tiene poco que ver con las variables experimentales a las que la sociedad de hoy se encuentra expuesta, ni con la vulnerabilidad que ésta muestra hacia diferentes actitudes desagravantes, complicidades fáciles, agresividad y conducta antisocial en general, y reniega de la normatividad y de la obediencia destructiva que controla a sus individuos como si estuviesen sometidos a un experimento en psicología social.

Se le pidió que disertase, en la medida de lo posible, sobre algunos conceptos que él considerase claves en su desarrollo personal, aunque en ocasiones resultasen abstractos y no del todo representativos de su condición, ni de la del segmento al que pertenece, y se le advirtió que las condiciones del experimento requerían continuidad.

Se le ofreció libremente como forma discursiva el panfleto, el monólogo o el discurso monográfico, y se le sugirió que podía acompañar el texto (cosa que no hizo), con imágenes, diseños o dibujos de su elección, aún a riesgo de elaborar un grafismo digamos… *manqué*.

El resultado -que podria evocar los trabajos de Solomon Asch sobre conformidad e independencia ("Effects of Group Pressure upon the Modification and Distortion of Judgments") y a las performances de Stanley Milgram en los sesenta, con sus sabores a Seinfield y a la stand-up comedy- mide además del grado de insatisfacción personal y la autolaceración cómica tan en la línea de Milgram, el espectro de una sociedad que induce en sus sujetos una sensación de abandono y desconcierto, y los arrastra a una irreversible crisis de identidad.

¿por qué (soy) somos tan estúpidos?

Para empezar digamos que se se trata de una presentación de enfermo, la mía, donde se cuestiona eso de la estupidez, y se sigue luego por la rutina hospitalaria. Hablamos de dos cosas: de la verdadera estupidez, y de lo que otros llaman estúpido, es decir, de buena y mala conciencia.

¿En qué clase de sociedad vivimos que nos hace partícipes al mismo tiempo de una sofisticada inteligencia formal y de la destrucción de nuestros recursos personales? ¿Se trata acaso de una pregunta retórica, en tanto que uno esta incapacitado para pensarla sino a través del análisis, siendo éste mismo, a fin de cuentas, una enfermedad con la que comparte maturaleza? Si la inteligencia y la elaboración de modelos, la pérdida de los límites en los archivos culturales y en las tecnlogías de la información son rasgos que nos definen, la estupidez es la parte que ocultamos de esta definición. Es el desaliento y la falta de iniciativa impreso en todos los modelos de préstamo que utilizamos. Lo que otros llaman estúpido es el spleen de una retórica desconocida y una forma de resistencia marginal apenas desarrollada (Ace ventura, Romy & Michele…) contra las agresiones del sentido común. Y los que nos sabemos estúpidos -*rara avis*- constituímos una nueva creencia radical que todavía tiene que ver con la inteligencia. Somos pocos (y quizás estemos frente al primer manifiesto de insubordinación) los que nos ocupamos en asumir nuestros impulsos de disolución y quedarnos, como quien dice, a la espera de mejores tiempos.

La comedia de la estupidez (de "Dos tontos muy tontos", por ejemplo) se resiste todavía a aparecer en el discurso y asumirse a sí misma, y lo que apenas hace es desviar la conducta por el ridículo. Estos estúpidos son nuestros antepasados ideológicos, de ellos heredamos el gusto por la inocencia, la extroversión, el dandismo, la heterodoxia, y nos recuerdan a nosotros mismos en el acto de perseguir ciertos objetivos. Ellos nos muestran por vía del absurdo cómo conseguirlo, sin dejar de pensar y sin pensar con el pensamiento del otro. Sus parábolas son edificantes, construyen un espacio desde donde reivindicar la práctica de la mejores intenciones particulares. La estupidez de nuestros estúpidos es impermeable al análisis, en tanto éste forma parte de la sociedad que los excluye; ellos son puro inconsciente en el campo de batalla. *Vis cómica*, pero impostergables a la hora de imputar la responsabilidad ajena.

La literatura no los tiene en cuenta, el cine recurre a ellos de manera sistemática y empieza a utilizar cada vez con más frecuencia personajes radicales adscriptos a fórmulas destructivas de los valores tradicionales. Desde el gore hasta Francis Weber, pasando por Carrey y los daneses, existe una recuperación de conductas alternativas para conseguir la supervivencia de las particularidades. Ello son hoy los subversivos, los grandes pre-teóricos del caos, gurús de la lucha sin cuartel, y en su mundo, en donde se excluye la verosimilitud, se elimina también el problema de la verdad.

La verdadera estupidez se encuentra hoy más que nunca en otro lugar, en el lugar en donde menos se sospecha, donde se la contradice y se la condena, en el lugar de su opuesto dinámico, el de la inteligencia.¿Que qué aspecto tiene? Para empezar digamos que adota la forma de un despropósito, algo con que se consigue lo que no se busca. Los sistemas económicos, filosóficos, los pactos sociales… acaban desintegrándose no sin antes haber embaucado a sectores enteros del pensamiento, y sin haber conseguido ninguno de los objetivos que tienen que ver con nuestras verdaderas aspiraciones, sepultadas bajo toneladas de impulsos vacíos. La sensación de fracaso es inherente al éxito que tiene que ver con la realización de agendas que responden a intereses ajenos.

La historia de las ideas es elocuente: en lugar de realizar los deseos (homosexuales, chovinistas, paranoicos…) hemos hecho semiología, nueva filosofia, revisionismo; creamos escuelas para disolverlas; sistemas políticos que luego traicionamos; somos conservadores, liberales, neoliberales… somos funcionalistas, culturalistas, interdisciplinarios… creamos sistemas inteligentes que no nos permiten serlo, y tecnología sofisticada que nos embrutece… En fin, somos estúpidos cuando pretendemos ser inteligentes.

Ha sido dicho en más de una ocasión: uno se prepare para acabar con su propia inteligencia. Existe un acto subversivo por naturaleza que consiste en atravesar todo el campo de producción teórica para entrar en una nueva dimensión en la realización de las pulsiones. El arte es un buen ejemplo: el descubrimiento de sistemas personales que hacen volar por los aires el discurso del orden, los grandes rulos institucionales.

Necesitamos mucha más radicalidad, más "terroristas" que desacrediten las formas tradicionales de la estupidez. Nos faltan verdades, espacios libres para la reorganización intelectual, lugares desde donde hablar al corazón de imbéciles morales y económicos, y de todos los pequeños asesinos que nos amenazan. Un rincón desde donde hablar poco y con coherencia. Nada peor que descubrir que la verdad que creías tuya, es del vecino. Y en esta cultura de tránsito, entre el viejo pedestrismo y el nuevo protoeuropeísmo, parcelamos para ganar sentido y globalizamos para perderlo y ganar estabilidad.

La idea es algo compleja, vivir en grandes macro-aldeas aleatorias parece ser la solución perfecta para salvar-nos de la estupidez (del nacionalismo en éste caso), pero es inútil en tanto que no se realiza al nivel de las verdaderas intenciones, y probablemente al hacernos tolerantes nos ha-cemos estúpidos por partida doble. Estamos al principio de las cosas, y pintan bien. Algunos se han suicidado, otros di-suelto, y hay muchos por ahí escribiendo manifiestos clara-mente autodestructivos. Sufrimos montones de producción cultural basura que acabará por redimirnos. Terminaremos quizás haciéndonos tolerantes, después de haber acabado con tanta casuística y practicado el sesgo de la expansión. Quizás.

En la aldea primitiva eramos endémicos, unidimensio-nales, temíamos la heterogeneidad y participábamos de una forma de pensamiento mágico. Nuestra tolerancia no estaba en la estupidez sino en la ignorancia. Hoy transitamos por espacios mucho más sofisticados, y nos hacemos intolerantes por estúpidos y estúpidos por inteligentes.

Las máscaras son muchas. Hay toda clase de ismos que combinan jergas dogmáticas con conductas interesadas, y ac-titudes generalizadas que comparten la misma incredulidad y funcionan por afiliaciones, existe una gama infinita de enfer-medades organicistas del carácter que uno llama a falta de otro nombre: terquedad, obstinación, repetición, automatis-mo... Para desemascarar es necesario el diálogo, escuchar la palabra (la referencia es psicoanalítica). ¿Nos salvaremos en-tonces por el análisis, descubriendo cómo nos articulamos con el lenguaje? Quizás en algún caso, pero el análisis la mayoría de las veces no nos salva de nada excepto de nosotros mis-mos. Para salvarse es necesario redefinir, enfrentarnos al do-lor intenso de la decepción y a la visión directa y lastimosa de nuestros propios recursos. Un retour a la griega. No, no somos herederos de nada, salvo de cierta capacidad de retorno a un pensamiento verdadero.

Los pobres diablos se apretan en sus trincheras y defienden frenéticos la eficacia de sus sistemas… se hacen películas, se colectivizan, se escolarizan, se adscriben a los comportamientos que se espera de ellos, como viejos casos clínicos de asilo. Los que nos sabemos estúpidos, en cambio, dispersos e incapaces todavía de alianzas, vagamos por un campo de minas arrastrando nuestra corona de espinas. Sin embargo, nada de martirología, no sufrimos por los demás, somos portadores de una verdad revelada oblicuamente y compartida dentro de una insólita cofradía.

Los surrealistas celebraban en el 28 el cincuentenario "del más grande descubrimiento poético de finales del diecinueve": la histeria, y la redefinían como un medio supremo de expansión. Lo cierto es que los surrealistas tenían poco que ver con ésto, estaban esponsorizados por la teoría, ocultaban ideas mercantilistas y no decían nada, salvo el síntoma. Tampoco somos místicos, no buscamos realidades absolutas, ni creemos en fenómenos psicosomáticos. Ocasionalmente alcohólicos, homosexuales, misóginos, diletantes, marginales, desconocidos o ilegibles… estamos a salvo de cualquier acusación clínica o de proselitismo religioso, y nos reconocemos en la capacidad sensible para medir fuerzas y no molestar a nuestros hermanos independientes, encerrados a cal y canto en sus estudiolos de clase media, rodeados de cosillas africanas y grabados japoneses.

No necesitamos a muchos, reventaremos solos antes de que todo ésto acabe, nos retiraremos pacíficamente, lánguidamente incluso, dejando una extraña herencia, un cazo de sopa de letras para nuestros inadvertidos cónyuges o amantes samaritanas, para discípulos erráticos llegados de las ciencias.

Detestamos las máscaras. Sólo tenemos una y nos sirve para todas las representaciones. Al borde de la obsesión, aceptamos alguna connivencia con el desarreglo, con la enfermedad, porque ésta podría ser, en algún improbable texto doctrinal, una manera de escapar de la estupidez. Si estar enfermos nos cura, es porque la enfermedad marca el fin de esa bravuconada que es la salud, y es al mismo tiempo el colmo de la inadaptabilidad. Enfermar no es otra cosa que hablar seriamente de nuestra vulnerabilidad, y, en realidad, hay pocas cosas menos estúpidas. Enfermos sí, pero no "bovaristas", nos hacemos responsables de nuestros actos.

Llegado este punto, y a sabiendas de qué es y que no es la estupidez, uno se detiene a reflexionar y se pregunta: por qué (yo) soy estúpido. Tiempo de inmolación, de subir a la hoguera en donde se consumen los necios para luego renacer. Hora del autodiagnóstico, del reconocimiento de los signos que nos hacen pensar que soy/somos estúpidos. Signos que son parte de la historia de la personalidad y de una promoción cultural errática.

A veces elocuentes, a veces íntimos y reservados, forman parte de un lenguaje en el que apenas se habla, una lengua secreta que sirve poco para comunicar y mucho más para hacer la guerra. Desvelarlos, hacerlos públicos, será en el mejor de los casos, el primer paso de un curso práctico de recuperación del sentido y del control sobre los mecanismos de elección: ("Me llamo Michele, y soy alcohólica"). Llamar al diablo por su nombre, como los chamanes, convocar las palabras con las que se construye la enfermedad, es el principio de la cura. Entreguemos las armas y dejemos de golpear las cabezas de coleguillas hundidos hasta las tiroides en jergas complacientes, políticos de sondeo todos ellos, oportunistas cínicos, guerreros de las sombras sin pensamiento propio. Entreguemos las armas e iniciemos una convivencia pacífica, enseñémosles a reconducir sus gestos, a escuchar y contemporizar, y la autocrítica a partir de la simple confesión... Veámos esos signos entonces, y dejémosles hacer.

Soy un estúpido, primero, por haberlo sido siempre, por un crash biográfico del que no he sabido recuperarme. Precario e infame en mis relaciones de grupo, socialmente imprevisible, obsesivo en mi vida privada, he sido torpe a la hora de seleccionar conductas e inútil a la hora de conceptualizarlas. Técnicamente incapaz de alcanzar la edad adulta, me he entretenido en el camino con mitos sociales como la educación, el trabajo, el matrimonio… De la educación he hecho una praxis imaginaria; del trabajo una de adaptación a la realidad, igualmente paranoica; y del matrimonio un objeto de pasión al mismo tiempo que una manera de satisfacer mis deseos sociales, consiguiendo con ello su degradación y final, el final de mi último y único proyecto de sociabilidad. En la edad adulta, alejado del matrimonio y de la familia, dedico todas mis energías a salvarme de la inercia, y en ausencia de una comunidad benevolente (religiosa, por ejemplo) en donde someter a algunas reglas mi actitud autopunitiva, tomo posiciones en la soledad y el anonimato, e intento hacer algo de lo que ya nadie se enterará, y pienso que la única paranoia que redime y proyecta socialmente es el éxito.

Soy estúpido por mis errores, despropósitos e inconsistencia, por cierta manera de asumir el destino en toda su errancia y descoordinación, pensando que al final habría un plus de predestinación. Estúpido por creer en mi mismo primero, y luego en nada. Por mis aciertos, paradójicos siempre, inútiles la mayoría de las veces, por el histrionismo de pensar que lo mejor es lo que nos conviene.

Estúpido por no enfrentarme a mis deseos limpiamente y escurrir el bulto de mi verdadera personalidad, la cual, durante años de represión y castigo, terminaría por construir un modelo de sí misma en el que proyectarse… Bien, la secuencia de estas ingratitudes hacia mi inconsciente es larga y aburrida, pero no por ello menos significativa. Veámos algunas: no conduzco, y sustituyo ésta habilidad mecánica por una fantasía de realización de los contrarios en donde me muevo con chófer y limusine o en transporte público; uno se hace pedestre o se hace conducir por su mujer, cuando sus aspiraciones secretas lo llevan a pisar el clavo como Schumaker, y es desde esta inmovilidad, que uno construye una agenda frenética de viajes que nunca terminan. Inmóvil y viajero, es la fórmula paranoica y esencialmente contradictoria en la que me muevo. Me visto conmo Malraux, como un socialista de los sesenta, cuando en realidad y en complicidad con mis proyectos estéticos debería hacerlo como Eminem o M.C. Hammer, no siento ninguna fascinación por las modas ecuánimes de los hombres de letras, sí por las modas polimorfas vinculadas a la música, por el gangismo indumentario, por las modas históricas, sin embargo me visto con las galas del sentido común y el aburrimiento. Pues bien, esta resistencia a la hora de proyectarse es hoy (cuando el vestido se convierte en el primer gestor de la identidad) una manera de engañarse a uno mismo. Otra buena, escribo y pienso que se trata todavía de algo inspirado, en el colmo de la estupidez uno sigue garabateando sus ridículas cursivas de mierda en bibliotecas y rincones oscuros y soltando su trola como si fuera el último comemierda de la tribu, escuchando a sus musas, ya saben, sin enterarse que la creación es un arte antiguo y descatalogado, sin admitir que la literatura hoy es un producto estadístico, infinidad de formularios de afiliación a clubes culturales corporativizados, donde los que de verdad escriben no son los escritores sino los consejos de dirección. Literatura basura para varias generaciones de consumidores interesados sólo en inscripciones y adscripciones, es decir, en el consumo y en la adherencia a sus pandillas. Es el marketing el que decide, después de estudiar los mercados, la supervivencia de ciertos estilos y unos cuantos autores sanguinolentos de carne y hueso. Muerta la inteligencia y la originalidad, sólo quedan un montón de *negros* haciendo obritas de encargo para las grandes coordinadoras y direcciones editoriales.

Soy estúpido por hablar mucho, demasiado, como se hacía antiguamente, cuando hoy el habla se ha convertido también en un acto de adherencia, y no se espera de ella ninguna convicción o suplemento de creatividad. Son los medios los encargados de producir éstos efectos, mientras el habla se transforma en un trasiego de códigos y señas de identidad, y los hablantes hacen poco más que confirmar la receptividad. Hoy, hay gente que pregunta (preguntar parece haberse convertido en un método de seducción) y gente que contesta, pero para que ambos existan se necesita un espacio de emisión y un público, y entre los dos se da lo que podríamos llamar el no va más de la comunicación moderna, una especie extraña de intermitencia jocosa, una dinámica de solapas que sustituye en su totalidad al pensamiento inteligente. Lo único que nos queda es callarnos y balbucear ocasionalmente nuestras claves de adherencia. Estúpido por eso entonces, por no encontrar mi mediodecir. Me pregunto si en el futuro habrá algún otro lugar, aparte del diván, en donde la verdadera palabra se genere, y se produzca esa magia antigua y poderosa que procedía del hablar. El habla de los sentimientos quizás, la del amor… a saber.

Soy estúpido también, no por amar sino por practicar el discurso amoroso. Lo sabemos desde Barthes, el amor no puede ser dicho sino como retórica o fragmento. El discurso amoroso es un código de derecho usual y no hay nada que hacer, sino seguir la reglas. El único entente amoroso que sobrevive es una parodia, y se vende como un formato de televisión. Soy estúpido al hablar del amor, y especialmente estúpido al hablar de amor a mi amada. Lo cierto es que no existe ninguna manera de relacionarse con él, uno le pone palabras y lo aniquila, se tira del balcón, se aplasta contra el suelo y arrastra consigo a la dulce amante desconcertada. Las mujeres saben ésto hace tiempo y permanecen calladas o no se enamoran, hacen sus cálculos, pero no se enamoran. Conozco a fondo mi estupidez en éstos complicados devaneos, y sé de la banalidad, no de escribir sino incluso de pensar en ello. Amar es un verbo funesto y un acto extrahordinario y desconocido, y la estupidez participa de ambos.

Podríamos seguir, pero estoy empezando a cansarme. Estoy en eso, ya saben, en el ejercicio de desmoronarme y de provocar el desmoronamiento del discurso, y este análisis de la estupidez propia y de la de todo el pensamiento, forman parte de la misma saga.

En nuestra nueva aldea, avanzadísimo el programa de arianización europea, existe un fondo de reserva apenas detectado y que tiene que ver con el desconocimiento de los verdaderos deseos y el establecimiento de una historia de lo deseable. Una ganga para los tecnócratas de la estupidez, un super formato económico para las grandes transacciones. Una Europa sin europeos (como un psicoanálisis sin judíos) en donde no queda nada por enseñar. Ignoramos todavía los resultados, la aventura acaba de empezar, pero lo hace sin otra aspiración que cubrir las apariencias, y rellenando densos formularios poco contrastados e ilegibles para las mayorías.

Nos falta, diría Clérembault, un montón de observación por hacer, tenemos al analizante en el diván y esperamos de él que haga sus transferencias y nos deje descubrir el lenguaje con el que de verdad se articula. Estamos a las puertas de un principio de siglo que no es ni esclarecido ni escatológico, sino más bien imprevisible, y nos movemos entre dos opciones desconcertantes, una consiste en no entender nada, la otra, en no tener nada que entender.

En estas instantáneas del final, uno reconoce una estupidez global, apenas diferente de la personal, que nos habla con ese tono brillante y hermético de los agentes de bolsa y las formas métricas de los políticos, de pobreza intelectual, de discriminación, polarización, destrucción de las particularidades, economicismo, tedio y menoscabo de la cultura, y de un vandalismo sin ideas que nos condena seguramente a la enfermedad. El pensamiento, enfeudado en ella, acabará siendo la solución final que terminará con nuestro descarnado e ingenuo romanticismo intelectual, y con la últimas soberbias maneras (la filosofía de los setenta y ochenta) que tuvimos de pensar la realidad. No más frogs, no señor, dicen las malas lenguas.

Sin maestros pensadores, o con éstos reconvertidos a la mala conciencia, con una cultura y una contracultura de cifras de taquilla (dog shows), deshumanizados, corporativizados por supuesto, y finalmente condenados a una vida espiritual pobre, nos enfrentamos a la gran muda y al principio de una nueva saga, retrospectiva como todas, de Star Wars.

Hemos llegado al espacio, pero los que cortan el bacalao allí arriba son los mismos, la Federación, las grandes multinacionales espaciales, los santones de los bancos fusionados, los maestros fundacionales y sus acólitos, las máquinas binarias, los robots y todo eso, la especie al completo se militariza y se dedica a mutilar a sus vecinos en guerras cruentas o a hacer bolillos. La estupidez en los tiempos que corren es una categoría del conocimiento, y nos servirá para todo mientras sirva: para hacer dinero, para colonizar galaxias, para vivir y morir minimalmente.¿Existen acaso otras necesidades que cubrir? Perdidos nuestros viejos deseos y aspiraciones en la globalidad sin atenuantes, sólo nos queda batir el cobre día a día y aburrirnos hasta la pérdida casi completa de los sentidos, o como antes se llamaba … hasta la muerte.

¿Una mierda de visión pesimista? Pues no. En este panfleto lo llamamos optimismo, y surgirá de la ruptura y tomará carta de naturaleza en breve. Estamos seguros que al final de este camino de necios nos espera una radicalidad fresca en la que algunos brillan ya aisladamente. Después de todo, como decía Lacan, las revoluciones científicas siempre generan subversiones en el pensamiento. Una psicología nueva para los *goodies* del Enterprise, mejor aún, una nueva psicología para los tipos que van y vienen del espacio, y para los fetichistas del dinero. Pero habrá que esperar.

¿Y mientras qué? Mientras, la cura, por ejemplo, la cura como aprendizaje. Ha sonado, mucho más allá de las posturas intelectuales, la hora del diván. No importa dónde se encuentre, en su casa, en casa de otro quizás, en la ECF o en la EEP o la IPA o la APA, en una iglesia en Sicilia o en su silloncito inglés o Wassilly… uno elige libremente, pero la cura empieza por la memoria y la palabra; se mezcla la autocrítica con el autoanálisis y un poco de autoindulgencia, se hace el juramento hipocrático, abluciones, se condena cualquier relación transferencial negativa y se lanza uno de cabeza al asunto. La suerte esta echada.

Y en el camino, uno frecuenta metodologías discretas que contribuyen en cierta forma a ésta, veámos algunas:

Pensar a la contra, un soberbio ejercicio de provocación que rompe la continuidad, desestabiliza y estimula la creación de nuevas síntesis.

La contratransferencia que es en cierto sentido la cura del analista, y más que una manera de decir en sí misma, es una de reaccionar ante lo que se escucha; disipados los roles se empieza por fin con un acto colectivo (al menos de dos) de construcción del sentido, y se acaba con la pasividad y unilateralidad del discurso.

El culto a la oralidad, en donde se trata no sólo de hablar, sino de reforzar literariamente el discurso (la ultranza verbal de Leon Bloy, de Lacan, de Cardín, por ejemplo) y dejar de pensar que sólo la palabra escrita nos compromete, abandonar el balbuceo, el blabaísmo, las jergas infantiles, el discurso histérico, el miedo al enunciado… y pensar que uno puede dejar de ser estúpido por la palabra.

La confesión que no es otra cosa que decir la verdad a medias, de mediodecirla, y recibir a cambio una penitencia a partir de la cual rehabilitarnos; un ejercicio más o menos místico a fin de cuentas, para entrar en esa laicidad mucho más blanda de la reeducación…confesar la verdad es acercarse un poco al sentido de ésta.

La sangre fria y el arrojo, dos conductas morales para el devenir, y una misma manera de quitar celo a nuestros enjuagues personales y acabar con las visceralidades extremas y la furia chovinista, y entrar en un espacio enfriado con relaciones liberadas de cualquier adherencia de síntomas... uno dice, *in extremis:* "tiene un temperamento de mierda", y anuncia con ello que cualquier relación que se produzca en este estado lleva irremediablemente la marca de la estupidez.

La condena de las apariencias, un acto todavía inédito en los manuales al uso que consiste en no creer lo que se ve y averiguar lo que se oculta. Superar así una estupidez fenomenológica que consiste en no corregir lo dado por los sentidos en nuestras primeras experiencias, y empezar a repartir juego para la partida tan esperada del nuevo nombre de las cosas. La experiencia personal es más relevante que nunca y se empieza por casa, por uno mismo, por la familia tradicional, por la conyugalidad, por la televisión... y se sigue con el resto.

Hay otras metodologías, igual de dudosas, pero no tienen lugar aquí. Al final entonces, la cura... Nos espera una vida de lenguajes frescos, de clandestinidad, de descubrimientos al borde de nosotros mismos, de reivindicar a nuestros maestros, de decir sólo lo que nos sirva para vivir mejor. Tiempo para construir un supertransmisor con un PC Navigator + 9 y una tabla de planchar, y mandar un mensaje universal desde nuestra cocina. Hay muchos que lo estan haciendo ya, infinidad de terroristas culturales, chatting on line, tipos completamente anónimos, poetas con síntomas maníaco depresivos, y un montón de achantados y héroes silenciosos que esperan atarse los machos y convertirse, de una vez por todas, en el jodido "quinto elemento" contra la estupidez.

Cómo no morirse de no tener una vida propia

La frase es de David Coupland, y expresa sin drama-
tismo el deseo de uno de sus personajes de no tener una vida
propia. El tema es tabú y hace referencia a un mecanismo de
sustitución extendido y de difícil comprensión. El modelo es
básicamente económico, y se destina a la gestión del dinero,
al hedonismo y a la búsqueda del placer. Nuestros primeros
sujetos son los programadores y controladores de Apple, por
ejemplo, Microsoft…: jornadas de doce horas, alimentación
minimalista, gatos en lugar de perros, coches de lujo, teoría
de la burbuja, destrucción de las reglas de convivencia social… sujetos cínicos y estupendos que nos hablan del placer
de no tener que asumir otras responsabilidades que no sea la
masterización de un solo y único lenguaje.

Uno puede pensar que ésto es todo, que se trata de una
pandilla de super-asalariados que han hecho sus votos en los
clubs de élite del saber tecnológico, unos cabrones con las
moléculas adecuadas, a los cuales se les ha implantado unos
cuantos chips con las consignas de sus mandarines, y que el
resto del mundo apenas estamos sujetos a simples trabajos de
retaguardia y seguimos haciendo esfuerzos por identificarnos

con un ideal (del yo) antiguo y humanitario sin ninguna relación aparente con estas salidas de escena. Pues no. Lo que aquí se propone es pensar que esta conducta está generalizada y que de una manera u otra todos estamos por la labor de crear, en consonancia con nuestras particularidades y dentro de los espacios en los que funcionamos, una *Devotio* moderna, que nos lleve como aquella antigua a la imitación de JC.

¡Erasmo¡ Nos podríamos encontrar mejor nombre para el programa. Las pautas de conducta a seguir serían entonces: una vida comunitaria (sin votos), status cerrado, emprender la reforma monástica, esta vez sin reflexión espiritual, y dedicar nuestras mejores fuerzas a la propagación. De la doble vida de nuestro pasado romántico y naniqueísta a ninguna vida, con un olor que apesta a behaviorismo y corporativismo, y sobre la que tenemos no un control ilusorio como antes, sino un control absoluto pero segmentado que pertenece al género de la representación. Cumplidos los ritos de paso: bombardeo de la franja salarial, Porche o Ferrari, poder hegemónico sobre tus esclavos o líneas de programa, uno accede a esa representación y se convierte en el cordero sagrado, en un pequeño dios disfrutando a tope con los poderes consuetudinarios del poder de dar o quitar la vida.

La elección, a diferencia de otros tiempos mucho más alienistas y de fractura, es voluntaria aunque no te pertenezca. Los esfuerzos extrahordinarios que se han hecho por crear esta ficción, en donde nuestro personaje pretende reivindicar para sí todas las cualidades de un ser superior, nos dan los datos necesarios para comparar el pérfil de esta sociedad de transición en la que vivimos. Una compleja sociedad segmentaria que como las "primitivas" se organiza a traves de clanes, alianzas y linajes, construída preferentemente sobre el espacio económico y al amparo de la funcionalidad egoísta de nuestros diosesillos paganos.

El "campo de batalla ha sido ampliado" y se hace posible ejercitar estas representaciones en todas partes. Una fiebre hedonista y autoritaria que protege el placer sensual a cualquier precio, nos atraviesa, nos recorre frenéticamente y nos convierte en lelos impulsados por sus motores de combustión al borde mismo de este universo estúpido. Nunca se había ido tan lejos en materia de viajes intergalácticos a la cara oscura de la inteligencia.

Uno renuncia a su vida propia por elección y se dedica a copiar modelos, a dominar ese lenguaje que le han concedido e*x dono*, y en el cual encontrará por eliminación la felicidad, entendida como un estado anfetamínico de hiperaceleración y ensoñación histérica. No señor, ni deprimidos, ni melancólicos, simplemente delirantes.

Los elegidos atesoran estos objetivos y se complacen en su búsqueda, sin salirse ni un ápice de sus estrechas celdillas vivenciales... ¡estrictamente prohibido alejarse de los segmentos de vida asignados!, asimilarlo es la primera regla de la *Devotio*. Ejecutivos de todos los rangos, microsiervos, funcionarios, políticos, agentes de bolsa, actores, deportistas, escritores... da igual, sólo es cuestión de elegir las consignas y empezar la esperada reforma, ya saben, nada de humanismo, nada de reflexión, nada de asumir nuestras responsabilidades con los demás y mucho menos con nosotros mismos, nada de pluralismo ni contrareforma, nada de tecnología de los 80, de vida propia, hay que empezar a hacer las copias y propagarlas, repetir el *codex regius* allí donde vayas, desarrollar el maldito producto en el microcosmos de tu sociedad de mierda, pillar la pasta y salir corriendo. Y al final de esa carrera frenética lo encontrarás, el falso cáliz, y beberás del agua bendita y serás intensamente feliz y te sentirás eufórico un instante antes de desintegrarte. Es magnífico no tener una vida propia, pero dura menos que un pedo en el viento.

En cualquier caso, supongamos que esa es nuestra elección, que no tengamos posibilidad de hacer otra cosa, debemos preguntarnos entonces cómo se hace y eventualmente, cómo no morirnos por ello, siendo la muerte una existencia como cualquier otra, llena de sí misma y culturalista y con todos esos precedentes históricos, un marrón de otra época, del veinte, del siglo de oro de los comemierda.

Pues bien, sigamos los pasos del manual (sin ellos estamos perdidos): renunciemos a los pobres perros, exigen demasiada convivencialidad, mejor los gatos o los ordenadores, que pertenecen a la misma familia. Reconvirtamos el domicilio individual, vivamos solos o desdoblemos el domicilio conyugal, una especie de N°3 y N°5 de la calle Lille, pisos separados para el matrimonio perfecto o para la perfectibilidad de la separación en la pareja, de esta manera uno consigue no tener una vida propia conyugal y al mismo tiempo conservar sus atributos funcionales y no morirse de asco quedándose a solas con uno mismo (la soledad es un espacio también antiguo y autopunitivo que estamos dispuesto a superar). Normalizemos el espacio exterior, desde el campus de trabajo (la reelaboración del habitat laboral en función del placer y de sus elementos recreativos y de ocio, convirtiéndolo en un espacio sugerente difícil de abandonar) al gabinete o a la salita familiar, repitiendo los códigos del patrón, redecorándolos y convirtiéndolo en lugares perfectos para el tránsito personal, un edén patrimonial habitado por nuestros objetos más queridos, un escenario perfecto que no levante sospechas ni sugiera a nadie, ni a nosotros mismos, que lo que está ocurriendo allí no pertenece a otro género que el de la vida propia, y que las alfombras turcas y las sillas Ingram son nuestra materialización en objetos de cambio, y los signos de algo que no puede ser otra cosa que una intensa vida personal. Sustituyamos el sexo, demasiado vivencial o escaso o desacreditado, por la amigoterapia, por la creación de alianzas en el ámbito del trabajo o en los círculos intelectuales o en espacios marginales como la delincuencia o la beneficiencia, constituyamos nuevas sociedades segmentadas sobre el modelo de viejas sociedades pastorales, aprendamos su lenguaje, jergas técnicas, su argot, entendámos a fondo cómo están codificados sus intercambios, y abandonemos la ilusión de querer comunicar con alguien fuera de la tribu, con otras culturas herméticas y agresivas hostiles a nuestros objetivos fracturados, olvidémonos de las clases sociales y otros segmentos caducos, encerrémonos en nuestras nuevas minorías y aprendamos a fondo la lengua, eso nos permitirá vivir unos cuantos años sin tirar de la manta, sin asumir verdaderas responsabilidades. Sustituyamos la familia, demasiado aleatoria y demandante, demasiado anclada en las estructuras de parentesco, terriblemente conflictivas en materia de prerrogativas y obligaciones, engañosa en sus planteamientos a largo plazo, por una nueva familia de funcionamiento burocrático, técnica e interdisciplinaria, hecha con los elementos homogéneos seleccionados en alianzas, evitándonos así el desembolso, pagar el alto precio de la neurósis para el cambio generacional y la circulación simbólica en el espacio reducido y claustrofóbico de la cosanguineidad… Bien, esta declinación de los vínculos con la familia paterna es parte de la historia moderna, y cualquier continuidad en la forma de un pasión afectiva protectora nos pondría cara a cara con la propia vida que con tanta metodología estamos precisamente tratando de evitar. Juvenalizemos los consejos de ancianos, en abierta discrepancia con las leyes tradicionales de la aldea... nada de conductas anquilosadas, nada de madurez reflexiva, nada de la moralidad de los adultos, ninguna profundidad, nada de historia, ningún empirismo, ninguna senectud a la hora de juzgar los valores... viva la inmediatez, las sesiones cortas, viva la interrupción y la conquista de objetivos adheridos sólo a intereses particulares de relevo... viva la vida breve, la de los interes fragmentados, viva la discontinuidad y la crisis de los valores sociales y personales... y encontremos en ésto la fuerza suficiente para desembarazarnos, curarnos y sacar a la luz el fondo de todas las hipocresías, vivir a tope sin dar a nada ningún crédito… ese es el último secreto de la eterna juventud y la conquista de la felicidad por vias no autorizadas; abandonemos los convencionalismos en todos los sectores, especialmente en aquellos que tengan que ver con el logro de nuestros objetivos: dinero, poder, información, atributos de clase, equilibrio interior, no perdamos un sólo segundo con el desaliento, el aburrimiento y la desmotivación de los métodos tradicionales e importemos estrategias exóticas normalizadas (el budismo, el shiatsu, la red, el análisis filosófico, el chamanismo, los últimos modelos chinos... a saber. Hagámonos exóticos allí donde antes no éramos sino asimilados y repetitivos...hagámos como debe ser nuestras transferencias desde el principio, desde la elección, y hagámoslo consensualmente dentro de nuestro segmento...

En fin, hecha la cama, queda entonces tumbarse en ella y ver cómo sobrevivir a la muerte de no haber vivido. Ésto es una propuesta en el mismo sentido, volver al origen, a la botica, a la escuela, y descubrir lo que queda de lo propio en lo ajeno, parece ser el marco adecuado. Si entendemos la supervivencia como una reducción de elementos y el redescubrimiento de una esencialidad que nos pone en equilibrio con nosotros mismos, el regreso parece ser la solución adecuada.

¿Regresar dónde? Al Banquete, al *cogito* cartesiano, al análisis socrático... Como siempre las opciones nos confunden, pero volver es sólo el primer acto de una transferencia, luego queda un largo camino por recorrer, descubriendo cuales son los verdaderos objetos de nuestro deseo.

Perder la ambición de una vida propia tiene que ver con la tentación de lo que nos rodea, con la facilidad de construir el mundo personal con objetos -y sujetos cosificados-, con la acumulación como respuesta a la falta de conquistas reales, con el proselitismo de las nuevas tendencias globalistas y la adscripción a lenguajes sintéticos que no exigen de nosotros otro esfuerzo que no sea el operacional, y con la búsqueda de un status social que en la visión mecanicista de Coupland funciona como equivalente. Los ejemplos son legión. El mundo está lleno de internautas desresponsabilizados y separados de sus funciones existenciales, reclutados en cruzadas corporativas que pretenden restituírnos la fuerza de las falsas ideas e intereses colectivos, y curarnos de la patología de querer ser nosotros mismos y la pasión de vivir. Nos configuramos como una sociedad de rodedores gregarios circulando por los desagües y tuberías de las grandes culturas de empresa, dispuestos a desollar a indefensos revanchistas como un servidor.

Nos faltan algunos chivos expiatorios, hoy el fracaso nos desautoriza. Los suicidas, los condenados y marginados... los guerrilleros de esta revuelta por la autosupervivencia, perdidos en un frente disperso que no ha encontrado todavía su línea Maginot, han sido desacreditados o asimilados. Si nos asimilamos y aceptamos mediatizar nuestro pensamiento, entrar en los números clausus del salario intelectual perdemos toda la fuerza combativa; si nos negamos se nos desacredita, y hoy no se puede generar pensamiento alguno desde el descrédito. Pensar y triunfar parece ser la misma cosa, y no se admite a la circulación ningún pensamiento de muerte, por decirlo así, ningún pensamiento crítico que atente contra la vida como agenda de trabajo.

Hoy se triunfa para ser escuchado, entrar a tope en esta edad de oro ateniense de nuetros demócratas y emitir las consignas como si estuviésemos dentro de una ficción moralizante, como en Hollywood, pillar el hacha de guerra y estirilizarnos, cortarnos desde la raíz nuestros miserables testículos y entrar, tal como se nos pide, en el juego de las apariencias.

Los que de verdad quieren vivir una vida propia acaban muriéndose. Las modalidades del morir también son muchas: hay quienes mueren de verdad, por elección o por contratransferencia; hay quienes enloquecen, víctimas de toda clase de complejos embrollos transferenciales y terminan muriéndose simbolicamente (y todos conocemos el poder mediador del símbolo); hay quienes se callan como zorros a punto de ser devorados por la jauría y sólo dicen entre líneas, tipos escolarizados, sobreeducados; hay otros que son silenciados por la agresividad y la ira de sus interlocutores, y prefieren cambiar el significante, entrar en el arte, por ejemplo, y dedicarse a la empresa privada. Los nombres propios son muchos, celebridades desmontadas o en tratamiento o fagocitadas por sus propias células hiperaceleradas... pero uno no los menciona por cortesía.

Los héroes anónimos son muchos más, tímidos Sócrates muertos antes de hacer escuela, alógrafos totales que han tenido el buen gusto de no pergeñar ni una sóla línea. Escribo para ellos, espero sepan disculparme. Aunque a diferencia de ellos, yo sólo lo hago por inventarme una vida que no tengo el coraje de vivir.

Supongo que habrá que buscarse un pasillo seguro por el que circular, hacer pasos de baile entre las minas antipersonales, un lugar primitivo en donde pensar antes de ser devorado por ese *potloch* moderno hecho a a partir de moléculas del peor caldo o storch racional, el que se consigue después de hervir durante horas el dinero. Encontrar alguien que nos escuche, que nos multiplique, que nos mantenga, un imposible benefactor anterior a la teoría económica, un buen samaritano. Y entrar en un inevitable proceso de negociación o prevaricación, o ambos. Algo muy griego y didáctico en su forma, que nos salve de la muerte de no tener una vida propia y no nos condene al exabrupto de la adulteración.

Permitamos entonces que se nos negocie. Se nos compre o venda o se nos alquile, aunque dentro de los límites estrictos de un lugar muy sancionado, blando y afectuoso, habitado por sujetos animados todavía por la necesidad de expresar su deseo. Estos nuevos lugares de negociación funcionan por exclusión y pueden nacer en el seno mismo de las instituciones familiares, en la intimidad del diálogo y el intercambio, en el seminario, en la charla entre amigos, en la cura por supuesto, y en los nuevos gabinetes que funcionan como ejercicio puro de la voluntad de entender, gabinetes que, lejos de toda passe institucional, estarían legitimados por la connivencia y la complicidad… volveremos sobre ésto. Hagamos negocios entonces lejos de cualquier mormalización conservadora e integrémonos en la lucha autogestionada por el contrapensamiento y el deseo legítimo de pensar por uno mismo.

O prevaricar, quizás. Faltar a las reglas en nuestros puestos de trabajo/vida, conspirar, articular nuestros intereses sectarios, hacer de jacobinos entre la chusma y atentar contra los mandarines, contra los jefes de sección y directores generales, contra los grandes y los pequeños gestores, y negarnos a repetir la bazofia de sus ideales adaptativos.

El anecdotario es jugoso. ¿Por qué al final tantos prejuicios contra ese relato histórico del chisme y del rumor? En los tiempos que corren todos somos mitómanos. Hechas las renuncias correspondientes, se empieza por elegir a aquellos cuya vida vamos a parasitar, benévolamente, claro está, o mejor dicho, aquellos con los cuales vamos a establecer una relación comensalista. Si durante la jornada laboral es la agenda y los objetivos los que determinan nuestra conducta, permitiéndonos hacer los primeros ensayos que nos permitan prolongar la vida de la empresa hasta el punto de convertirnos en sus modelos patentados (Blade Runner), en nuestro tiempo de ocio elegimos libremente aquellas celebridades en las que nos queremos proyectar y las hacemos nuestras, las convertimos en materia de nuestro discurso y nos disfrazamos de ellas, como Lacan del pájaro de Minerva. Ésto, en ambos casos, nos pemite ahorrar un montón de tiempo y esfuerzo en la tarea de construir una personalidad (una vida) propia. La experiencia es bastante satisfactoria: por un lado nos permite la creación de una mitología personal tomada en préstamo de la estructura jerárquica de la empresa, haciendo nuestros sus objetivos y su manera de alcanzarlos; por otro, la cultura de la prensa del corazón nos permite el goze de proyectarnos a placer entre los personajes reales de un mundo de ficción a contrapelo de nuestra vida cotidiana, la única a la que deberíamos prestar atención. Al final sólo nos queda un poco de tiempo para los lugares comunes de la familia y el matrimonio, y para el sueño.

Satisfechos o insatisfechos de nuestra aventura, lo cierto es que nos queda un pobre espacio sobre el que actuar. Ocupado por nuestras necesidades y placeres, todos ellos convertidos en la materia de la vida, doblemente representados y divididos, no nos queda tiempo ni para el inconsciente, el cual debería ser el único gestor de esta separación. Vivimos de prestado unos cuantos mitos modernos, dentro del enorme espacio simbólico de la empresa y del no menos grande de los medios de comunicación, y lo hacemos en la creencia de que ésa es toda la vida que nos es dado vivir, sin detenernos a pensar qué ocurre en los intersticios, en los lugares yermos en donde, según la doctrina oficial, no ocurre nada salvo nosotros mismos.

Quizás sea éste el punto clave, y al colectivizar los intereses y estimular las necesidades perentorias, hayamos vaciado de contenido el espacio propio que se nos había reservado. Ya no ocurre nada importante allí, ni la introspección, ni los sentimientos, ni la búsqueda de la verdad, ni la espiritualidad, sólo un emisor-receptor para concertar alianzas con los que están allí fuera apasionados por sus intereses globales. El éxito (o la supervivencia) a partir de lenguajes que históricamente han dado en llamarse personales, el arte por ejemplo, dependerá de la manera en que sepamos articular lo que decimos en ese hueco gnoseológico de la personalidad, con los intereses generales y la agenda de nuestros directores.

Al final es lo que cuenta, nuestros deseos pulsionales, hasta en sus formas más mezquinas, y los del otro, que se han hecho a partir de los restos mediáticos de sus patronos. Todos servimos al mismo tiempo a dos diferentes ejércitos de sombras, en uno se marcha al ritmo de lo que de verdad queremos, en el otro al de lo que dicen que debemos querer.

(Jakobson no escribe sobre Lacan, "se escabulle cortesmente", pero se aloja con regularidad en el Nº3 de la calle de Lille, su casa). En ese espacio-hueco, a menudo olvidado, estamos hechos una mierda, intentando reelaborar un modesto discurso platónico con la sóla intencion de encontrarnos de una vez por todas con el placer perdido de saber estar a solas primero y luego con los demás. Un arte olvidado el de hablar, como si uno tuviera algo que decir, al márgen de las mentiras colectivas que promociona el gran trust cultural. Un lugar magnífico y recoleto, como un jardín, en donde curarnos por la sensibilidad y hacer escuela de una conceptualidad elegida libremente.

Allí afuera, en cambio, en el planeta inhóspito e inexplorado de nuestros gestores, caen lluvias de meteoritos y nos asfixian con gases tóxicos, y hay tipos que compran/venden según los cambios meteorológicos, y una industria próspera de conflictos armados, en la que la mayoría de nuestros herederos están ya reclutados y se sienten cofrades de cualquier aventura incongruente que tenga que ver con el dinero y tense los resortes del poder. De ese mundo se toman los roles, para descubrir sólo al final que ese bar de carretera repleto de vampiros y cuerpos en descomposición, no es sino la otra cara de una pirámide azteca, es decir, el curso final de la historia de los mitos, donde viven para siempre los cuerpos corruptos de nuestros viejos líderes y los de sus sacrificados. Hoy se dice que es así como se consigue la felicidad, dejándose infectar, dejándose morder por los señores de las tinieblas, mientras que la única moral se reserva para el delincuente y para el converso... Sí señor, una magnífica fábula escatológica.

No queda apenas lugar para vivir, y para eso antes tenemos que descubrir las particularidades de nuestra habla y hablar sólo para decir lo que queremos y no lo que está ahí para ser dicho. Un ejercicio de contorsionista dentro de una caja de zapatos. La tarea es ardua y el camino largo, tendremos que pagar nuestro 18% para eso, para encontrar el lugar en donde hacerlo, un Paraíso de Milton para filósofos delincuentes, tipos dulces y seductores con los que compartir nuestras perplejidades y nuestros platónicos deseos de paz.

La fábula nos ilustra. Primero hemos tratado de sobrevivir como hemos podido, en algunos casos haciéndonos hostiles, delinquiendo, atacando a nuestros pares con toda la fuerza de que éramos capaces y utlizando para ello sólo métodos de pensamiento y un discurso provocador incapaz de encontrar acomodo ni dentro ni fuera de las instituciones; y en otros huyendo de la línea del frente, aislándonos, haciéndonos fuertes en la retaguardia y creando sitemas personales con los que sobrevivir, buscar el aliento espiritual en una situación de desfallecimiento y hambruna intelectual. En ambos casos hemos estrechado filas con gente que nos inspira, gente extrahordinaria que ha sabido hacer de la palabra un arma de guerra y al mismo tiempo transmitir un sofisticado mensaje de equilibrio y cordialidad, unas cadencias suaves e inteligentes que han llenado de alegría nuestros corazones. Después, hemos iniciado la cura (en sentido figurado), los primeros auxilios para aquellos que han sido excluídos de los sistemas convencionales del intercambio y entrado en un mundo de síntomas difíciles de reconocer, y simultáneamente y casi sin préstamos conceptuales, la tarea de construirse una vida propia.

¿Qué es ésto de una vida propia? ¿Por que no conformarnos con un factor cero, como diría Coupland, y asegurarnos un símbolo de posición social, que es, según la opinión corriente, la única manera de vivir? ¿No se tratará acaso de un resto mental, de una anticualla gnoseológica, una pieza antigua bien catalogada de los que venimos dando tumbos desde la edad oscura de la información (antes de 1976) y que utilizamos como un recurso escénico, como una manera de volver al teatro del pensamiento, fingiendo que no hemos sido excomulgados por los crápulas que creen que pensar es recorrer el espacio en busca de datos, y que esta vuelta platónica a la filosofía contra los tecnócratas que toman el relevo de la clase intelectual, es poco más que un acto reblandecido de senilidad y una búsqueda desesperada de audiencia? Larguísima pregunta, sí señor.

Abe (en Microsiervos) dice que para tener vida propia uno debe: a) no vivir en una casa comunitaria; b) participar en actividades no relacionadas con ordenadores; c) tomar baños de espuma...

Pues bien, honestamente, pienso que los dos decimos lo mismo. Si sustituímos los tokens de reconocimiento que utiliza Coupland (elementos de lenguaje que adquieren su significado por convención, y que son operativos sólo dentro de los límites del Valle de Silicona), por conceptos, tenemos que la casa comunitaria sustituye a la vida familiar, a la conyugalidad y al individualismo, entendido como la aventura de la soledad física y de pensamiento, aquello de Lope: "el villano en su rincón", y al mismo tiempo racionaliza el gasto y contribuye a ese fetichismo del dinero que hoy es indispensable practicar.

Participar en actividades no relacionadas con... Si tenemos en cuenta que el mundo de la informática es autoexcluyente, es decir, se define por su manera espléndida de hacerse totalitario con el mismo gesto con el que se democratiza -paradoja contemporánea, donde las haya-, participar de actividades exteriores es en sí mismo un acto de rebeldía , una manera de salirse del pensamiento global que nos ocupa. La lista de esas actividades está por elaborarse, la alternativas exóticas (como el hinduísmo, el budismo y otros sectarismos diversos) vienen utilizándose desde los sesenta y no parecen válidas. Uno se inclina más, como ya se ha dicho, por un retour a la griega, por el descubrimiento de un verbo alerta, una palabra cruda hecha de contingencias cotidianas...o una soledad espinoziana desde donde emitir un lenguaje aplastante... ¡El ordenador en el boudoir! tomamos en préstamo -un ascendente- una imagen que nos deleita.

¡Baños de espuma! Ciertamente. Placer y corporalidad, se trata de eso, del que hemos perdido en el uso y abuso del trasiego informático. Se trata entonces de recuperar el tiempo y la sensibilidad por un ejercicio de criba y un gesto voluntario de exclusión que nos remita a un lugar privado en donde ponerse a salvo.

Coupland, a diferencia de otros, es claro como el agua, suave como una bola en una bolera, le falta un poco de terrorismo intelectual quizás…a nadie le extraña, es canadiense, y los canadienses son los gestores del individualismo integrado, del vive y deja vivir de las clases medias, y quizás los mejores operadores de futuro del mercado. Han sido capaces incluso de generar algo de… ¿cómo decirlo?… muerte propia para esta vida que falta, o de vida propia para esta muerte de la que nadie parece morirse, para montones de chinos, hondureños, salvadoreños e inmigrantes normalizados que hasta entonces estaban muertos, o a punto de morirse, o eran dueños de su propia muerte -una modalidad geopolítica-, o simplemente sufrían serias amenazas de descapitalizarse.

En Vancouver se pueden pillar olas y hacer deportes de montaña, tener árboles en los jardines y osos pardos, comprar tabaco y alcohol sin impuesto a las minorías Cowichan o Sooke, disfrutar de las orcas y de cómodos planes de desintoxicación y metadona, puedes vivir feliz como en un cuadro de Hockney, y tener acceso gratuito a modos progresistas de cómo no morirse de no tener una vida propia.

Coupland es la primera víctima, su talento lo salva y lo condena, aunque no estoy muy seguro. No estoy muy seguro de las palabras. Quiero decir que Coupland escribe y se salva, pero su escritura por algún motivo me recuerda constantemente que ya no hay manera de no morirse, y que la inteligencia ya no nos salva. Y lo que es peor aún, que la vida puede ser perfecta así, una perfecta ilusión, un visado de residente para acceder a la utopía (canadiense) de la moral y la economía perfectas, a la tolerancia incluso de las particularidades excesivas en las que ya no se puede creer, ni puede uno reconocerse.

La tendencia es a enmudecer y a ensordecer, y a hacernos -como dice la hija del chamán- insoportables para los demás y para nosotros mismos. Si la pregunta es ¿qué nos podría salvar?... este panfleto tiene la pretensión de hablar un poco de eso.

Gabinete de consulta

No somos analistas. No tenemos ningún estatus didáctico. No creemos que la práctica analítica lo sea todo, ni deje de serlo. No creemos en el autoanálisis, ni en la consulta filosófica. No somos psiquiatras, no creemos que la práctica médica tenga nada que ver con el deseo de mejorar (de curarnos) y recuperar nuestra mirada y la capacidad de entender los síntomas no diagnosticados. No creemos que el oficio de escritor ni la formación académica sean suficientes para garantizar la cura. No creemos en las grandes ediciones, ni en las pequeñas, creemos mucho más en la confidencia, en el boca a boca y en el diálogo.

En definitiva creemos que uno piensa su campo mejor que nadie, y que la tarea de hacernos menos insoportables es siempre un esfuerzo personal, y su meta última la solidaridad, un lugar de encuentro en donde no todo lo de los demás se nos haga indiferente. Self making contra establishment.

Queremos hacernos mejores, cultivar cierta marginalidad aunque con estatutos, sin desinstitucionalizarnos por completo, y cultivar una voz personal con los ecos de aquellos a los que amamos… intelectualmente.

¿Por qué un gabinete de consulta? Responderemos por partes, para curarnos, claro está, del malestar -vieja ética freudiana- y de la insoportabilidad de la que venimos haciendo gala en los últimos tiempos, y para hablar con alguien, aunque sólo sea con nosotros mismos, y empezar a buscar un espacio simbólico para el intercambio. Un gabinete por esta agorofobia cultural que sufren ya algunos, y que se traduce en una adversión a los espacios ilimitados en comunicación, y a cualquier vehículo que tenga la pretensión de globalizar contenidos triviales o dogma de cualquier clase, sin mostrar consideración alguna hacia el rigor intelectual. Desde otro punto de vista, una actitud temerosa y de desconfianza hacia las grandes audiencias y la idea que la difusión por pragmatismo no es buena para la ética de la verdad y menos aún para la inteligencia que necesita desesperadamente de microclimas. El gabinete, que no es necesariamente clínico o médico o analítico, sino que puede ser un saloncito corriente con máscaras africanas, grabados, cerámicas y sillas Luis XV, o un jardín japonés o cualquier otro jardín, o el living de tu casa, o la cocina, un espacio reducido que nos remita al habla y a la confidencialidad. El gabinete contra el gigantismo y la banalidad de los mensajes que montados en los medios se hacen estúpidos y siervos del discurso oficial que están obligados a defender, y a favor de un singular *pathos* amoroso y la topología de siempre, que nos dice que la opinión que algún dia nos ha de salvar se hará en la intimidad. Siempre quedará tiempo para vender (la palabra escrita) en los espacios convencionales, no se promueve aquí ni el anonimato ni el silencio editorial, la difusión ya llegará pero sólo como lo que es, un esfuerzo de producción… pero se trata primero de hablar.

Y para eso la consulta, el acto por el cual, según la acepción generalizada, se pide parecer o consejo, y el lugar clínico donde el médico examina a su paciente. Se trata de un acto puro de comunicación, al tiempo que un ejercicio de derecho y un primer paso en el proceso de la cura.

Ésto, que no basta, es sólo el principio de la cosa, y dice (con Foucault) que el trabajo necesario para comprender es el que se ha de realizar sobre uno mismo. Se trata de eso entonces, de entender(se), esa vieja morralla sartriana, mucha teoría del sujeto y doctrina de la libertad, del viejo conócete a ti mismo con el que han aporreado a nuestro complejo, frágil y desestructurado yo durante años; o de algo más… carismático y primario que es el esfuerzo renovado por recuperar el habla y el oído, es decir el deseo de escuchar, que está empezando a ser una función olvidada.

Supongamos que usted es un caso clínico: Ana B., y que la descripción de su sintomatología nos dice que nunca ha entendido nada de lo que ha leído, y que sigue sin hacerlo, que lo que tradicionalmente se llama discurso intelectual es una jerga para iniciados que se construye desde el hermetismo, y que a diferencia de esta experiencia (que considera degradante) a usted se le entiende todo lo que dice, y sin embargo se queja de que eso no le ha servido para construirse una identidad ni nada parecido, ligeramente consistente. Supongamos que su relación con los demás es insatisfactoria, y que hace responsable a éstos de emitir un discurso que lo hunde en el desconcierto, y lo hace pendular entre el desprecio y el deseo a poseerlo. O supongamos que no, que usted ama aquello que no entiende en su deseo insatisfecho de tener un maestro (un amo); o por el contrario ama sólo lo que entiende, es decir a usted mismo, y no reconoce ninguna autoridad, es decir que su obediencia no tiene maestro, excepto aquél que se le supone al ideal mediático. Supongamos que usted está enfermo, ya sabe, metafóricamente hablando, o simplemente vapuleado por los códigos de información que no conoce y que se han convertido en su amo…

Pues bien, en uno u otro caso, necesita consulta, necesita diálogo platónico, o en su defecto, hablar con alguien, lo que es hoy por hoy un enunciado revolucionario. Vayamos por partes. Primero, hablar, verbo transitivo, construir con palabras y articulaciones un enunciado que puede ser cualquiera pero que contenga el principio de la cura, hablar con voz propia, decir lo que se dice sin otra aspiración que contenerse en el enunciado, ser igual a las palabras que se emiten. La fórmula es antigua, y forma parte del discurso antropológico. Hay que decir lo que se puede, y dejar el resto en silencio (Wittgenstein). Hablar es decir, abrir la caja de los truenos, construir los slogans de nuestra propia perplejidad, sin hacer el juego a los amos ni a las grandes máquinas generadoras de códigos de comunicación. No lea usted la prensa, ni vea la televisión, no escuche la radio (o por lo menos intente no perder su conciencia al hacerlo) y hable como quien lo hace por primera vez, deseándolo, poniendo un esfuerzo personal en el enunciado y a sabiendas que lo que está realizando es un acto revolucionario.

Hablar implica el ser escuchado, y tal como están las cosas hoy, éste será seguramente un segundo acto revolucionario. Escuchar, una modalidad en desuso, es otro verbo transitivo y un paso obligado en el proceso de reconstrucción de uno mismo. Escuchar a tu interlocutor, al menos cuando éste habla, es un ejercicio sofisticado, y tiene poco parecido con ese zapping que mantenemos hoy con los poderes comunicantes. Al escuchar recuperamos la alianza con los medios que hoy controlan nuestras vidas y entramos en un espacio menos formalizado y rebosante de deseo. No se trata de la escucha como culto, ni como adscripción a un lenguaje objeto que puede ser el de los medios o el lenguaje institucional académico, ni se trata de una escucha clínica o un discurso terapéutico; se trata de escuchar para evocar el placer de descubrir la verdad y el deseo que debería inflamar toda comunicación.

La presencia de alguien, de un interlocutor, en el espacio imaginario del gabinete, sería el tercer milagro, un acto subversivo de connivencia y complicidad a dos, que hoy por hoy en el trasiego frenético de targets y absurdas reglas globales de habla, es como un hecho insólito. Tener a alguien es ya un exceso de propiedad, una ruptura con el establishment. Hoy que vivimos solos, recogidos en el cuenco familiar o laboral del que a menudo estamos disociados, o expuestos a los cursos de formación para la desaparición que imparten los medios, el otro siempre es una opción provocadora. Con el otro mantenemos un discurso festivo y amoroso que celebra la creación de una pequeña sociedad, ni autoritarismo, ni afectación, ningún eco de las viejas jerarquías, solamente el gusto por descubrir su presencia y la alegría de una alianza que se presagia.

De eso se trata, creemos. El gabinete es además de un práctica comunicativa sin intermediarios y fuera de los cánones, la punta de lanza de la voluntad de entender, un nuevo acto revolucionario sin precedentes que se inicia sin tomar posiciones, carece de base social y no se sustenta sobre las correlaciones de fuerza.

Los holandeses, haciendo gala una vez más de su fortísima conciencia colectiva para uso de sus minorías heterodoxas, han inventado el gabinete filosófico, un lugar donde templar las inquietudes de este órden y que antagoniza con cualquier figura clínica o religiosa, un lugar donde recuperar la reflexión abstracta para uso corriente y cotidiano y reinventar el diálogo clásico. La verdad es que su inventiva no conoce límites a la hora de crear dispositivos que aligeren las cargas de vivir en sociedad y complacer los deseos particulares. Con este propósito han creado dentro de sus fronteras una comunidad tan tolerante y prospectiva, que han logrado no solamente aliviar las tensiones y asimilar casi cualquier conducta dentro de sus parámetros. Han creado una sociedad, nihilista a veces, pero llenas de claves admirables para la supervivencia en esta modernidad declinante. Ignoro si tienen la patente, pero no cabe duda alguna de que merecen acreditarse la paternidad del invento.

Nuesto gabinete es algo diferente. No, no está pensado para resolver problemas morales o cuestiones metafísicas fuera del discurso académico. Sino que parte de la idea del diálogo como trabajo personal, libre de la hermenéutica de los códigos mediáticos, y de los vicios tópicos que estrangulan todos los lenguajes. Un gimnasio donde ejercitar el habla contingente, sin necesidad del recurso al método, y en donde prima la voluntad de entender.

La gente está harta, agotada de tantos soliloquios repetitivos y dirigidos, aplastantemente simples en contenidos, aburridos y sin capacidad alguna de movilización. La gente lo sabe, se revuelve, pero carece de defensa articulada y termina por dejarse vencer. Nadie escucha lo que sabe en sí mismo, pero no sabe expresar... si ustedes han leído (o escuchado) sin entender, saben de lo que hablo.

Existe una magia de los lenguajes herméticos que nos seduce. Entenderlos o dejarse arrastrar por ellos ha sido siempre un factor de movilización. De JC a JL, la cena está servida. Desde los rollos del Mar Muerto hasta la reinvención francesa del psico-judaísmo, hasta llegar al vértigo del racionalismo tecnológico. Nuestro ordenador nos lo dice en la cara a diario: soy el mayor cuerpo de teoría que jamás haya existido, y estoy aquí, en la mesa del comedor, como un jarrón pintado, como un electrodoméstico, lanzándote miraditas inquisitivas, mostrándote en tus narices que al final de cuentas lo desconocido es la materia de la que estás hecho, y por lo que se moviliza tu pasión.

De eso se trata, de acercarse para entender, una pasión moderna sin lugar a dudas, que existe desde que se sabe que existe un saber, aunque no se conozca a sí mismo, y de que hay una cultura de lo inefable que hoy más que nunca nos arrastra.

La voluntad de entender es entonces la razón de ser del deseo, la fuerza que nos empuja a los mitos, a descifrarlos y a gozar con ellos la plenitud de un entente, el que sea. En el gabinete no se harán concesiones, se hablará en él impunemente (como en aquella película de Benoit Jacquot sobre Lacan, difundida en TV en marzo del 74), como se desee, literalmente. No habrá parcialidad, ni mimo del lenguaje de curso oficial, ni intención alguna de contemporizar, se hablará como se quiera, porque será esa la única manera de garantizar que se escucha "correctamente".

En cualquier caso, hablar como se quiera no deja de ser por lo menos una expresión ambigua, cuando no da testimonio de una incapacidad que está en el origen mismo del enunciado. Uno habla no como quiere sino como puede. Y "poder" aquí es como un operador de relación: se habla igual, mejor o peor de un modelo ideal de lengua, en función de la manera en que el habla particular se relaciona con sus condicionantes, los imita, los subyace o los supera. Si no se consigue un estilo, un caldo de cocción del yo con el lenguaje que lo articula, no hablamos, porque es la lectura del estilo la que nos informa sobre lo dicho.

Crearse un estilo entonces debería ser una práctica cotidiana, asumida diariamente junto a otros hábitos regulares que utilizamos para desenmascarar la rutina y que tienen mucho que ver con nuestras perversiones. Si vivimos repitiéndonos nunca diremos nada, nunca conseguiremos que se nos escuche. El caso está cerrado, cualquier lenguaje es válido siempre que tenga la semilla del código perforado de tu inconsciente, que como sabemos es el único que dice la verdad. Inténtelo, el gabinete te abre sus puertas; puedes probar con viejos modelos literarios, puedes intentar con estilos chamánicos analíticos o no, o con estilos etnológicos interdisciplinarios, urbanos o rurales, puedes inspirarte en Sid Vicious o Kurt Cobain, o en los Rugrats o en la familia Simpson… cualquier esfuerzo es válido. Al final, hay siempre una sóla manera de hablar que te conviene, y esa no estará fabricada, estará dicha como revelación, como algo involuntario que vuelve constantemente sobre nosotros mismos para reclamar cierto derecho de criba que ya no estamos en condiciones de ejercer.

Y así quedará dicha, la mejor parte de nuestra naturaleza, la única con la que podemos comunicar sin enfermar al otro, al interlocutor, sin hacernos insoportables a los demás que esperan en secreto y con pudor la oportunidad de que sea dicha un poco de la verdad que saben que los curará, y la posibilidad idéntica de hacer un poco de lo mismo. Fantástico enunciado ese que nos hará levitar sobre el tedio y el despropósito de las cosas redichas, que nos levante sobre el grano molido de la palabra sobreescrita, marcada con los signos tópicos del poder, un verbo mágico que abra la puerta en la roca de los tesoros que nos han sido robados.

Fuera de la ley, ya saben, allí se situará el gabinete, tendrá una dirección carismática, un domicilio privado. La historia de la literatura nos reafirma: una playa, un apartamento neoclásico (JL), una cocina en West Hollywood, un paisaje con gatos (CHB), una biblioteca, un rincón clandestino, un lugar donde estar a solas, o donde hacérselo con los amigos, esa célula clandestina donde en algún momento breve, después de la pubertad, se construyó la lengua verdadera, como un acto amoroso disociado que todavía no había aprendido a pactar con las autoridades ni a promocionarse fuera de su círculo.

Nada perturba si se habla de ello, decía Francoise Dolto. Reclamamos un lugar en donde hacerlo, fuera de las escuelas y las instituciones, fuera de la clínica, un lugar ecuánime donde se gestione la teoría de la existencia, antes o después de cualquier terapia, y en donde el pago no define la naturaleza de la relación, sino que actúa como una dávida, al márgen de los intereses y las expectativas. Un lugar simbólico de alta densidad comunicativa, una línea caliente de ayuda en la red en donde, a diferencia de lo que ya existe, no se habla de perentoriedad o desesperación o de problemas irresolubles, sino del estilo, de la manera en que podríamos construir el discurso que nos falta.

La gente sufre, nada va a cambiar eso, con el dinero, con las demandas insatisfechas, con la cruda barbarie política, con el desamor… sólo necesitan alguien que los ayude a instalarse en esa provisionalidad, y encontrar en ella una manera de hablar, que sea primero posible, y segundo, que vaya haciéndose suya y produciendo algo de felicidad, de buen rollo, allí donde antes sólo había descontento. Descontentos con sus padres putativos, con las mujeres, con su diván, no encuentran -por la cura- la felicidad que contra cualquier precedente de inefabilidad, ha de esperarse en lo dicho.

Aquí tus ideas se ponen en juego: el juego de tu contra-transferencia, en donde uno modifica su conducta por escuchar y reacciona ante lo que oye; el juego del boca a boca -para cambiar el mundo- que es el precio que debería pagarse hoy por prurito sentimental, por ser fiel a lo que uno siente; y el juego del "pequeño grupo" (a lo Pierre Soury) que más que un lugar topológico comunitario antisocial, es la verdad que subyace a la teoría del estar con otros, con más, en donde más son siempre pocos.

Nos veremos en la red. El dinero irá a un único sombrero, como con Soury, para pagar gastos en los márgenes, en la semisoledad de nuestra cosa antisocial.

Mi madre, mi separación y yo, y la práctica de los pequeños grupos

Perplejo, un poco, por aquello de hablar de uno mismo, uno enuncia -lo que dice el título- y recuerda a Pierre Soury, ese genio maldito de los moldes matemáticos que subyugó a Lacan, y que hizo, igual que el último, teoría con su novela familiar.

Nos interesa más que nada la cuestión topológica del lugar y del espacio que ocupa el minigrupo como alternativa a la locura de negar lo social y de salvarlo en el doble fondo, y por el gusto de las conductas (y el de las palabras) y lo que éstas dicen.

El grupo del título es inspirado, caótico y disparatado, y estalla por implosión. Sólo se condensa para hablar desde la excentricidad de las muchas clases de grupos que podemos componer si lo deseamos, aunque la mayoría apuesten por lo convencional, la sentimentalidad y la cosanguineidad, en mi caso se trata de un grupo especial. Hablaremos de él, y de cierto squatting psicológico por afinidad que empieza a llenar las casas topológicas del distrito; y hablaremos de los pequeños grupos aberrantes que nos inspira la imaginación poética.

Pero para empezar, mi cordial, sintomático, y alegórico grupo mental, con el que ultimamente convivo en olor de multitudes. Está compuesto por tres elementos y un cuarto que se sobreentiende, y que es uno mismo en estado de disparar su carga social sobre cualquiera que se ponga a tiro. La gente construye grupos similares todo el tiempo, y utiliza para ello los recortes de los que puede disponer en el momento de decidirse a afianzar sus relaciones con el resto del mundo. Los resultados, más o menos satisfactorios, suelen proporcionar el único material con el que construir nuestra sociabilidad, y aunque a veces anodino o grotesco o peculiar, es todo lo que tenemos, lo único que nos llevaremos cuando nos vayamos al cajón, nuestro simpático y contradictorio y trabajosamente acumulado montoncito de sociabilidad *in vitro*.

Micro es una de las claves: el espacio personal se reduce cada vez más a dimensiones minúsculas, claustrofóbicas incluso, al mismo tiempo que se abre al macrouniverso de las redes en donde es magnífica o miserablemente gestionado. Contingencia y disponibilidad es la otra, y se refiere a esa especie de arte povero de la experiencia personal, en donde uno construye lo que puede con lo que tiene a su alcance, en un notable esfuerzo emergente, y se prepara así para representar su parte, la del Ama (en Romeo y Julieta) sobre la que gira el drama.

Es todo lo que tenemos, y con ello empezamos a vivir y dejamos de hacerlo. Somos pocos y precarios y la vida transcurre entre nosotros como un murmullo, un suspiro a veces, unos pocos códigos personales, y nos proporciona placeres y dolores, nos rescata o nos pone contra las cuerdas. Trascender, llegar a la fama, a muchos no nos parece gran cosa, no vale siquiera historificarse (escribirse), ocupar un sitio en un archivo, ni perpetuarse como un vampiro solitario en una hermosa hacienda colonial... lo que tenemos es poco, pero es nuestra parcela de eternidad.

Pierre Soury tenía en el apartamento de la calle Dahommey un cuaderno de correspondencia destinado a recoger las opiniones de los "dahometanos" que pasaban por allí, y en él escribía: "Demasiado he hecho de amo de casa. Más bien amo de casa vacía, como mi abuelo, como los padres de familia -es duro vivir solo-, y es sin duda la colectivización de sobrevivencia lo que me interesa."

La cuestión de la cohabitacion, de su conveniencia, está por verse; nos fascina la idea de Soury compartiendo la experiencia comunal y buscando a través de ella una fórmula social de supervivencia. No es el único, Guy Debord fue otro, hubo en una época (los 70) un síndrome estacional que afectaba a muchos intelectuales "accionistas" y que los empujaba a buscar modelos de colectivización diferentes, para terminar conviviendo en absurdos pisos comunales o en aldeas grotescas como la de Otto Mühl, en Vincennes. Hoy reinventamos fórmulas domésticas, y nos lo hacemos en casa, y cuando estamos con el mono social pillamos red, ya saben, volamos mucho más alto y nos la montamos con más colegas que nunca. Es lo que hay, toda la disponibilidad: o todo o la práctica de los pequeños grupos, la forma mínima del lazo social. Ahora sólo nos queda explorar el nuestro.

Está la madre, que con su presencia de ánimo proyecta un saber hacer doméstico sobre las cosas cotidianas, proyecta un modelo de comportamiento ingenuo que es a la vez un inagotable productor de claves para el sentido, y un soberbio regulador capaz de transformar sin esfuerzo delirios y caprichosas complejidades en conductas asimiladas. Es el plato de caldo después de la mojadura, y al mismo tiempo una amenaza latente contra la identidad y los recursos propios. La verdadera naturaleza de la relación se encuentra prescripta por razones de contexto, y en el grupo sólo funciona como figura de poder, un promotor de los valores de orden y la sensibilidad clásica de la que me siento cada vez más alejado.

La separación, un efecto coyuntural, es ahora mismo lo mejor del grupo, en tanto representa una ausencia que es la verdadera generadora de existencia, es decir, de sentimientos... y a la vez, el recuerdo permanente del fracaso en la gestión de éste. Sin musa uno está reducido a cenizas, con ella el espacio se abre en un abanico de colores y dolores. La separación es el acto de arrancar los cables que nos unen a la vida sensible y al vértigo de la cohabitación amorosa. Estar separado es una manera de estar reunido socialmente con los estereotipos corrientes del fracaso sentimental, con la normativa de la soledad. El separado asume que se reconoce en la continua aportación de modelos para sustituír a la presencia física de su cónyugue, y en el acto se suplanta a éste por funciones. El separado hace así grupo con su modesta mecánica de substituciones, y pone allí donde antes estaba la presencia física, un curioso surtido de cosas y modos, implantados como chips en su cabeza de chorlito. Una asociación de mierda, donde las haya.

En cuanto al perro. Bien, eso es peor aún. El perro no existe, es más bien el deseo del perro; un poco la madre y la ausencia de la mujer juntas. Allí donde debería haber un dulce Maltés o un vigoroso Mastín Napolitano o un esquivo Dachshund o un comfortable Bichon Frisé, no hay nada, ningún jodido perro terapéutico. Ni cura, ni leches. En este grupo salvaje, cada vez más frecuente, no existe ni la cura, ni su sustituto, sólo la certidumbre de lo que falta, lo que en sí mismo es un acto de valor y perplejidad, y para más de uno de sus miembros, una de las formas más refinadas de conocimiento. Puro género cinematográfico: el héroe solitario, la supercasta de tipos espartanos, fracasados, iluminados y permanentemente al borde del abismo. Individuos soberbios a punto de ser aplastados por casi todo... sin perro, sin mujer, sin analista... pero que, por así decirlo, no se ahorran su singularidad.

Y éste es el grupo que practicamos. Penosamente lábil y retráctil, a punto de alcanzar su grado cero, su naturaleza absoluta, su carácter negativo, pero exquisitamente fin de siècle en su imprevisibilidad y coyunturalidad, y por su capacidad de soporte para alguna otra cosa. Es mi lugar de supervivencia y se encuentra jalonado por tres escisiones reales, eventualmente las únicas de las que dispongo para poner esta precaria maquinaria social a funcionar.

Hay muchos otros grupos, asociaciones, sociedades, lugares federativos… imposibles de inventariar, que apuntan en la misma dirección y sirven por encima de su efectividad particular, a garantizar la vida social del individuo y su pertenencia al espacio de las mayorías. Muchos de ellos son precarios y no garantizan nada. Debord terminará sus días con una escopeta de doble caño, Soury con una mezcla home made de cianuro, en el bosque de Faussses-Reposes, en Versailles. Mientras, las formas colectivas de suicidio hacen furor, y los recursos minimalistas campan a sus anchas.

Se hacen minigrupos con figuras animales (totémicas), alter egos caninos o de especies exóticas que actúan dentro del entorno personal como unidades móviles terapéuticas o agentes transferenciales, amiguetes provenientes del mundo animal que proporcionan relleno sociológico de bajo coste y son capaces de registrar pequeñas capacidades de respuesta.

Hay otros formados por afinidad doctrinal, y otros por adherencia a toda clase de reglas técnicas. La mayoría de éstos son profesionales y se autogestionan, promueven una sociedad alternativa y apenas se mezclan con los demás, instruyen un campo nuevo de la palabra en donde ellos son los reyes del mambo, y se benefician de un montón de contribuyentes.

Hay grupos familiares endogámicos, en donde se buscan asociaciones con miembros liberados, no importa quiénes, ni sus líneas de cosanguineidad… puede tratarse de tíos, primos cruzados, consuegros, cuñadas… siguiendo y renovando líneas tradicionales de convivencialidad y formando asociaciones paralelas.

Hay quienes adoptan niños, acogen refugiados, hay quienes se hacen socios de organizaciones no gubernamentales, hay quienes producen familias artificiales según extrañas fórmulas de house-sharing, y quienes cohabitan en prolongaciones sociales de empresa... En fin, hay quienes se benefician de modelos paranoicos y cohabitan consigo mismo o crean mundos paralelos, y otros que eligen asociarse con individuos reales del ciberespacio (conexión gratuita).

Hay toda clase de modalidades que comparten un mismo objetivo: escapar de lo social intolerable a través de una sociabilidad atenuada construída con alianzas mínimas dentro de una escala de valores personales mucho más divertida y confiable. Grupos de trabajo, de amigoterapia, tribus familiares, de analizados, pervertidos, homosexuales, filantrópicos... todos ellos proporcionan salidas sociales pactadas para librarnos del exceso de sociabilidad que significaría una fórmula de alternancia múltiple que muchos rechazan, y que los obligaría a relacionarse con individuos que al parecer no son del agrado de nadie (inmigrantes, pederastas, ancianos...) igual a como lo hacen con sus pares. Pero cuando éstos fallan, cuando no se tiene siquiera ni una casta de inserción, un subgrupo de intereses con el que alinearse, quedan los pequeños grupos (como el que nos ocupa), microsociedaes surgidas precisamente de la incapacidad para relacionarse o del deseo de no hacerlo. Intensamente originales en una época de soluciones globales, probablemente anticipen un par de augurios de doble signo: la desaparición de lo social tal y como lo conocemos, y el alumbramiento forzoso de una individualidad, ridícula en ocasiones, penosa a veces, surgida de pactos para no morir de una muerte dolorosa por soledad (los pactos políticos postelectorales en provincias -derecha conservadora e izquierda, por ejemplo-, empiezan a ser en su esfera pioneros del género). En el futuro tendremos licencia para eso, hartos de buscar el reconocimiento que no llega, hartos de los demás y de nosotros mismos, podremos asociarnos con nuestras peculiaridades, con animales u objetos inanimados, con códigos y secuencias, con las artes, con la robótica, con el hogar, con el mobiliario urbano…

Que no queda demasiado claro, pues bien, volvamos a ello… uno se asocia abruptamente cuando la alternancia es cero, cuando el otro no plantea demandas. Esto que puede parecerse a la soledad, es, en el peor de los casos, una manera moderna de enloquecer, que no tiene ni status de enfermedad, ni cabida en los hospitales. La soledad, en su acepción tradicional, es un concepto romántico en desuso y no cabe en un mundo de urbanización forzosa y microsociología. Estar realmente solo es imposible, en tanto implicaría una distancia que ya no se puede establecer. Se junta uno entonces con lo que puede, con su pitón venezolana, con su perezoso de tres dedos, con su perrito doméstico, con su hámster colorado… la gama de las microparejas con especies animales es enorme; con asesores bursátiles, uno entra así en los códigos de las entidades y hace de la especulación su socio, el partenaire simbólico que da/quita la felicidad como ocurre con las parejas convencionales; con tus muebles japoneses o Chippendale o Judgenstil, o con el mobiliario urbano de tu barrio cuando no tienes nada o simplemente no has incorporado ninguna estética a tu paisaje dométido; o crear tu sociedad in absentia cuando el otro no está, hacerte con un pintor totémico o un autor y buscar en su obra -que no siempre se lee en soledad- tu pareja social, los libros, por ejemplo, son la otra cara del fracaso, cuando en una situación de receptibilidad ideal bastaría con el discurso y la escritura quedaría sólo para la difusión… una cultura oral es siempre más deseable; o también puede uno hacérselo socialmente con su ordenador, y quizás llegue el día tan esperado de la robótica, de los implantes, de la ingeniería genética, que es en realidad la última frontera, el objetivo final de todos nuestros esfuerzos intelectuales no confesados: la sustitución con engendros mecánicos compatibles, inocuos y asimilables, de la mayoría de los individuos del género, los cuales estarán para entonces reducidos a un montón de escoria, una muchedumbre diezmada por la superficialidad y los usos culturales.

Esa es la lucha. Podría parecer que uno sobrevive solo o no sobrevive. La aceptabilidad de los microgrupos todavía es distante, y en la masa uno se pierde. Queda la esperanza, algo remota, de poder reconducir el destino funcionalmente, que nos convirtamos en una sociedad obrera inteligente después de haber consumido todos nuestros bienes, y queda por redescubrir la utopía de las sociedades inteligentes. El campo de batalla es total, está prácticamente en todas partes, y la batalla es cruenta, perversa, desmoralizante, en todos los niveles, y de ella sólo nos salvará la radicalidad.

Nuestros microgrupos son el principio de una actitud de combate. Están bien armados, como diría Lévy, con su plástica. Tienen un aspecto ingenioso y muy intuitivo, creen en las afinidades intempestivas y en la renovación, no siguen los criterios de normalización habituales y mezclan en el espacio de sus evoluciones lo social y lo subjetivo. Son partidarios de una mirada caliente, a lo Dibie, sobre los demás, y en conjunto representan múltiples células de disidencia, que en su chovinismo y marginación en una época en donde el éxito social o al menos la integración -una manera de entrar en el culto de la normatividad-, redactan, como cualquiera sabe, las reglas técnicas de la vida.

Recuerdo a Cardín, Delgado, Bacon, Panero, Soury, Debord, Bukowski…y a muchos anónimos que no han tenido ningún reconocimiento mediático y cuyos nombres no tendría sentido rescatar. Los primeros han alcanzado gran notoriedad por su disidencia, por su anticomplacencia, y a pesar de su escisión o excomunión, han logrado penetrar las redes y asestar unos buenos golpes; los segundos, han llegado por derecho propio a ese desconocimiemto famoso que es como un pacto secreto con la notoriedad. Pasar desapercibido puede ser a veces lo mejor para los demás, y un acto de constricción de la inteligencia de alcanze limitado… la inteligencia que no se difunde es la que nos salvará. Bien, todos ellos han creado sus grupos, ¿sus pequeños potlach?, sus precarias asociaciones con lo que han tenido a mano: el alcohol, la locura, la propia obra, la madre, la homosexualidad, el amor frustrado… o a veces todo junto o en combinaciones libres. Y lo han conseguido, han sobrevivido unos años -algunos siguen haciéndolo- han luchado como valientes contra ese Godzilla de las bases profesionales, y sus nombres están en el panteón, han muerto por nosotros, por salvarnos de nosotros mismos…*de bellare superbos*… descansen en paz.

La vida: reglas técnicas

Uno se pregunta si habrá que ir cambiando de diván para recibir una formación pareja en las normas. Así se especulaba en los sesenta en el seno de la IPA, mientras a Lacan se le hacía proscripto. Quince días era el plazo; los candidatos en análisis con el "gurú" deberían ser pasados a otros analistas. Esto, que concierne a pocos, tiene para mí un extraño poder aleccionador. La vida se parece poco a un diván, pero mucho a una asociación profesional obsesionada por la formación normalizada de sus miembros y en perseguir y privar de prerrogativas didácticas a los innovadores. Aleccionador porque de esta disputa de sociedades se extraen varias enseñanzas: que las vivencias personales son raras veces iguales a la historia; que la inteligencia y la política son excluyentes; y que en el gran juego, como dice Roudinedsco, quien pierde gana.

Usted dirá: ¡Pero a quién coño le importan las sociedades sicoanalíticas!…hoy más que nunca, que se llevan las resistencias. Y tiene usted razón, pero lo que no ha pensado es que la vida -otra sociedad de iniciados- administra de igual manera sus actas de exclusión, y concierne cada vez a menos.

La vida, en efecto, tiene sus reglas técnicas (antes había "instrucciones de uso", hoy ha ganado en sujección y obediencia todo lo que ha perdido en disponibilidad) y si no se cumple con ellas quedará excluído de sus rangos jerárquicos y de su didáctica, excluído para deasaparecer o autogestionarse, para el anonimato o la grandeza. Los anónimos somos legión y vivimos en las cunetas, una fauna especializada de espacios reciclados, los "otros" son pocos y gestionan desde los nichos institucionales, mientras no se vean obligados a recurrir a la clandestinidad y al buzoneo, nuestras últimas esperanzas. Las reglas técnicas se refieren a un conjunto de recomendaciones operativas que se ocupan de preservar los ideales tecnicistas y normalizadores del imperio, y defenderlos contra los agentes desestabilizadores que por no aparentar aceptan de buen grado su exclusión. Queda poco lugar para la improvisación y el jaleo, no digamos para la genialidad, que hoy se limita a repartirse tecnológicamente el futuro y a hacer ascos al pensamiento divergente.

La vida sale perdiendo, se queda con esa mierda de respetabilidad y pierde a cambio el gusto extravagante por lo prohibido, por lo que no puede decirse. Una cosa ruidosa y lamentable como la Marcha de Radesky, mucha dignidad y aire caduco, obediente y vulgar como un público fantasmagórico en un no menos fantasmagórico Kurt Salon, una vida desarmada hecha desde los comités ejecutivos entre canapés y copas de champagne.

El hecho de que sean reglas técnicas, y eventualmente consideraciones éticas, las que determinan las condiciones de posibilidad de la vida, y no los valores subjetivos que tienen que ver con la búsqueda del deseo y la verdad, ya es bastante significativo. Desear, apenas se nos está permitido, en tanto al deseo se le interpreta como un desacato, y en el mejor de los casos como una pérdida de tiempo fáctico, es decir, del tiempo que no utiliza para producirse socialmente. En cuanto a la verdad, cualquier sabe que no interesa, es apenas un viejo loop, una atracción de feria, y en los tiempos que corren las verdades se generan sintéticamente, son, según las circustancias, chips o moléculas, y están en connivencia con el discurso político, por repetir una acepción antigua. La vida se normaliza así, se ajusta a la coherencia de unas bases profesionales que otros han creado para ella, y establece requisitos formales y un pago para su acceso. Profesionalizarse es la consigna, nada de advenadizos jugando con ese precioso material teórico que es la vida como sistema. ¡No, esos locos pueden perder la cabeza, se les puede ir la olla y pensar que la cosa va con ellos!

Si la vida es el ejercicio de una profesión, cuyas normas de acceso convenientemente liberalizadas garantizan la cohesión, también hay quienes ocupan posiciones de privilegio, y quienes se ven excluídos. Las reglas técnicas regulan esta criba, al mismo tiempo que asignan un espacio simbólico para los primeros, el del dinero y el éxito, y otro para los segundos, el de la pérdida y el fracaso. Las reglas son excluyentes, y sólo excepcionalmente se admite una formación profesional que amenace el numero clausus del imperio.

Vivir fuera de la vida, el lugar conjetural que se nos asigna a los advenedizos, era una práctica corriente en los sesenta y setenta… hippies, comuneros, situacionistas, seminaristas, y no sólo era una experiencia estimulante para muchos, sino también generadora de prestigio y mucho hermoseo contracultural, una carrera alternativa para los insurrectos. En su momento, también ellos se verían institucionalizados y subidos al panteón de los superasalariados. Los excluidos, digamos, que encontrarían la situación intolerable, y acabarían suicidándose en un desarreglo técnico muy en boga en cierta época, que los jefes interpretaron como una baja temporal sin goze de sueldo, o cuando la propia destrucción no era prescribible, autocondenándose al exilio interior, una opción mucho más contemporánea.

En los tiempos que corren esta experiencia de desacato implica un riesgo teórico enorme, de exclusión e incapacitación permanente de la profesión (de vivir), por entender que la contestación se produce hoy desde el interior, cubriendo el expediente de una paranoia *comme il faut*, y porque ya no quedan lugares exteriores desde donde radicalizarse. Personalmente, y a cuenta de esta autobiografía conceptual en la que estamos trabajando, debo confesar que me siento un poco ese paciente más o menos asintomático y ocasionalmente paranoico en pleno goze de su exilio interior. Casi desconocido, aunque no desmotivado, irregular, sumamente peligroso en los lanzes cortos, implosivo y riguroso, encerrado como un gato en una cámara de presión, me abro en canal para mi propia cirugía, para descubrir que a pesar de mi probada condescendencia, hay en este cuerpo que dono, las huellas de un desacato permanente a las reglas.

Muerto de muerte teórica, de la vida entendida como esa magnífica corporatividad de la que sólo he disfrutado sus efectos secundarios. Al márgen, comprometido en una misión secreta, uno siente, como en la neurósis, que es alrededor de este centro que gira el mundo. No hay que dramatizar, muchos han conseguido el éxito siendo fieles a sus consignas durante toda la vida. Se puede encontrar lo que se busca a contrapelo, sólo es cuestión de tiempo y paciencia, en cuanto al método no existe ninguno, en su lugar, un sistema de creencias al que no se interroga. Como en la cura imaginaria, uno se salva por sugestión, pero no por eso se salva menos, y se reconduce en la búsqueda de objetivos que al menos cree suyos.

La vida, en sus sucesivos pases institucionales, no ve esta decisión con buenos ojos, quiere a sus pequeños hechos un ovillo bajo sus faldas, complaciéndola y jugando el juego de la ley que más le gusta, y ofrece a cambio lo que ella piensa son sus claves (su significado), el de los síntomas. Y para ello, para conjurar el caos de los deseos personales inalienables, para dar una estructura lógica a este complejo material, nos ofrece un conjunto de reglas particulares que comparten un parecido sospechoso con las de los viejos príncipes, y con las de los nuevos.

Principes de la iglesia, del estado, de la empresa…a saber, presumen de saber lo que nos pasa y juntos elaborar las reglas. El guiso es bien conocido: un poco de ética cristiana (el pudor y el cuidado de las apariencias es la moda al uso), más una buena dosis de cinismo a la italiana, más un fondo de código empresarial, viejo y nuevo, incluídas las nuevas tendencias antijerárquicas… y una vez hechas las consideraciones éticas, sólo queda aplicar el conocimiento para resolver problemas prácticos, y así llegamos a las reglas que por coherencia histórica, no pueden hoy ser sino técnicas.

Aunque no debería, por aquello de que no se debe decir lo que todos saben, estamos impacientes por enunciarlas. Aunque antes habrá que encontrarlas, aislarlas en esta maraña de falsas certezas en la que nos movemos. Conocerlas no tiene en sí mismo ningún significado, lo importante es avanzar en el conocimiento y rechazarlas, si no es mucho pedir, o hacer por lo menos la contratransferencia, y actuar, aunque sólo sea en el enunciado, contra ellas.

Elijamos alguna por pura diversión: hay que trabajar (para vivir) y dividir el trabajo en jornadas; la técnica es la ley y se prohíben los líderes carismáticos; se aceptan las divergencias doctrinales, pero nada escapa a las reglas; se debe obediencia a las jerarquías en el entendido de que éstas son propiciatorias del conocimiento; la insubordinación es un desarreglo técnico y a partir de un primer aviso debe ser castigada con la degradación; los aranceles y la política de precios determina el valor de las cosas; uno debe institucionalizarse progresivamente, la escuela, la universidad, el trabajo, el matrimonio… ya saben, no hay opciones marginales extrainstitucionales; la salud (mental) es un bien de consumo, y no se garantiza por derecho; el conocimiento es un negociado con la instituciones y no sirve más que para la práctica profesional…

Si las leyes mandan, y la vida es una experiencia más o menos frustrada de construcción de la realidad, un laberinto de leyes procesales, laborales, judiciales, penales, empresariales, del código civil, del militar... de obligaciones y contratos, de la función pública y privada, y también de leyes ambientales, tributarias... de legislación informática, de la Euroguide, de derecho internacional... las reglas técnicas regulan nuestro comportamiento dentro de las sociedades, y son las verdaderas responsables de cómo nos relacionamos con los demás y con nuestras demandas, la ley, en cambio, excluye cualquier relación que no sea la procesal, y nos pilla aislados en un acto de responsabilidad institucional, alejado del desarreglo complejo que significa vivir.

Estas reglas están entredichas y mediatizadas (no confundir con la leyes), hay una voz en off que no siempre escuchamos, y que nos dice cómo actuar según el guión. Las faltas no son toleradas. Hay un esfuerzo de producción tremendo detrás de esa aparente circustancialidad en las que nos encontramos... hay dinero, esponsorización, hay una audiencia que medir, hay responsabilidades formales y la necesidad de inscribirse en el marco de producción teórica del imperio, hay que seguir las tendencias, normalizar, respetar los tiempos... en fin que nada es lo que parece. Tenemos que representar como Truman, una comedia de situación en donde cualquier desajuste técnico es abruptamente controlado. El panorama es sombrío: por un lado los que representan, los verdaderos actores del show, por otro los espectadores, una masa de audiencia, los actores del hipershow de la no paticipación (en este sentido Truman es un privilegiado), y por encima de todo una supercasta mediática, mediocre y penosa que tira de los hilos y juega a ser Dios.

Así están las cosas. La vida es una mierda de sitcom, controlada por audiencias irracionales y por dioses con pies de barro, sometida a una implacable vigilancia de redes técnicas que multiplican al infinito nuestra servidumbre.

No, no hay escapatoria. Así nos quieren, sodomizados, inmóviles y consecuentes con nuestros programas preferidos, o actuando una paranoia rigurosa, como todas, en donde todos los gestos están controlados y no hay lugar para la improvisación, en donde vivimos meticulosamente una existencia repetitiva en donde el único sentido al que servimos es aquél de vernos reafirmados y reforzados por el hábito y la previsibilidad, y la tranquilidad de saber que lo que se tiene no se va a perder jamás, la obediencia lo garantiza.

Dos nuevos mitos ahí, íntimamente enlazados: el de la retribución, sea del género que sea, y el de la obediencia, ambos hechos para cumplir una poderosa función simbólica, hacernos vivir, feliz y desdichadamente, según las reglas. Hoy se piensa que el salario (la retribución) nos representa mejor que nada, y que la obediencia es un acto refinado en donde uno se organiza jerárquicamente según los patrones al uso. Juntos construyen la parábola del éxito o el fracaso, y se hacen dueños de casi toda la existencia, incluído ese pequeño acto de apropiación indebida de nuestra personalidad.

Pura censura, es lo que somos, no hay quien mantenga a la neurósis en su lugar. Nos queda un largo análisis que ya no tenemos con quien hacer. Soñamos con el deseo de ruptura y desacato, y sin embargo si echamos una ojeada a nuestra agenda de los últimos veinte años no vemos mucho más que miedo y disponibilidad, miedo a la mujer, a la madre, a la pérdida, a la indisciplina como generadora de angustia e inquietud, y una perplejidad creciente en materia de objetivos. Y que lo único, bien poco por cierto, que hemos hecho, es buscar la felicidad en nuestros amores masoquistas y tímidas tragedias isabelinas de poder y desenfreno.

Ignoro si llegará un tiempo de desobediencia, la verdad es que no pintan muy bien las cosas, pero supongo que mientras habrá que arreglárselas, vivir según las reglas y hacer un poco la contra, olvidarnos de nuestros buenos modales, y decir de una vez por todas lo que estamos deseando escuchar.

Lo que no se dice

… es precisamente lo único que nos importa, o debería importarnos. Si en el auténtico "mundo feliz" que se gestionaba a contracorriente en el diván de los herejes, se hablaba de desprofesionalización, de desexualización, de abandono de los objetivos, de urbanismo radical… se hablaba también de ruptura de las apariencias.

Toda nuestra vida pasa por eso; somos unos analistas perversos y sistemáticos, ocultamos pensamientos, o en el mejor de los casos hacemos penosas confesiones de nuestra subjetividad que utlizamos para matar de aburrimiento a interlocutores ocasionales, y volvemos meneando el rabo, pensando que hemos quedado en bragas y en esa parálisis permanente que nos impide destipificarnos.

Somos todos "autores" de nosotros mismos, secretamente malos, y no hacemos sino describir ciertas "funcionalidades", cada uno en su contexto. Tenemos verdades de uso laboral, matrimonial, espiritual, de protocolo, para uno mismo y para utilizar con los demás, y tenemos enunciados de choque para actos personales de constricción o para descargas en situaciones de labilidad y sinceramiento, artificios mecánicos con los que hablamos a la mujer, al terapeuta, al director de recursos humanos. Incapaces de hacer abstracción, nos doblegamos a los perfiles que la sociedad nos impone y enmudecemos para siempre.

Desde este punto de vista, hablar (sobre lo que no se dice) sería hoy, además de un esfuerzo heroico, probablemente inútil y casi seguro autodestructivo, un delito, un acto de desacato, una falta grave a la ley de las apariencias, y uno se vería condenado a la segregación y al olvido. La verdad, y en muchos casos, la inteligencia, son marginales y perseguidas en este bonito y simpático país lúdico y gastronómico que llamamos, que algunos llaman, España.

Quizás las cosas no sean así, y la ocultación pertenezca a ese territorio secreto de la intimidad. Personalmente, pienso que la intimidad tiene mucho más que ver con el olvido y con el tedio, que los secretos pertenecen más al mundo de la magia y de la banca, y que ésta también se construye socialmente y mejor que nunca a través del diálogo, y que si hay un mundo íntimo por definición, es el del discurso literario, y está más expuesto que nada. Queda, por supuesto, la ocultación por pudor o buen gusto, pero pertenecen a otro orden de cosas.

¿Cómo definirlo? Uno dificilmente se atrevería a tanto, pero para que ésto se mueva un poco, digamos que lo que no se dice es lo que nos amenaza o nos hace vulnerables, lo estrafalario, lo obsceno, lo recurrente, lo malo y lo bueno, y todo lo que tiene que ver con las funciones somáticas, con la sensibilidad cutre de los sentimientos, con la confesión de inocuidad o la precariedad de la inteligencia, con el abismo de los rasgos idiosincráticos, no decimos lo que los otros no saben, ni lo que saben... Lo que hacemos es repetir hasta el cansancio los clichés que nos proporcionan esta erudición mínima de supervivencia de la que la mayoría hacemos gala, y olvidamos, como decía Renè Char, "desarrollar nuestra legítima rareza."

No hablamos de calzoncillos sucios, ni de nuestro aspecto por la mañana frente al espejo, de los hongos en las uñas de los pies ni de los escasos cuidados a los que los sometemos...No hablamos de la sexualidad verdadera (ni siquiera los transexuales lo hacen, han adoptado una jerga programática, por lo menos aquellos capaces de sostener un discurso), ni hablamos de la desexualización que nos acecha. No decimos lo que ganamos, es uno de los secretos mejor guardados, necesitaríamos un transfert psicoanalítico para eso, la medida del bolsillo delata por fuerza quiénes somos. No decimos lo que sentimos, preferimos soltar una baba verde o rosa, según las circustancias, como uno de esos aliens indestructibles que viajan azgazapados en las oscuras naves de la Compañía haciendo estragos entre los blandos mamíferos terrestres; o elegimos la callada, el repliegue interior hacia las últimas líneas de defensa; elegimos roles (víctimas o verdugos) o nos marginamos, pero no decimos lo que sentimos. La exposición es un error táctico, cuando no un acto de promiscuidad en un espacio en el que se persigue la subjetividad. Nos callamos y atacamos, somos asesinos a sueldo, o nos defendemos con ira o sin ella, tímidamente... hay multitud de opciones. Y cuando el discurso aparece, son raras las ocasiones en que nos contiene.

¿Qué sucede? ¿Qué hay detrás de este raro secretismo anquilosante? Sabe mal, es cierto, pero hay algo, una cosa que flota en el aire como un olor a mierda. Elegimos la continencia, la vida nos arrastra a ella, es una nueva enfermedad de la conducta; decir es un ejercicio intelectual reservado a los muy listos, una extravagancia literaria o cualquier otra cosa, pero nada que ver con el autismo que nos envuelve. La continencia, en un acto desesperado de imaginación, sería como la nueva economía de mercado de las emociones que reservamos para nuestros socios. Decir sería una falta de etiqueta, un acto proletario y remoto, el paludismo de cierto sentido común fin de siécle.

Para decir necesitamos de la enfermedad, del secreto profesional. Un poco de *mea culpa* ante ese discreto auxiliar de enfermería que es nuestro terapeuta. Hemos pasado de la aversión (muy Foucault) a la confesión como obligatoriedad, del deseo ardiente por desarmar la orden brutal de hacer hablar, al silencio por elección, al deseo complejo de ocultarse en la vanalidad del conocimiento y la normalización. Hamos dado un salto hacia abajo, una figura compleja en la teoría del caos, un retorno a la moral victoriana mezclada con sendas dosis de pedestrismo salvaje muy nasdat (la lengua de "La naranja mecánica") y locura simple, pura incomunicación a la vieja usanza. Héroes del silencio, tenemos nuestras pautas secretas, apenas codificadas, y en ocasiones dejamos entrever los símbolos ocultos de una nueva y extraña masonería hecha a la medida de los tiempos que corren, y que encuentran sus señas de identidad en pequeños actos de desprecio e intrasigencia, como si fuésemos unos hooligans de los equipos de barrio.

Hooligans, masones, locos, victorianos... todos, ¡qué más! Tenemos una pinta terrible ¿y sólo por callarnos? Pero *qui lo sa*, ya nadie hace autocrítica, están todos ocupados preparando sus oposiciones al mandarinato de la empresa, o pauperizados con sus salarios de mierda. No hay actos de desacato, ni sociales ni individuales, y cuando los hay son brutales y exaltados, masacres en colegios, revanchas étnicas (Borneo, Timor...) copiadas de viejos modelos antropológicos, crímenes pasionales... asumen toda clase formas mitológicas, como en el principio de los tiempos.

Pedimos disculpas, uno se inflama, el pensamiento es inflamable por definición. Pero cabe preguntarse, si lo que no se dice es el último responsable de todo lo que nos sucede.

Estaba, hace unos dias, pensando en algunos modelos autobiográficos que en los últimos años han hecho crujir mis huesos. ¡Nada como la experiencia personal para construir delicados castillos teóricos de cartas! La premisa se confirma… veámos algunas cosas que no he dicho… Jamás he dicho quién soy en el trabajo. He mantenido en secreto todo aquello que podría discrepar con el orden vertical de la empresa y de su uso patológico de las prerrogativas intelectuales. La inteligencia o cualquier cosa que se parezca a ella, no digamos la erudición, es castigada con la muerte en las empresas de servicio. Uno apenas habla de sus lecturas o veleidades en el campo del pensamiento no profesional, si no quiere arriesgarse a ser fulminado por la ira de la dirección general o la de sus crueles cardenales en la jefatura de equipos. En ese ambiente enrarecido de la corporatividad y la conquista de resultados uno se promociona por el método, el dogma de la casa, por lo general un pastiche de presupuestos, lealtades y comadreos, mientras que a nadie le importa un carajo tu trayectoria intelectual, *rara avis*, prueba incontestable de tu individualidad, y tenida en ese marco como obscena.

Tampoco he dicho el lugar que ocupo en la estructura familiar que sobrevive. No he hecho jamás los enunciados que corresponden a mi entrada en la edad adulta. No he redefinido ciertos espacios y límites de autoridad, ni la esfera de la privacidad, ni nada en relación con la dinámica de los roles en el mundo de los intercambios familiares. He preferido conservar el pasado y sostener el peligroso artificio de un estado de pubertad suspendida. Una auténtica paja mental; he montado un matriarcado indígena en el seno de una sociedad desestructurada y en la puertas del nuevo milenio…un poco de chinoiserie, de etnias gitansas y mater devotio en el mejor estilo homo de las reinonas de la lúbrica Rue d'Ulm (léase Barthes, Foucault, Le RoiLadurie…y algunos otros.)

No he dicho la última palabra en mi matrimonio, ningún visto para sentencia, no señor, nada que me haga aparecer ni remotamente adulto en este imposible ejercicio de la disolución. Ninguna palabra de hombre, otro -uno más- pecado de rol. He elegido, en cambio, una nocturnidad adolescente por imitación (de mi mujer) que me permita vivir la ilusión del enamoramiento después de la ruptura, y seguir junto a la comfortable musa de la indecisión. Soy como una rolliza mujer árabe hecha un lío con el demente de su marido, presa de las estupideces de libro de los cojones, soy como una ensoñación, un maldito enamorado de los tiempos del análisis a la espera de escribir, de una vez por todas, su carta (de disolución).

Tres ocultaciones capitales, y podría citar muchas más, responsables, entre otras cosas, de mi casi completa inmadurez, y que me han puesto rozando el límite de lo que yo llamaría ¡primera definición! locura de descontextualización, una primera cuota para el alojamiento a tiempo completo en el psiquiátrico de Leganés ¡salve Panero! (una sóla de sus frases por toda la nefasta producción en cadena del discurso literario). Una sabia enfermedad para uso personal que nos aleja del mundo al mismo tiempo que nos acerca a él en un delirio crítico. Un inmaduro incapaz de definir convenientemente sus relaciones, ni de encontrar roles de comportamiento adecuados a su edad.

Sufro parálisis laboral, sí señor, soy un Peter Pan rococó revoloteando entre una peligrosa jauría de perros de presa, trepas y arribistas, un geniecillo dorado que se niega a abandonar su tierna juventud profesional. Eventualmente se me castigará por ésto, se me hará objeto de un retiro voluntario prematuro o se me hará sufrir los tormentos de un reciclaje en donde pagaré con creces mi insolencia y se acreditarán en mi cuenta corriente con penalizaciones todos esos años incumplidos, y en donde seré castigado con el azote del paternalismo por mi desprecio al dogma y al orden empresarial. Un lastimero Peter Pan atado a su sillita cesca con los pesados grilletes de la disciplina, los horarios y protocolos de la clínica laboral. Dios.

Y por si esto fuera poco, por no haber llevado a cabo una disolución en regla, sufro la incapacidad (de curarme) de establecer nuevas relaciones con el entorno. Soy un enamorado congelado. Por no decir la verdad de mis sentimientos estoy condenado a repetirlos, o por lo menos a repetir lo que hay en ellos de involuntariedad y cliché romántico. Uno no dice lo que siente o dice sólo su pensamiento negativo, y al final termina perdiendo los papeles en los supermercados, en las colas de los cines, en las escalera mecánicas, en los nidos urbanos, y arrojándose mutuamente sus superportátiles con procesadores de 400, y hundiéndose en una tristeza desmotivada que no conduce sino a la esterilidad. El amor no suele decirse por pudor o pereza, por la falta de un glosario adecuado, a saber; y lo que suele ocultarse es la mejor parte, sus cartas de nobleza. Al final, sólo nos queda un modesto ejercicio para uso cotidiano construído a partir de los materiales de desecho del gran logos jurídico-amoroso del que somos presa, y de partes oscuras de nuestra personalidad. Dejamos el amor para la literatura, para el cine, para los demás, y vivimos una charada mediocre hechas a partes iguales de continuidad y decadencia. Los que se aventuran de verdad acaban perdiéndose, congelados en un estado de perpetua inanimación. Si el amor verdadero es siempre recíproco, uno debería saber que no hay nada que ocultar.

La ocultación tiene un efecto represor, algunas formas de decir tienen, pensamos, exactamente el mismo. Encontrar un punto de equilibrio entre ambas parece ser la solución.Un lugar desde donde decir las cosas sencillamente, como son, hacer con ellas un discurso personal, fresco y subjetivo, una elección cálida, alternativa a los roles que se nos asignan.

La sociedad nos prefiere mudos o habladores, en ambos casos le hacemos el juego a su maniqueísmo de tipos antagónicos, y contribuímos a una convivencia penosamente aburrida a veces, ligeramente histérica otras. Lo que deberíamos hacer es encontrar un espacio de libertad entre ambos, un lugar desde donde decir lo que no se dice sin perder de vista jamás la sensibilidad del otro, desestimar los tópicos, y hacernos dueños de una vez por todas al menos de nuestra propia subjetividad de una manera estrictamente subjetiva.

Queda mucho para ocultar, los discretos no deberían preocuparse, queda para empezar todo el pensamiento negativo, que no es poco, las ambiciones mezquinas, los secretos de familia, los fondos de inversión, queda un montón de polvo debajo de la alfombra que garantizará una importante reserva espiritual para el futuro de nuestra intimidad.

Me siento mejor así, enfrentado a una especie de documental científico sobre la vida secreta de los animales, ya saben, sobre todas aquellas cosillas que hacen a nuestras espaldas. Me preguntó si el dia que empecemos a hablar se parecerá un poco a "Space Troopers", por ejemplo, o esa otra invasión de películas terapéuticas empeñadas en enseñarnos a decir por fin lo subjetivo ante la desbordada amenaza de Bill Gates y asociados, los grandes gestores del hiperdecir silencioso y los chatteados nihilistas y vanales por los cables del teléfono.

Cualquiera sabe que la inteligencia ha muerto y que hoy más que nunca el genio es "el rigor en la deseperación", que la mayoría estamos fuera de juego y que por ahí campa a sus anchas una caza de brujas (a la locura) en el mejor estilo del racionalismo clásico (del diecisiete), y que este "gran encierro" en la libertad de las redes es otro acierto del supersaber inteligente en el que no se dice nada. Nos queda apenas un poco de nosotros mismos para justificarnos, aprovechémoslo.

Historia de yo: un día en la vida del Sr. X

Fragmento de una carta de Bachelard a Foucault a raiz de su lectura de "Folie et Déraison": "Hoy acabo de terminar la lectura de su gran libro… Los sociólogos van muy lejos para estudiar a las tribus extranjeras. Usted les demuestra que somos un revoltijo de salvajes. Es usted un auténtico explorador…"

¿A cuento de qué esta cita? Es sólo una hipótesis de trabajo que adelanto aquí: aunque hacemos nuestra la sofisticación tecnológica en la que vivimos y presumimos de una inesperada familiaridad con la cultura por el solo hecho de tener archivados sus documentos, somos salvajes, primitivos en nuestras pulsiones profundas y en la manera de relacionarnos con el medio, ese reducido espacio de seguridad en la enormidad de la selva. Somos primitivos en nuestras conductas personales, aunque estemos integrados en complejas estructuras de organización del trabajo y distribución de la riqueza; somos minimalistas culturales aunque dispongamos de una sofisticada red de información y altas velocidades de procesamiento; somos fatalistas, fetichistas y vivimos rodeados de iconos, a instancias del saber institucional del brujo, hermético y codificado; vivimos en una sociedad tribal, dentro de una familia neurótica, vapuleados por antiguos vientos de estructura del parentesco, jerarquías sociales, obligaciones y derechos; somos cazadores, pastores y recolectores, hacemos intercambio y nuestra artesanía es la alta tecnología; somos más bárbaros que en las culturas primitivas, guerreros, conquistadores, genocidas, abusamos de nuestras mujeres e incluso de nuestros menores... hemos transgredido los códigos de la aldea, y sin embargo argumentamos; domesticamos animales y mantenemos con ellos extrañas relaciones de transferencia, los metemos en nuestra cama y los sentamos a la mesa... somos unos salvajes peculiares, hemos inventado la excentricidad dentro de la tribu; vivimos una sexualidad muy codificada, incluso cuando nos las damos de liberales, y nuestras conductas están tipificadas desde siempre y en lugares incómodos y remotos en donde no hay sábanas de Cacharel.

Y en muchos aspectos somos incluso anteriores a ellos (a los primitivos), carecemos de habilidades manuales, tenemos una pésima relación con el entorno que nos rodea y hemos perdido la capacidad de ser autosuficientes. Y lo peor de todo, hemos hecho volar por los aires las reglas de la convivencia, de la solidaridad y de la tolerancia... somos una pandilla de neandertales y no queremos a nadie.

El trabajo empieza por uno mismo. Hagámos un diario etnográfico, un modesto trabajo de observación para disfrute de generaciones venideras. Cualquier parecido con Malinowski, o con ese artrópodo casamentero de Kafka, o con el retrato a plomo de los Panero (R. Franco) será involuntario.

Vivo en una ciudad hortera y procelosa, pendenciera y algo sucia, pero vitalista y profana, al estilo de un aldea hutu y un cruce de carreteras en las afueras de Nairobi. Como aldea no está mal, ya saben, si uno ocupa las chozas mejor situadas y se puede tomar distancia de esa fiesta permanente y apocalíptica en la línea de "Abierto hasta el amanecer". Sueño con salir de aquí, hacia un entorno blando y renovar mi contacto con la naturaleza.

Cuando no estoy de safari, me levanto a cualquier hora, por lo general cuando lo deciden mis jaquecas. He dormido en una cama de cienta cincuenta centímetros, entre sábanas de algodón, en un medio ruidoso y aromático en donde habitualmente se mezclan los sonidos del hindi con el cantonés y la lengua local, tamizada con efluvios de curry, coles y basura fresca del dia, a los que se suman los ruidos de aires acondicionados, refrigeradores industriales y fiestas populares, junto a otros ruidos estructurales provenientes de edificaciones mediocres. El silencio vuelve alrededor de las cinco de la mañana y toma un aspecto extraño, como postnuclear. El alboroto procedente de manifestaciones o discusiones familiares es cada vez menos frecuente, no hay dinámica social, ni penal, la única efusividad es la del escándalo y la fiesta boba, la capullada.

Los primeros veinte o treinta minutos después de levantarme suelo tener un aspecto deplorable: párpados inflamados, ojos pequeños, el pelo, bueno, varios miles de unidades de él, como un arbusto en el desierto, y ese sabor a sustancias residuales en la boca… dispongo de una sala de aseo de unos seis metros cuadrados, algo que sería incomprensible en un medio natural, dentro de la cual y en la medida de lo posible mejore mi aspecto a partir de productos sintetizados y adopto lo que podría llamarse una imágen para uso social, para salir de casa.

Desayuno frugalmente, como parece ser preceptivo en todas las comunidades primitivas, café instantáneo y galletas de agua con mermelada ácida de naranja thick cut. De pie. Sentarse a la mesa, solo o acompañado, no deja de parecerme un hábito burgués y una pérdida de tiempo, prefiero la hoguera o cualquier otro lugar de trabajo o donde se gestione colectivamente la preparación de la comida. En su ausencia elijo la rápidez. Acabado el desayuno me desplazo hasta la BN a pie

o en transporte publico, ambas experiencias aunque vulgari-
zantes en tanto rebosan de una naturaleza de sobra conocida,
son imprescindibles a la hora de representar una farsa de integración social junto a realidades cada vez más vanales (turísticas) o simplemente marginales. La clase media ha
abandonado la calle en beneficio de un exclusivismo ridículo
que cultivan por ejemplo en sus automóviles.

Superados los filtros de seguridad dela BN -las policias
privadas, convertidas en el compañero inseparable del ciudadano y una fuerza de choque inútil, protofascista- me dedico
cuatro o cinco horas al trabajo intelectual. Los vigilantes se
ocupan en convertir los primeros minutos de este retiro espiritual en una reflexión fantástica en donde las bibliotecas se convierten en campos de concentración donde se mantiene a buen
recaudo a inocentes ciudadanos que representan, por alguna
razón, una terrible amenaza contra los fondos de la institución,
y en donde se nos vigila escrupulosamente, continuamente,
como si fuesemos una amenaza contra el patrimonio cultural.
Nada de esto ocurre en bibliotecas civilizadas, en donde al
usuario, por razones de método, se le presupone una relativa
integridad moral. Nuestra simpática BN sigue ligeramente hun-
dida en la mierda de la barbarie, y la presunción desde el poder
de que somos todos una panda de paletos torpes y destructivos,
ladrones o por lo menos vándalos de nuestros bienes culturales.
En la BN somos como salvajes recluídos (en una falsa comunidad cultural) y creados desde el poder.

Durante esas cuatro o cinco horas, escribo, leo y no
abro la boca. Es una experiencia reconfortante, que coordina
el cuerpo y la mente y nos reconcilia con nosotros mismos. Es
como el rastreo y la caza en el complejo sistema del bosque
lluvioso, o la manufactura de artefactos de uso cotidiano. La
aldea en su esplendor, en su mejor momento, en al acto supremo de su civilización.

Regreso a casa de la misma manera. Como frugalmente en soledad. Dedico unos quince minutos a eso y dispongo

de una bandeja de plástico y cubiertos convencionales. Tampoco utilizo la mesa. Dedico unos quince minutos a la televisión, una breve bajada a los infiernos para contrastar con mi experiencia personal los pobres recursos de la cultura mediática en este país. Por motivos que ignoro, la experiencia es estimulante y suele dejarme de buen humor. En una verdadera aldea la televisión no representaría ningún interés conocido, en tanto se genera fuera de las esferas personales y no produce categorías útiles. Supongo que yo veo, igual que todos, la televisión como un salvaje, es decir ejerciendo el derecho a un acto puro de curiosidad sobre el absurdo.

Despues leo, generalmente una buena novela, es decir, escrita en otra lengua. Pasado un rato me adormezco, sigo los trazos de mi canción, sentado, reservo la horizontalidad para el sueño nocturno. La siesta es un gesto ocioso particularmente corporal en donde uno persigue por un breve espacio de tiempo sus fantasías o sus recuerdos menos escatológicoos. El sueño nocturno, en cambio, tiene que ver con el ciclo de la muerte y el renacer, con la historia de la aldea.

Termino de despertarme con un té, luego trabajo en mi ordenador, busco una redacción para los legos, algo que puedan leer. No suelo conseguirlo. Es el momento más primitivo de todos ¡paradoja! El ordenador representa la inmersión en un sistema cerrado de funciones y restricciones, de ordenación jerárquica y disponibilidad completa para con el chamán y el pensamiento mágico de los que de verdad mandan en la aldea. Ignoramos todavía si esto es bueno o malo, pero en cualquier caso la experiencia resulta por lo general irrelevante. Mucho diseño y montones de herramientas, pero no inspira ningun pensamiento, y en una cultura de planta única no conduce a ninguna parte. Trabajo hasta las ocho aproximadamente. Me siento en la mesa en este caso. La verticalidad es para escritores menos programáticos, más viscerales si cabe. Personalmente defiendo valores mixtos, siempre lo he hecho, una cierta visceralidad en la reflexión abstracta. Simplemente detesto, como si fuera una tribu enemiga, a los antagonistas que ven en ésto un atentado contra la academia y el pensamiento frio.

La figura del intelectual, de cualquier modo, no existe en la aldea, sólo parece posible en nuestra distribución salvaje de los roles y por la división de clases en el pensamiento. Sueño con comunidades intelectuales en donde se trabaje en equipo y en donde la figura del autor se diluya en una auténtica construcción social del pensamiento. Aún así reservo un lugar para los gurús en estos esfuerzos colectivos.

Luego llega la hora de hacer la comida. Esto no siempre es así, sólo cocino esporádicamente. Cocina étnica con preferencia, con una clara inclinación hacia las tradiciones asiáticas... el chile, los fideos de arroz, el cilantro, las cebollas de verdeo, la soja, la salsa de pescado... Es un momento importante, un acto de reivindicación de la tarea doméstica como categoría cultural y una correspondencia mágica con el pasado. Preparo mis ingredientes y cocino Nasi Goreng, Phad Thai, Green Curry... Cuento con un fuego eléctrico solamente, lo que no es de mi agrado. El calentamiento por difusión no es el mejor sustituto de la hoguera, ni hablar de los microondas, a los que desprecio. El fuego por combustión, en cambio, es fascinante, entronca directamente con la prehistoria. La cocción y el stir fried son mis preferidos, dos opciones filosóficas que definen juegos completos de actitudes frente a la vida. La primera induce a la reflexión y al trabajo del sentido; la segunda tiene que ver con la dinámica y el carácter impulsivo del acto creativo. La cocina tiene mucho menos que ver con la alimentación que con el espiritu científico en su manifestación más primitiva. Me inclino generalnmente por la rapidez, como un Pollock o un Barceló, técnica mixta sobre papel. El límite suele estar en los quince o veinte minutos. El período de alimentación es incluso más corto, no hay delectación, ni manierismo, sólo una ingesta rápida, brutal en algunos casos -según opinión de mis amigos más doxales- seguida por un lavado más o menos inmediato y una vuelta al orden anterior. Todo el proceso es contrarreloj, aunque no vaya a ninguna parte, un arrebato artístico. La creatividad también es un acto físico, corporal, y ocurre a veces con una brevedad en el tiempo que deberíamos agradecer. La afinidad entre las cocinas y las bibliotecas, no como discursos culturales, sino como dinámica del deseo y el entorno etnológico es algo que pocos -con la excepción de MB- han sabido ver.

Terminado el tour por los rincones cálidos y ardientes de mis trópicos culinarios me dedico, en ocasiones, a la televisión. La elección de programas sigue los mismos criterios naturalistas y documentalistas de siempre que no veo cine… y termino mi velada siguiendo los pasos de la RC, o Warhol, o Newman, o la Bauhaus, o los postmodernistas, o los Cinco Grandes en la sabana africana, todo salpicado por fugaces intermezzos de MCM Africa o MTV…. Los videos musicales son modelos soberbios de energía empaquetada para uso doméstico, pequeños chutes de adrenalina en el sistema linfático de millones de telegobernados aletargados. Mi televisión es entonces cultural, no es la televisión de los otros, de las mayorías, que eligen libremente una contraterapia por transferencia que les sirve para revolcarse en su propia mierda siguiendo las pautas de una moderna escuela contemporánea de pensamiento. El zapping es una alternativa interesante, fragmentada, pluridisciplinar, como la antipsiquiatría de la televisión, pero de momento está parcialmente reservado para los histéricos.

Existen otras opciones, puedo prescindir de la TV y relacionarme socialmente o volver a la lectura (el sexo compartido no es una opción fácil actualmente). Para lo primero dispongo de herramientas: la agenda, el teléfono, el chat es todavía una categoría sin definir, ignoramos si es realmente social o no, algo más bien masturbatorio, es decir, completamente antisocial. Bien. Uno llama a otros y se reúne en grupos de dimensiones variables para relacionarse. Esto que puede parecer muy aldeano, no lo es tanto. Llamar para quedar es un gesto ambivalente, agresivo en ocasiones, complaciente en otras, y tiene poco que ver con la cosa social de las comunidades primitivas. La sociabilidad cae por su propio peso en la aldea, el invitar, en cambio, el ejercer de anfitrión o de tránsfuga (el acto por el cual uno entra por conveniencia en un medio que antes era hostíl) pertenecen al género (político) del protocolo. La auténtica afinidad es lo único que justifica estos grupos, y es difícil de encontrar, y la militancia es ya un género histórico. Apuesto entonces por la soledad y sólo me reuno en raras ocasiones.

Cuando trabajo -el trabajo asalariado como opción es casi inconcebible en una comunidad primitiva, y por eso no se menciona- hago mía esta carga social y busco registros diferentes para salir adelante.

La sexualidad es un momento importante en la vida de la aldea, está reglamentada y funciona a las mil maravillas. Hoy es puesta constantemente en tela de juicio. Cuando no estoy desexualizado, es decir, cuando dispongo de mujer, suele ser una práctica nocturna y muy a menudo vespertina. La cama, el sillón, la ducha… no tengo preferencias. Siento algunas inclinaciones perversas y fetichistas, pero nada que escape de las normas. Es un discurso soberbio, el sexo, la base sobre la que se construye la aldea y la personalidad. Su ausencia, cuando no es preceptiva, implica un esfuerzo enorme de sublimación y superación de la melancolía. Encuentro que la cama es un lugar excesivamente cultural, lleno de historia y referencias cruzadas, y no termino de entender la horizontalidad plena como postura ideal, su uso versátil y descontextualizado parece ser mucho más estimulante. La ducha tampoco es un buen lugar, el espacio estrecho y la verticalidad sostenida tampoco ayudan demasiado, en cuanto al agua por si misma es para mí un valor negativo y en contradicción con el deseo, el sexo en inmersión lo dejo para los mamíferos acuáticos, y el sexo bajo la lluvia para Gene Kelly o Mickey Rourke. Me gustan los almohadones, los sillones y posturas acrobáticas que no sean de tradición india, los hoteles, las playas desiertas y las inocentes perversiones que tienen lugar en casas de primas cruzadas, por ejemplo, o cualquier otro parentesco. Ignoro como será el sexo en las hamacas matrimoniales paraguayas o en cualquier otra hamaca de cáñamo o pita, o en un iglú o una haima colectiva, o en un sistema de gravedad cero. En cualquier caso, nuestra sexualidad resulta cada vez más elaborada y rica en productos añadidos, conservantes y elementos importados de nuestras neurósis. La sexualidad en la aldea es en cambio directa y sólo se elabora ritualmente, y tiene más que ver con el sexo genérico que con nosotros mismos.

Después, por lo general, me entrego a la lectura o al sueño o vuelvo a la TV. El sueño no es algo fácil, no llega pronto ni trae consigo imágenes mitológicas. En la aldea no se conoce el insomnio, es contracultural y no tiene nada que ver con su naturaleza. La televisión en cambio sí es salvaje, una serie encadenada de actos de barbarie huéspedes de un sistema de creencias algunas arcaicas, otras todavía sin codificar. Un festín caníbal, un panorama escalofriante y lleno de sutiles mensajes simbólicos: gente devorada, gente a medio comer, cuerpos desmembrados desangrándose en los árboles hasta el desayuno, y de fondo una atmósfera tensa y desquiciada en donde se mezclan los falsos cuidados, las atenciones y la idea permanente de hincarle el diente a tu enemigo. La lectura en cambio es pura civilización, puro karma, las puertas a un mundo desconocido del que sólo atisbamos una sombra. La lectura de lo que no entendemos es aún mejor, es como una sesión de chamanismo con el viejo zorro, el tipo que manda allí en el diván…entender es una cuestion de tiempo, es siempre una cuestión de tiempo. La lectura basura, en cambio, es igual que la televisión, una terapia de desmotivación y ajuste al medio, te pone a tono con la mierda que te rodea y permite que sigas viviendo a tu bola. En la aldea no se leen estupideces, la inteligencia es un fenómeno cultural cotidiano… y la escritura una especie de acto sagrado.

Más o menos así ocurre la vida del salvaje. Los días se repiten, se parecen unos a otros, y a esta continuidad hay quienes llaman historia. El progreso no existe, sólo pasamos a través de una compleja red de sucesos. La etnografía es la única disciplina que nos contiene, pero no nos sirve de nada, excepto quizás para convertirnos en unos bárbaros sofistica-dos…si no es mucho decir.

No

"Frente al poder del Estado sobre los cuerpos, también está la resistencia de los individuos que saben decir que No". (MF vuelve de la tumba).

Yo digo que NO a: las desdichas que nos imponen los gobiernos; al control de la felicidad como gasto público; a la política de salarios; a las jornadas laborales deshumanizadas; a la empresa como religión; a la cultura del marketing; a la fusión de los bancos; a la cultura del automóvil; al precio de los libros; a los procesadores de Intel, a la red como discurso racional; a las cosas extremadamente rápidas o lentas; a los monopolios; al cambio climático; a los depredadores de cualquier clase; a las casas reales; a la Universidad tal como la conocemos; a casi toda la prensa; a los gustos culturales dirigidos; a los tipos que tienen poco tiempo; a los viejos soberanos y a los nuevos; a los gobiernos islámicos, a la mayoría de los gobiernos; a la espiritualidad política o por lo menos lo que hoy conocemos de ella; a las mayorías estúpidas; a la mujeres con velo; a los amigos con velo; a los padres con velo; a todos los mamones con velo; a la vigilancia en las bibliotecas, a la compañias de seguridad privadas, panda de civiles castrados con vocación militarista; a las coartadas políticas seudorevolucionarias, seudoreligiosas; a los efectos de opinión (sí a los "efectos de saber"); no a las capillas; al eclecticismo frívolo; a las cosas como son o como deben ser; a lo que nos oprime, o nos insulta o nos amenaza; al sistema planetario; a las colegiaturas, a las oposiciones; a los grandes y a los pequeños imperios; al Corte Inglés; a los suizos; a los test de personalidad; al marxismo; no al poder cuando sonríe; a la felicidad de unos pocos; al dinero de menos aún; a las corbatas; a la prensa del corazón, a las lecturas aberrantes, a los suplementos literarios, a la crítica tal como es, a la inadagación subjetiva de los demás; no a lo que no empieza por uno mismo; a la mala distribución (de los libros, de las ideas, del dinero), a la difusión excesiva; digo no a la homogeinización cultural, contracultural, política...; a la multiplicación infinita de las opciones; al pensamiento claro, no inspirado; al ruido, a la desorganización, a la suciedad, a la limpieza étnica; a los prejuicios contra la edad; a la represión de la subculturas; a la angustia de juzgar; al esnobismo; a la reclusión médica en todas sus formas; a las clínicas de adelgazamiento; digo no a la medicina privada; al tremendismo en las estrategias personales; a lo que suele llamarse buena radio; a los asuntos serios que no lo son pero parecen serlo; a la enseñanza rápida de idiomas; al ajo crudo; a cierta repostería en Asia y Extremo Oriente; a los viajes -y viajeros- mediatizados, a los taumatúrgicos, y a los eruditos y a los excesivamente personalizados, a los pormenorizadoos y los olvidados; a la aptitud para el trabajo; a la neutralización (contra el propósito de enmienda); a la exclusión de los mejores de la circulación del pensamiento; a las viviendas reducidas; al mimetismo ... en literatura, en ciencias, en política, en la vida toda; a los PC con no sé cuántos millones de colores; a los pintores que teorizan, a los teóricos que pintan; a las verduras hervidas; a la vida después de la muerte, y especialmente durante; a algunos autores españoles; al lambswool (sí al cashmere); a la mala educación; al transporte subterráneo; a las memorias obreras y a las vivendas; a las mezclas incoherentes… en espacios étnicos urbanos, en cocktails, en espectáculos de masas; a los editores pretenciosos; a la nausea; las despedidas; los pantalones de lana y a los trajes baratos y a las bufandas de colores; a las cosas cuando no se relacionan con uno mismo, y a uno mismo cuando no se relaciona con las cosas; a los doblajes; a la mentira como discurso; a la falta de enunciados sobre uno mismo; a pensar como los otros; a las palabras vacías que llenan el discurso del presente; la elección vulgar de adjetivos; la claridad estúpida y la sencillez que no dice nada; al desprecio por lo que no se entiende; a la filosofía en los cuarteles, en los despachos ministeriales, en los consejos de administración, en las asambleas de accionistas; a la cocina con mantequilla; a las pendientes de más de veinte grados; al esfuerzo sin estética…

Bien. Esto que no es una encíclica, aunque tenga el aroma de un cierto fanatismo religioso (Focault decía que Joemini no decía nada salvo no), es en su forma lacónica, un ejercicio de decir verdad y un pequeño gesto de subversión total contra el sistema (expresión arcaica que quizás hoy tenga más sentido que nunca), que no hace suya ninguna continuidad, no reivindica el bien común, ni razón verdadera, y sólo representa un acto formal por el que uno se mide a si mismo.

El Sí no es el anverso/reverso de estos enunciados, sino el juicio que se emite desde un lugar nuevo (antiguo lugar de la confesión y el exámen de conciencia) y desde donde uno dice todo sobre uno mismo.

Un poco de etnología y trabajo sobre el terreno allí donde antes estaba la religión y el monasterio, un poco menos de doctrina y un poco más de conocimiento y empezaremos a dar los primeros pasos hacia la verdad, hacia la inclusión de algo de gentileza y bondad en la convivencia.

De haber hecho el relato del Sí no habría habido confesión, ni revuelta, ni estoicismo, ni verdad (la verdad es siempre contradictoria), sino pura complacencia, una práctica moderna e insufrible en la que nos hemos especializado.

Dime quién eres: autobiografía en 23.000 caracteres

El placer de la biografía (de su lectura) radica en pensar que uno es como el otro; la autobiografia nos quita el placer de pensarnos como otro y nos deja solos y a sabiendas de lo que no podemos decir. Nadie escribe su autobiografía si no es en tercera persona. La primera persona pertenece al género de la ficción moral y el autoanálisis, y aparece cada vez menos en los ejes de la experiencia. Somos lo que nos ocurre, circustanciales, frios …y ocultarnos en una especie de pudor recesivo o asumir falsas personalidades parece ser el dogma.

Hoy quiero escribir una obra menor con ésto, una parodia de Yo a carbonilla, trazos gruesos en los que detectar la verdad escurridiza sobre nosotros mismos, un inofensivo teatro de títeres sobre la inquietud de ser Yo por unos escasos minutos, representado por aquellas intensas figuras de pasta de papel de nuestra infancia. Esto es parte de lo que recuerdo y dice así:

Nací hace mucho tiempo, en una época en donde las clínicas tenían aspecto de despacho de abogados. Pasaron luego unos cuatro años de mi vida de los que no tengo recuerdos. Dicen que era una criatura hermosa de rubios cabellos rizados, pequeña y de cabeza grande con enormes ojos de color castaño y una belleza apenas mitigada por un juego de largas y negras pestañas. Si no fuera por lo de las pestañas pensaría de inmediato en un extraterrestre de última generación, aunque éstos por motivos desconocidos no disponen de pelos corporales. En cuanto al carácter, era un individuo dogmático e intolerante con ataques recesivos de histeria, y propenso a pasar largos períodos en estado de inanimación perpleja o meditación o simple enajenación o lo que fuese, en cualquier caso era algo que todos ignoraban. Socialmente era un desastre, hostíl y tenso, y ya mostraba una clara inclinación a relacionarme sólo con mujeres o cualquier especie que fuese capaz de generar algún tipo de convivencialidad sensual, incluídas las animales. Los hombres me resultaban definitivamente incómodos y demasiado directos. Entre mis escasos recuerdos de la época se encuentran: un fuerte de madera, un sombrero tejano, el olor de la cocina, una gabardina diminuta como la de Bogart, el inexplicable olor del vino de una bota de vino, un anciano comfortable y cálido, un ángel de la guarda con algo de comunista carismático de la postguerra, peces de colores en una fuente de agua turbia… y poco más.

Después vino la emigración. Mi propia Pompeya, el pasado inmovilizado en lava ardiente en el acto de replegarse. Fue como un fenómeno cultural a gran escala, como el cambio magnético del sol o la formación de una estrella, y me entregué a él con auténtica pasión, por lo menos al principio. Recuerdo haber estado nervioso o excitado, vomitaba con frecuencia y apenas comía. Mi primer contacto con la naturaleza salvaje del sur me apasionaba…espacios enormes, una climatología desenfrenada e indígenas afables que se comunicaban en una lengua desconocida. Viví primero en un acogedor hotel de ladrillo cocido, vigas y contrapersianas de madera, planta única y chimenea francesa, junto a un bosque de pinos repleto de setas bajo húmedas capas de pinocha. El servicio era criollo, tenían niños y cotorras verdes australianas. Pasaba tardes enteras en el bosque, cogía setas y jugaba con el sexo de mis primeras amigas autóctonas. Estaba fascinado por la casa americana y la arquitectura burguesa del balneario, que desde entonces pasaría a formar parte de mis señas de identidad. Luego viví junto al mar en un pequeño apartamento estilo Aalto o Sarinen por el que no sentía ninguna predilección. El entorno, en cambio, me seducía: palmeras de quince metros, arbustos exóticos y una playa salvaje rodeada de enormes rocas en donde varaban los grandes mamíferos que se perdían en el estuario. Estuve allí hasta que el hombre llegó a a la luna, y mis mejores recuerdos son de esa época: la mancha venenosa, el escondite, la botella, el cuarto oscuro... años de erotismo velado primero, y sexo explícito luego. Empecé a follar muy pronto, la oferta era inmensa, y existía una generosa concuspicencia por todas partes. Mis amigos eran igual de promiscuos y no perdonábamos una: de pie, en la cama, en el agua, en bancos públicos, daba igual, todos eyaculadores precoces, bromeábamos, nos limpiábamos con lo que pillábamos, con el visón de la madre (de ella) o sus vestidos de noche o las toallas limpias o los albornoces, daba igual, la cuestión era no levantar sospechas. Cuando no había mujeres nos masturbábamos individual o colectivamente. Alternábamos el sexo con la vida cotidiana, un poco de deporte, un poco de estudio, la lectura de Batman, Archy, Superman...y algún gesto de constricción como la religión o el nacional socialismo aventurero de B.Powell. Recuerdo la música de los Beatles, la pornografia danesa, la matiné de los domingos, los croissants de grasa, los mecheros Romson, los vaqueros Lee, los mocasines con hebilla, las páginas pegadas con esperma de la revista Life y los clásicos del existencialismo francés, un gato, un montón de mujeres, un par de culos extrahordinarios, los extraños coches familiares… Follar era mi única meta, y hacerme con dinero sin trabajar (las cosas no han cambiado mucho). Los estudios era una pendejada, small fry, y los utilizaba sólo para hacer ostentación de mi ya incipiente personalidad literaria. Mis amigos eran de todas clases: patrones de embarcación, tipos fundacionales de familias ilustres, burgueses elegantes, gente sin recursos que vivía en casas conventillo, tipos que llevaban cadenas y navaja y puños americanos, y que pensaban como etnólogos nazis, un negro sólo un negro, poetas frágiles, los primeros pasos de la adicción a las anfetaminas, la macoña, la novocaína. Y luego estaban las mujeres, deliciosas…un libro aparte, y toda esa cultura suya diabólica y genetista…docenas de nombres, hermosas algunas, otras no tanto, con cuerpos como trituradoras de carne, personajes emblemáticos de un largo sueño erótico del que ya no despertaría. Y recuerdo a la madre, judía, a su manera, ligeramente desestructurada en el indecente sur, pero feliz e intensa como ya nunca volvería a serlo. Y al padre, discreto, delicado y admirable, apenas visto, componiendo su propio Lloyd Wright allí en el fin del mundo, entre cientos de obreros de mirada feroz.

El asunto de la luna fue en blanco y negro. Aquél individuo bajó por la escalera y dijo su parrafada con guión de Wayne Newton y los copis de la Nasa en el preciso momento en que adquirimos nuestra primera vivienda en propiedad (el tránsito se produjo en un bungalow de jardín donde colocábamos trampas de agua para ratones). La casa americana propia, aquello fue como el milagro de los peces y los panes, la gloria de Dios…al final era el dinero que lo arreglaba todo. Duraría poco, unos cinco años, hasta la llegada de nuestros propios Shcutz-staffel (SS) vernáculos y acriollados, un poco ideológicos sí, pero nada racistas, pero eso sí perfectamente desmesurados y brutales en sus ajustes de cuenta, una mierda de salvadores de la patria contra la terrible amenaza comunista.

Llegó la Universidad y con ella la entrada en el mundo abstracto y elitista con el que yo siempre había soñado. Un edificio neoclásico que se caía a pedazos, junto al puerto, con un mercado con parrillas baratas y una terminal de autobuses Leyland, un monopolio étnico de los gallegos emigrantes de la gran oleada, vecinos perfectamente coherentes con nuestra militancia trockysta o maoísta de la época. Recuerdo a algunos profesores, extranjeros, no existían tabús contra extranjeros en las aldeas orientales. Síntoma de cierta adherencia a cualquier vehículo, incluso mental, que nos sacase de allí… el de epistemología, un hegeliano corto de vista de Baviera aficionado a la ópera, una francesa escuálida en Experimental, un residente americano con esclerósis por placas en Neuro, los seminarios ilegales en el sindicato de obreros portuarios, con tipos de la cuerda de la Escuelita Freudiana o del Instituto Di Tella venidos en barco desde Baires. Recuerdo a algunos colegas que se vestían con abrigos negros hasta los tobillos, como pastores suecos de principios de siglo, emulando a sus deidades en el invierno de Moscú; unas cuantas mujeres inteligentes, ambas de vaginas estrechas avocadas a una sexualidad de libro, en la época se llevaba mucho Cortázar y Simone de Bouvoir, el sexo bohemio o compartido, según conviniese. Recuerdo a algunos amigos excéntricos, enervantes a veces, que se vestían como Boris Vian en ocasiones y otras como Sir Edmund Hillary. Recuerdo algunas casas, y muy especialmente un pensionado seudoreligioso para extranjeros donde convivían chilenos, brasileños, haitianos, y donde practicaba *ex libris* una militancia rosacrucista inspirada de alguna manera por el que llamábamos regente, un cura polaco de los tiempos de Solidaridad. Recuerdo el Chivito de Oro, la cerveza Norteña, las húngaras con mostaza inglesa, el porno en super ocho, algunas putas amigas, algunas amigas putas, el cine de ensayo, el amor por todo lo japonés, la música clásica, el tango de Piazzola, las tardes de té, las anfetaminas, la ingenuidad de pensar que seríamos los herederos del estructuralismo... infinidad de recuerdos y una enorme, gigante masa documental, pero muy especialmente las horas de lectura y escritura, la crisis de nuestra relación con el poder, y el chovinismo de estar entre los primeros, de ser, algunos de nosotros, los delfines de los reinos paganos de las cátedras.

Cinco largos años de regresión e infamia, los militares de las FC entrando a saco y descuartizando sin compasión sueños y esperanzas. Tiempo para el miedo y para el odio, de esonder debajo de la chaqueta los libritos de S. XXl, "Significante y sutura en psicoanálisis" o "El grado cero de la ecritura"...por el riesgo que fueran interpretados como propaganada contra el régimen o literatura subversiva... cualquiera cosa que aquellos brutos no entendiesen representaba una amenaza venida del más allá como en las películas de Robert Wise. La muerte y el dolor (la tortura) por todas partes, como la peste. Los actos de barbarie se suman a la propaganda miserable y al descrédito de la inteligencia... Otra vez toneladas de documentación, edad clásica del fascismo en el cono sur, infinida de archivos que esperan pacientemente a ser rescatados. Del 68 al 73... fecha de decesión de mis estudios universitarios y carrera docente, años de desamor y de lucha de resistencia, las trincheras se llenaban de cadáveres, años de oscuridad en donde todo, excepto la afiliación a las ideas de muerte y saqueo, era proscripto. Crisis de la familia, crisis del padre, caían cabezas inocentes por todo el país, la pequeña burguesía era descabezada, descoyuntada y alienada de sus mínimos privilegios, y el dinero haciendo cola para entrar en fondos de la reserva americana... Mientras tanto, los bárbaros, los señores de la guerra, se daban los gustos como *condottieris* de las grandes familias dirigentes. Proliferaban los análisis didácticos clandestinos y las terapias para los colegas que sufrían torturas... Tiempo para las fantasías históricas y de conocer en carne propia algunos de los mejores métodos inquisitoriales... el miedo y la tortura como forma de vida en una miserable y oscura República del Río de la Plata.

Tiempo de largarse. Veinticinco años de diáspora... Madrid, París, Roma, Londres, varias vueltas al mundo, imposibles de sumariar aquí (más documentación), un pérfil insólito como de etnólogo en apuros, de shock en shock cultural. Cambio de carácter, de universitario presumido a crápula itinerante, a pequeño snob viajero. Eso sí, siempre muy inglés, el té, el sarcasmo y las pocas ganas de involucrarse.

Los recuerdos son legión. Primero, el recuerdo de olvidarlo todo: la política, la universidad, las raíces... y profesar una nueva fe compuesta por partes iguales de soledad, individualismo y antiacademicismo, y esa sensación privilegiada al tiempo que desoladora que da el viajar y nunca sentirse en casa; y el recuerdo de olvidar la ilusión de construir un futuro profesional con ajuste a las órdenes establecidas del pensamiento y a sus rangos. Suscripción a partir de entonces y con carácter más o menos permanente a un estatuto de pensador marginado. Fin de las tonterías. Uno se hace hombre.

Recuerdo a Madrid, el café con porras, las copas de anis por las mañanas, el olor a ajo y calamares fritos, provinciana, algo brutal, desmotivada, con una cultura mediocre y decrépita, una especie de Port Moresby del intelecto, impaciente por velar al caudillo... y mi huída a Italia, a Roma, a cualquier parte, en una búsqueda fácil de una sensibilidad colectiva más sofisticada: Una lengua arrulladora, mi mejor experiencia sensual del habla. Recuerdo de Roma esa manera de resbalar por encima de las cosas, la sutileza, la distensión, el poco respeto a las instituciones, el antipasto, la pizza de patatas, algunos camareros, el mercado del barrio, mi portero, un tipejo mafioso y escrutador del sur, las cerezas y las hierbas para la pasta, un apartamento con vistas al foro, otro en el barrio Parioli con un jardín de helechos y musgos y reproducciones clásicas, la lectura de Arbasino, las iglesias, el Trastevere, el Vaticano, Adriano Celentano, los viajes a la Toscana y a Venecia... me gustaba Italia, aquellos cabrones parecían estar permanentemente en el "acto de socavar el monopolio de los gobiernos", actitud que más que una cuestión de derecho era la esencia de mi única ciudadanía universal.

Luego vino Londres, nueve años de un filoanglicismo de préstamo que terminaría de modelar mi carácter y ponerlo a punto para la difícil tarea de regresar a la cálida y fenotípica Europa Meridional. Era un Londes de tránsito también, entre la generación de los Sttopard y Osborne, los chicos airados del Royal Court y el Londres metropolis y aglutinante de la cultura anglosajona en Europa que hoy conocemos. Existía entonces una sobriedad cutre y contenida (en la línea de Mr. Bean), un tempo lento y tradicionalista en las relaciones étnicas y una sensación como de aislamiento que hoy se ha perdido en beneficio de un cosmopolitismo multiculturalista y un pensamiento políticamente correcto, una cultura falsa del contentment cogida en préstamo al hermano americano. Apenas inglés y nada eurocentrista, la ciudad adopta los corolarios americanos y reduce sus tradiciones a simple sketchs cómicos de casta, mitos aristocráticos congelados y otros entretenimientos. El Londres que yo conocí era lúdico y musical, un poco cranky y con su viejo volk todavía visible en las calles. Recuerdo a Monthy Phyton, el pastel de carne, la cerveza tibia, el chocolate Cadbury, la creatividad musical, la biblioteca del VA, la de la Escuela de Lenguas, algunos profesores, y en especial un par de ellos particularmente condescendientes con mis pastiches ingleses de Barthes y Focault, y con mis inofensivas poses de autor inglés anglo-latino comunitario, como podrán imaginarse, una especie desconocida en el Reino. Recuerdo mis lecturas de Triunfo y un libro que escribía sobre el fascismo (en el cono Sur), la moda en King's Road, la mermelada de naranja, el té por las tardes en algunas tea houses de South Kensigton, Harrod's, Fortnum & Mason, las camisas de Replay, la perfomance lingüística, algunos viajes, algunos trenes, el West Country, Oxfordshire, mi fascinación por las Universidades, las lecturas de Glucksmann, Levy, Dollé... los cortes de pelo, los primeros punks como una tribu del Sepik vestidos para una fiesta de reconciliación tribal, mi ropa de cricket y mi personificación de un tipo inglés colonial recién llegado de un ardiente campo en Orissa y el Marylebone Cricket Club, la conyugalidad, un precario equilibrio al borde de los sentimientos… Recuerdo los aeropuertos, Foylles, y unas pocas inglesas blancas y calientes, fáciles y muy poco selectivas, con pelos rojos en el coño, con las que practicaba una oralidad presuntuosa con acento del W.1, y recuerdo los tabús sobre los comportamientos sociales y los exquisitos protocolos de clase… Un día me iría, impregnado de aquella estupenda idiosincracia, tímida y bondadosa que siempre echaría en falta.

Luego vendría Madrid y el nacimiento de una nación, una ópera faústica muy étnica y peninsular, llena de improvisación y mala leche y colonialismos intensos cruzados. Años de felicidad y buena alimentación… nuevos tabús, dietas mágicas variadas, ritos populares, y un discurso político precario y completamente desintelectualizado… Un tiempo en el que todavía vivo, fuera de catálogo (enorme masa de documentación). Tiempo también de contrastes y frecuentes huídas a París en busca, casi desesperada, de pensamiento abstracto.

Y luego vendrían los viajes, constantes, incesantes, como un parche de adrenalina en el culo, viajes a todas y a cualquier parte… la lista sería interminable, pero existen registros, artículos afilados a lo Jeffrey Bernard, me gustaría pensar, y una narrativa sin género, absolutamente venial y anglófila, que sólo un par de seres humanos han frecuentado.

Aquí termina de formarse mi carácter, y como con Ulises, de hacerse crónico. Hecho a trozos, pero con las partes vivas de otros, dolicocéfalos, braquicéfalos, homozigotes… da igual, cosido y recosido, con las marcas de mil pueblos y civilizaciones, entre particular y homogéneo, me convierto en un monstruo estereotipado, aberrante e inofensivo y con miedo a la chusma, dando botes por ahí buscando un par, una novia… Si los escritores son solitarios, los viajeros lo son aún más, escurridizos y difíciles de encontrar, deambulando por un ghetto de enormes dimensiones, han roto el tabú de salir de casa.

Mis viajes me han llevado desde Usuaia hasta Goose Bay, y desde Dunedin (NZ) hasta las Marquesas por el oeste. He visto imperios transformándose como por arte de magia; he visto naciones que antes se dedicaban a la tala o al pastoreo acumular riquezas exorbitantes, y otras hundirse en la miseria. He visto levantamientos, revueltas populares, guerras étnicas... árabes en Mercedes, boutiques en Rodeo Drive, niños caminando descalzos en los Andes, mesas de bacará en el Cesar's y secuestradores concediendo a sus "clientes" créditos en letras. He visto el Nilo, el Zambezi, el Congo, la Aurora Boreal, montañas y desiertos, el Sahara, el Kalahari, fiordos, glaciares y selvas. He sentido la tierra temblar bajo mis pies, he visto ciclones en Filipinas, volcanes en erupción, inolvidables ciudades antiguas y ciudades modernas, pueblos levantados en la roca y aldeas de ramas y mierda de vaca... Y sigo buscando, arrastrado por una curiosidad que no se agota. Queda mucho por ver, cuanto más ves, más queda, es una paradoja... todo se parece ciertamente, pero nada es lo que pensamos.

Esto es más o menos todo. Sigo viajando, ahora estoy solo, un tipo correoso y zurrado con su pequeño imperio en decadencia, pensando como Tiberio que sólo el placer sensual alivia los males del espiritu. Como Nietzsche en Les Sils, pero sin una gota de paisaje, asediado por una ciudad engorrosa, entre el materialismo impulsivo y la espiritualidad del mundo árabe, un poco estrafalaria y pringosa como un reino nubio o algo así. No tengo mujer y el discurso amoroso se hace cada vez más cuesta arriba, demasiada cháchara, y tener que leerse cada vez la lista completa de reivindicaciones, además, demasiadas hembritas demonizadas por la codicia en el trabajo, y muchas más desensualizadas y enfriadas por la imitación de los roles masculinos. La soledad apenas deja marcas, mi cara no refleja nada, soy un querubín, uno de esos angelotes góticos, un cerdito cariñoso y afable encerrado en su dehesa de sesenta metros cuadrados.

Cambiaré, eventualmente, pero mientras espero seguir viviendo *impavidum ferient ruinae* y hacerme un hombretón que cumpla con sus deberes, y seguir siendo de alguna manera la historia de todos, al menos de todos los de la rosca.

Fin de la informe… el sujeto, a la fecha, sigue en observación.

Segunda parte

En este extraño país. Españoles en el diván: (trabajo de campo, algunos rasgos idiosincráticos que
nos definen)

Somos españoles, un concepto complejo, resulta difícil entender el país unitariamente. Lo mismo le sucede a muchas tribus en Papúa Nueva Guinea. Habitamos una península muy segmentada al sur de Europa. Aparecemos poco en los libros, ni autores ni personajes, echamos en falta un discurso que nos contenga. Cansados de que hablen de nosotros como si fuésemos unos patanes del archivo folklórico del fondo de reserva etnológica de la Comunidad, nos sentimos impacientes por introducir alguna corrección y sentarnos a hacer un poco de autocrítica, un humilde sondeo sin pretensión en el mundo de nuestras debilidades idiosincráticas. Un trabajito algo brutal quizás y precipitado, pero hecho desde la literatura y la buena fe, una ventana para acceder a la cultura universalista y referencial que se gestiona a toda pastilla. Toros y marranos en la red, como en los relatos que Ballard nunca escribió…

Basura

Somos productores de basura, hasta aquí todo bien. La mayoría de los pueblos lo son, qué duda cabe, aunque algunos parezcan particularmente higiénicos y contenidos. La diferencia radica en que nosotros, siguiendo premisas que se remontan a culturas antiguas muy poco sanitarias, la dejamos expuesta o disponemos cómodamente de ella sin tener en cuenta su naturaleza y el efecto que produce en los demás, por lo menos en aquellos que no son proclives a estas prácticas vejatorias.

Tiramos la basura en las calles, en las aceras, en los bosques y espacios naturales, en las cafeterías, en predios vacíos justo enfrente de nuestras viviendas, la dejamos en bolsas en las ventanas, la tiramos en ríos mares, embalses…da igual, en fin, somos insensibles a la hora de perpetrar toda clase de pequeños crímenes contra el buen gusto y la salud pública, siempre que no contaminen el espacio impoluto y reducido de nuestra propiedad.

Los sucios no nos interesan -hay muchos ocultos en el interior de sociedades eminentemente higienistas- son los que ensucian el entorno y no muestran ningún interés por cultivar una estética sanitaria en el espacio público de las ciudades los que nos interesan. De más está decir que no somos únicos, hay infinidad de culturas (en India, en China, en muchos países budistas, en el mundo árabe…) insensibles a la suerte que corren sus despojos y desperdicios en el espacio social de sus lugares de habitación, pero sus actitudes son diferentes. En algunos la pobreza subyace a cualquier conducta de abandono en materia de higiene, la pulcritud impone un coste económico que muchos no están en condiciones de afrontar, sin embargo existen pobres no demasiado limpios pero sí organizados que hacen auténticos *sutsumis* con sus restos (en Japón, claro, en donde el caos incluso es sistemático), empaquetan sus lamentables posesiones para el traslado y no dejan huellas residuales de su presencia. En otras, la higiene está estrictamente codificada, pero se refiere sólo al cuerpo, o partes tabuladas del mismo que tienen que ver con su historia religiosa, cabeza o extremidades y partes vellosas, o lugares fuertemente sancionados o vigilados en el culto, pero raramente se hace mención a la limpieza en la vía pública, probablemente un lugar de libre tránsito para las impurezas y los demonios a los que tradicionalmente no se les concede ninguna atención canónica.

Sin embargo, hay otras culturas, entre las que nos incluimos, en donde la basura es abandonada impulsivamente, abandonada a su suerte una vez consumido su pasado utilitario, como si ya no tuviese con nosotros ninguna relación. La basura es la parte del diablo en ésta opera de pulcros fanatizados y radicalizados que es expulsada del seno de la buena sociedad, y un síntoma de amor/odio con los propios excrementos. Como con la brujas de Salem, se trata de expurgar rápidamente y sin ningún miramiento por la sensibilidad de los demás, cualquier elemento que resulte intolerable a ese poderoso tribunal sancionador que se esconde en nuestras cabezas.

Asumimos entonces que la manera de disponer de los desperdicios es un hecho cultural, y que en nuestro caso particular resulta difícil encontrar coartadas que nos justifiquen, asi como buscar las raíces de este abandono metódico de los restos en la vía pública, o a buena distancia por lo menos, de los patios lavados con lejía. Resulta difícil entender esta creencia por la que el exterior, principalmente aquél que no es de nuestra propiedad, se convierte en un espacio obsceno en donde todo puede ocurrir, incluso el abandono de los desperdicios, una especie de práctica funeraria de lo banal, en contraposición al espacio territorial celosamente protegido de nuestra vivienda.

Nadie escribe sobre esto claro, la mayoría de las *summas* sociológicas hablan de salud y bienestar, cultura cívica y preferencias electorales, pero no hacen mención por lo general a temas que entroncan directamente con las partes más oscuras de nuestra personalidad. Hagámoslo, aunque sea brevemente, por deporte -como dirían los ingleses- y para curar de espanto a las partes más pretenciosas y estrechas de nuestra patricia sociedad, y porque no, de nuestra sociología. Somo sucios por guarros, nos apropiamos acaso de atributos de nuestros animales totémicos y vamos por ahí repitiendo conductas comparadas como hacían los primeros neandertales o algunos otros guarros del paleolítico. O somos guarros sencillamente porque estamos en un escalón primitivo en la historia del desarrollo de la convivencia social (los turistas de todo el mundo son generadores de basura en este mismo sentido). Somos más sucios que los escandinavos y centroeuropeos por que no hemos asistido todavía a clases de sensibilidad para con los espacios sociales; porque somos claramente precarios en materia de legislación del bien público y nos cuesta trabajo vivir en macrosociedades, acostumbrados como estamos a los segmentos: el pueblo, el feudo, la vivienda familiar. Somos guarros por antiguos, por un somero desfase histórico que nos permite conservar aún atributos populares de tiempos del Lazarillo, a diferencia de algunos vecinos más limpios y depurados e históricamente superiores (cabría preguntarse si la pulcritud no tendrá más que ver con su naturaleza puritana y retentiva que con sus dotes para la convivencia.)

O seremos acaso guarros por tradicion judeocristiana y por el pérfil árabe, por carecer de una revolución copernicana (el protestantismo) en materia de habilidades congregacionistas, autocrítica y vida social. Porque somos chusma antigua… partos, medos, elamitas, cretenses, árabes… gentes de la diáspora… como en la Jersusalén de Tiberio, unos "puñeteros sirios" aunque estemos en la huestes romanas del sacro imperio comunitario. O porque somos unos pícaros del XVI, oportunistas y desertores de los caminos inquisitoriales, acampando por la cara en todo el centro de las ciudades.Y porque nos falta fe y testimonio interior y lectura (de la Biblia) y sólo hacemos caso a tradiciones heredadas del hombre. Guarros porque nuestra cultura religiosa empezó en los mercados, en un mundo ambivalente en donde se inventan juntos el dinero y los desperdicios (algo gratis que llevarse a casa), y porque nuestro temperamento religioso nos impide hacer nada que no nos reporte beneficios.

O quizás seámos guarros por resentimiento, y la basura que esparcimos alegremente sea una manera de mostrar nuestra aversión al orden social, y una manera de revelarse de grado secundario mucho más relacionada con nuestro pesimismo antropológico que con cualquier cultura higienista del cuerpo contra el entorno. Dicho de otra manera: no disponemos irresponsablemente de los restos menores que producimos por mantener nuestro cuerpo limpio y alejado de elementos de desecho, los cuales por un fetichismo negativo deben mantenerse a distancia sí pero que por su propia naturaleza no pueden justificar la pérdida de tiempo y "naturalidad" que implicaría disponer de ellos organizadamente, sino porque deseámos manifestar de manera rápida y espontánea opinión sobre lo que nos rodea y también sobre los demás. La basura es política y expresión (rústica y con retranca, como diría de Miguel) de sentimientos, que no de valores.

Deberíamos decir también que no hay tanta, basura quiero decir, que no somos una comunidad decadente y contaminante, sino que estamos dando los primeros pasos regeracionistas hacia una cultura con modelos de préstamo helvético-germánicos, los cuales hacen con su basura lo mismo que con su dinero, gestionarlo. Globalmente se imponen conductas puristas e higienistas que se preocupan obsesivamente por el aspecto de las cosas y promocionan una especie de invisibilidad de los restos, sean éstos desperdicios, desocupados, inmigrantes o minoría étnicas, como moral de uso. La basura es políticamente incorrecta, y como no puede eliminarse (como problema), se la hace desaparecer del discurso.

Los españoles no estamos en ninguna de estas situaciones, sino que hidalgos e ingeniosos como nunca, inventamos una que comparte todos los atributos y los revisa retóricamente haciendo gala de la vieja rústica retranca que nos caracteriza por lo menos desde hace cuatrocientos años. No somos ni sucios, ni limpios, estamos en una capa intermedia en la que hacemos crítica social de la limpieza dogmática y radicalizada de muchos de nuestros vecinos, a través de una suciedad contenida y cada vez menos activa, en la cual reafirmamos valores generalmente antiguos y folklóricos de cierto pasado voluntarista… genio y figura, ya saben, la libertad por cojones. Nos anotamos en todos los clubes de desobediencia civil que encontramos, pero somos incapaces de reaccionar (de limpiar), de hacer cualquier esfuerzo por el interés colectivo, ni de asumir ninguna reivindicación que tenga que ver con hábitos homogéneos de limpieza, de convivencia. Tenemos tabulados los espacios de propiedad y no limpiamos nada que caiga fuera de ellos.

Hemos inventado la basura como ornamento, un sesgo idiosincrático que habla de la inmediatez, la espontaneidad y obsequiosidad de nuestro carácter, y hacemos marketing turístico con ella, junto con los bajos costes de la propiedad, el alcohol y el *laissez faire* de las instituciones. Los extranjeros vienen entonces en masa buscando un lugar donde recuperarse por abandono de sus estrictos hábitos y normativizadas vidas higiénicas, entonces, incapaces de acostumbrarse y un poco enfermos ante la barbarie de su nuevo vecindario, inician tímidos progroms de limpieza que se van convirtiendo poco a poco en agentes de cambio. Mientras tanto, nosotros, algunos días de fiesta, cuando se paraliza el servicio de recogida de basuras, la ponemos, en lugar de gatos o geranios como hacen los holandeses, en la ventana. No sé, pero supongo que esta joya del ornato y la mampostería nos delata.

Tampoco somos muy primitivos, no nos pueden acusar de acumularla en grandes cantidades, de puro anales o retentivos, o por entender que ésta no pertenece a un género diferente, como hacen las culturas protestantes, y se encuentra estrechamente unida a nuestras vidas. No somos una panda de guarros aislados en la montaña o en el bosque húmedo dedicados a reciclar sus desperdicios. Tampocos somos muy religiosos y nada tránsfugas en materia de higiene, y no dedicamos ni un segundo a pensar en la limpieza de ciertas partes de cuerpo y extremidades, ni que la cabeza aloje ningún ridículo espíritu. Somos materialistas y modernos, como los mejores, y no sabemos nada de partes tabuadas ni de tener que lavarse para la oración y después tener tu calle echa un verdadero asco. Tampoco tenemos la basura en nuestros corazones -diría Ortega- no somos herederos de ninguna genética del desperdicio, ni la mugre se da en estado natural en nuestras comunidades.

Somos quizás un poco de todo, primitivos, costumbristas, genetistas y modernos, una simpática cultura de tránsito entre la cultura rústica del pasado y los vientos puros y estirilizantes que soplan, una postura, al final de cuentas, sólo parcialmente condenable.

Chapuzas
(construcciones y deconstrucciones rústicas en suelo urbano)

La práctica por la cual uno construye (con una frecuencia significativa) sobre su vivienda proyectada una ampliación o modificación personal e impulsiva para adaptarla a lo que piensa son sus necesidades, es un gesto sin precedentes entre las aldeas protoeuropeas. Es cierto que algunos escandinavos (noruegos especialmente) muestran una clara inclinacion a trabajar con las manos y muchos de ellos construyen sus casas, las modifican o amplian, siguiendo criterios arquitectónicos tradicionales, sin desviarse un ápice de la preceptiva urbanística de su entorno, dado que parte del placer de hacerlo es que el resultado sea homologable con el resto de las viviendas del vecindario, y lo contrario conduciría a una condena inmediata por parte de los demás propietarios. Este impulso constructor de los noruegos, por ejemplo, está bien catalogado y no difiere en absoluto con lo que se hace en cualquier aldea primitiva, en donde la ecuanimidad y el equilibrio en el trazado de la población es lo primero que se tiene en cuenta, y no existe, o por lo menos no parece observable, ningún proyecto que se enfrente al trazado preconcebido de la aldea y a un riguroso funcionalismo orientado a satisfacer los intereses colectivos. Lo cierto es que en la mayoría de las aldeas... en Toraja Land, en Senegal, en Kenya, París, Berlín, Chicago... nadie improvisa sobre suelo urbano, incluso suburbano, a no ser que sea víctima de una ociosa patología constructivista que lo lleve al disparate rústico de querer personalizar su vivienda. Nadie lo hace, ni siquiera las etnias inasimilables que abundan en algunos de estos centros cosmopolitas, y supongo que de hacerlo sería considerado un acto de desacato e inmediatamente sancionado por la ley.

Hay casos excepcionales, como las viviendas de arquitectos o los proyectos que rompen conceptualmente con una línea arquitectónica tradicional y se inscriben en los anexos de estética experimental consustancial a la evolución en arquitectura. En ambas situaciones y aunque los resultados no son del agrado de nadie, no se hacen chapuzas, sino que se proyecta de acuerdo con las normas y con el compromiso deontológico de no salirse del oficio.

Hay otros casos en donde la falta de recursos obliga a la construcción con materiales alternativos y a desoir cualquier preceptiva que no tenga que ver con las necesidades más perentorias de abrigo y supervivencia, y no tenga relación directa con la naturaleza y limitaciones de los materiales empleados. Existe una singular contraestética del chabolismo, por la cual, independientemente de los orígenes étnicos o culturales y de la posible preexistencia de patrones de vivienda a imitar, siempre se construye de la misma forma, favoreciendo los cubos (¿Bauhaus?) y el empleo siempre oportunista de materiales, lo cual incluye la asociación inédita de texturas, y la reducción de escalas en los espacios.

Hay incluso culturas que no construyen, es decir, que no están interesadas en el sueño de la vivienda propia y que prefieren (nomadismo) crear refugios en espacios abiertos de asentamiento utilizando materiales encontrados o perecederos y no preocuparse por la permanencia o el futuro de éstos.

Bien. Aunque compartimos atributos, lo que vemos en nuestras aldeas es algo diferente. Poseídos por un impulso corrector, no paramos de construir sobre lo construído utilizando la mayoría de las veces técnicas aberrantes y repitiendo una actitud filosófica muy particular del tipo me importa un pimiento lo que digan los puñeteros vecinos... Lo importante es satisfacer las necesidades primarias de una manera más o menos inmediata, y no emplear demasiado tiempo ni mucho dinero en ello. Así improvisamos auténticas segundas viviendas en terrazas, o pequeños tablaos, o habilitamos servicios para curar jamones, tiramos o levantamos tabiques, tiramos planchas sobre espacios comunitarios, abrimos ventanas o en ocasiones simples agujeros en contrafachadas para aprovecharnos del jardín del vecino, demolemos jardines comunitarios, los desertificamos o podamos violentamente, construímos habitáculos absurdos sobre las últimas plantas o terrazas solariegas en edificios que no las tenían, nos inventamos chimeneas...La lista sigue, está abierta a cierta engorrosa y precaria capacidad de improvisación de la que muy a menudo hacemos gala. Somos capaces de construir sobrepisos de bloques de hormigón sobre nuestra casita Gropius o Le Corbusier, de tapar fachadas góticas o Modern Style con un muro blanco gotelé, o de abrir una ventana corrediza de aluminio galvanizado en una pared de azulejos mozárabes, o en un muro románico, seríamos capaces de construir entrepisos de pasta de madera o chapa acanalada sobre deliciosos edificios de Bohígas, de hacer un doble garage en un claustro barroco, o de levantar sobreáticos encima de edificios de Kenzo Tange o Skidmore, Owings & Merrill, o blanquear los clásicos de la arquitectura urbana del franquismo.

En definitiva, construimos rústicamente sobre cualquier espacio urbano o suburbano, contraviniendo las leyes del vecindario y las estéticas, sólo para complacer nuestros delirios constructivistas y mejorar eventualmente la vivienda. A simple vista no parece una mala opción, resulta conveniente y sólo produce daños irreparables en el tejido arquitectónico del lugar, lo que no es para tirarse de los pelos. Se me tachará de alarmista por esto, por mostrar una sensibilidad histérica hacia los inofensivos apañes que hacen las buenas gentes de nuestra tierra en el paisaje, pero da igual. Todos hemos sido víctimas en un momento u otro de agresiones de esta clase y no hacemos sino ejercitar nuestros derechos.

Estos delirios, como ya se ha dicho, comparten atributos. Podríamos estar tentados de pensar que sólo se trata de residuos de un pasado brutal y cavernoso más o menos inmediato, y que somos chapuzeros por todos esos largos años de paternalismo abusón que nos han impedido construir una vida social con dignidad. O que la chapuza es la parte más teórica de una economía de subsistencia con la que hemos estado flirteando durante mucho más tiempo aún, y que la pobreza sabe mejor que nadie que no hay nada medianamente estético que no cueste dinero. O quizás seamos chapuzeros ideológicos y la chapuza forme parte de nuestro sistema de ideas y amor por las subculturas... del toro, del chorizo, de las fiestas populares extrañas, de la mala leche... y todos deseamos nuestra propia Hill House o Casa Loma dentro de las posibilidades reales, una subcultura de la vivienda personal hecha por imitación del castillo, del pazo, del cortijo o de la casa burguesa.

Algo de ésto hay, no cabe duda, pero es necesario matizar. Somos pobres, ideológicos y subculturales, inmunes todavía a ese capitalismo superdiversificado que pone a nuestra disposición obreros especializados o en su defecto crea un sofisticado repertorio (bricolage) para que ejercitemos nuestras profundas fantasías constructivistas infantiles, al mismo tiempo que introduce una teoría del buen gusto en el vecindario capaz de sancionar, por primera vez en nuestra cálida y perniciosa península, cualquier anticlimax estético. Pero también tenemos algo ya no de pre-urbanos, sino de pre-tribales, un raro complejo anticomunitario que nos hace pensar que el individualismo, incluso en el entorno habitacional, es una parte de la identidad a la que no debemos renunciar por mucha ecología vecinal que promuevan los comemierda de los intelectuales. Una cosa pre-comunitaria mal definida que tiene origen en la desconfianza hacia los otros (uno de los sentimientos constituyentes de nuestro perfil sociológico, según la doctrina oficial), y en ese regusto folklórico por autoafirmarse y desafiar a los demás, una actitud ritualizada en etnología y que aquí podríamos llamar juego de roles, y el que nos ha tocado jugar esta vez es el del salvaje solitario que no saber vivir solo, o algo así.

Pero también somos modernos, genios arquitectónicos desconocidos diseñando una vivienda personalizada en el más puro estilo Moneo o Bofill, un proyecto para vivir en él. Lo cierto es que nuestro modesto sobreático de seiscientos euros hecho íntegramente de materiales proletarios, o el jardín de hortalizas, no tienen mucho que hacer al lado de esas estupendas casa doctrinales en las que viven los artistas, pero ahí están, ya saben, y no están tan alejadas conceptualmente, no señor. Y en eso no se equivocan -primitivos pero no gilipollas- y esta voluntad de diversificar a cualquier precio y romper la monotonía y la obediencia civil que nos amenaza, podría estar mucho mejor encaminada. Podríamos construir/desconstruir dentro de un concierto, de acuerdo con una regulación urbanística, o inspirarnos en las tradiciones locales, podríamos tener una visión del conjunto antes de entrar en faena, y complacer a los otros, o aprovechar las ocasionales ayudas municipales y mejorar los materiales... Incluso en algunos casos podríamos reprimir nuestros impulsos más incoherentes en materia de arquitectura rústica y buscar otras salidas para el genio creador… En fin, las cosas nunca son tan malas como parecen.

Nuestra puesta en escena es pésima no cabe duda, pura bazofia ideológica si uno tiene en cuenta lo maravilloso de la arquitectura patricia y la inmensa cantidad de ideas y sensaciones que es capaz de generar, y sin embargo lo poco que se habla de ella. Dentro de las clases medias y populares de la aldea, algo aborígenes si observamos la precariedad de sus hábitos sedentarios, no existe demasiada preocupación por el lugar en el que se vive. La vivienda forma parte de un sistema social de bajos recursos en donde simplemente no se tienen medios para hacer nada mejor, y al mismo tiempo no se desea renunciar a modificar el espacio (a mejorarlo) con los medios de los que se disponga, y hacerlo, la mayoría de las veces, por imitación de la habitación burguesa., En la Habana, por ejemplo, existe un manual completo de recursos y fórmulas para mejorar el proyecto de espacios reducidos, panelando, abriendo cámaras de vacío o levantando plantas supletorias, una técnica popular entre neocomunistas emergentes enfrentados a la difícil tarea de crear ambientes suplementarios con materiales de desecho o con los escasos residuos materiales de su urbanismo histórico, y un presupuesto de obra que no supere, por ejemplo, los cincuenta dólares.

Los cubanos son pobres, ya se sabe, o mejor dicho, no tienen nada, están excluídos de cualquier fantasía que los induzca a desear falsos atributos de clase, lo que es incluso peor. En nuestras enfolladas aldeas protocomunitarias no somos pobres, hemos alcanzado niveles de renta que nos eximen de aquél patetismo sociológico de las economías de estado que tanto gustaba promocionar en tiempos marxistas, pero nada nos impide fantasear con ideas de superación y promoción social que toman cuerpo de una manera casi mágica en el aspecto de nuestras viviendas y de una forma más o menos inmediata. No somos pobres, es cierto, porque hemos vendido por una miserable paga nuestro orgullo proletario - perdón por la grandilocuencia- y sueños reivindicativos. La vivienda ocupa el cincuenta por ciento de los planes de futuro, no somos ni nómades ni sedentarios, no hemos resuelto las cuestiones básicas de nuestra condición, vivimos al borde de la miseria cotidiana; mejorar su aspecto, siguiendo, da igual, un plan orgánico de chapuzas o una filosofía del mobiliario a lo Broch, el otro cincuenta.

Es curioso como se multiplican las connotaciones y ambivalencias cuando uno se sienta a pensar. El proyecto original se ha transformado, no podía ser de otra manera. Hemos pasado de precarios minimalistas, de constructivistas espontáneos, de salvajes individualistas, a semipobres desclasados y mediatizados obsesionados por reconstruir el sueño legendario de la vivienda burguesa en su propia casa. Hay algo que no funciona, somos unos brutos individualistas que construyen desesperadamente para sentirse a salvo y para encontrar claves espirituales en ciertas pobres y previsibles reformas materiales.

¿Sería mejor no tener casa, vivir como los aborígenes australianos -ocultando los códigos- en un tránsito sin fin, sin caer en la pedantería de construir residencias permanentes? ¿O vivir en habitaciones de alquiler -del Drake a Liverpool Street- con el portátil a cuestas, como el Santo o Misión Imposible? ¿Será la arquitectura la última amenaza, el arma definitiva contra la identidad personal, en beneficio de los grandes arquetipos culturales parafraseados en hormigón y cristal o en el escapismo interiorista? ¿Será la chapuza una enfermedad de nuestro sistema inmunitario, o será la arquitectura de los que no tienen recursos y un acto reivindicativo en sí mismo, aunque de muy mal gusto? Recuerdo la casa de Lezama en la Habana, sombría, colonial, mínima, ningún parecido con el barroco exuberante de su prosa…tendremos que acostumbrarnos a construir hacia el interior si queremos levantar en lugar de chapuzas, edificios más sutiles.

Not strictly fun, but with animals

El calendario de fiestas populares insólitas (ver Atienza) es grande. Ordenadas alfabéticamente, geográficamente y según sus motivaciones, componentes rituales y simbólicos, el trabajo es más que exhaustivo y nos libera de cualquier responsabilidad en este sentido.

No queremos estudiar las fiestas, no nos interesan nada los valores iniciáticos o transposicionales, ni siquiera sus funciones de ayudamemoria, aceptamos que sus motivaciones son profundas y no podemos pretender entenderlas sin conocer sus orígenes y sin poder participar de ellas a no ser como espectadores. Tampoco nos sentimos inclinados a creer: uno, que existe una relación directa entre el subdesarrollo económico y la conservación del espíritu lúdico colectivo; dos, que la violencia en las fiestas deba asociarse con otra cosa que no sea eso, violencia; tres, que la participación colectiva sea su primera razón de ser, y que uno aparque el individualismo (moderno y desarrollista) para entrar a formar parte de este discurso histórico de una comunidad; cuatro, que los animales, como seres más viscerales que nadie y sujetos de derecho no pueden ejercer el veto sobre ésto; y cinco, no creemos que las fiestas populares (las más violentas) por su sola historicidad y créditos antropológicos no tengan ninguna relación con otras ceremonias modernas igual de colectivas y vandálicas en donde se ha abandonado la reperesentación de la violencia en beneficio de los nuevos rituales. Estamos de acuerdo en que las fiestas populares más bizarras se mueren junto con las viejas comunidades tradicionales, y que probablemente sólo quedará de ellas un esfuerzo museístico pobre y mal codificado, pero aunque no nos guste, asistiremos al nacimiento de nuevas y abruptas manifestaciones del ser colectivo vinculadas a otros temas y a la memoria inmediata.

Personalmente, he sido testigo de pocas fiestas populares insólitas, nunca he entendido que lo insólito deba ser celebrado colectivamente, ni que los valores sociales sean mejor observados durante estas fiestas . Tampoco he ido a los toros, o mejor dicho, fui en una sóla ocasión y ¡paradoja! era una mujer, absolutamente contrarepresentativa y antitransferencial, la que toreaba, y que eventualmente sería excluída por la ley que regula la fiesta. Las he visto en televisión, y siempre me he preguntado cuales eran los valores transpuestos y de que extraña manera uno se colectiviza por el hecho de estar allí, y si hay álgo -y qué es exactamente- debajo del elaborado lenguaje taurino, y finalmente, cual es el lugar del animal enfrentado *in anima vili* a este argot desaforado, una especie absurda de Finnegans Wake, de su despertar, hastío y muerte, en dos o tres actos.

No quiero hacer ni arqueología antropológica ni juicios de valor, sólo quiero pensar en cómo se verán estas fiestas cruentas en el futuro, o en cómo se verían hoy pensando en el futuro, desde la perspectiva de un pobre usuario moderno, un tipo más o menos inhibido por el poder catalizador del espectáculo e ignorante de casi todo. Nada de Hemingway en Las Ventas, nada de discurso literario, nada de pommies ni de la caza a lo exótico que practican en nuestros territorios, sólo lo que se ve y piensa en consecuencia, sin estrechar filas con nadie.

En cualquier caso, la relación de la Fiesta (la reglamentación del sacrificio y la sobrevaloración de una estética coreográfica sobre éste) con el desmembramiento, muerte o simple incordio de animales domésticos, no sólo existe, sino que es harto compleja. Vayamos por partes.

Mi primera visita a un ruedo fue en primavera. No había mucha gente. Tenía una entrada barata de sol, pero daba igual. El caso es que al entrar uno ya hacía sus capitulaciones y pactaba su propio tormento por insolación. La entrada te daba derecho a ver tres o cuatro toros, si no recuerdo mal, acompañados de sus respectivos toreros, los cuales serían los encargados de leerle figurativamente su cartilla joyceana mientras la pobres criaturas se quedaban ahí perplejas, defendiéndose en ocasiones. Y por el mismo precio uno se ahorraba los críticos profesionales y era libre de escrutinizar las reacciones del público. El asunto en su conjunto duraba más que un película convencional y costaba mucho menos (me refiero a costes de producción), algunos decían que la película era siempre la misma, pero me consta que no, era más como un interactivo de Sega, en donde el torero era el único jugador, mientras el toro, especie de asistente electrónico, repetía sus programas. Reconozco que los elementos complementarios eran importantes, la arena, el ruedo, la naturaleza pagana e impúdica de circo romano. No parecía posible que el ritual pudiese celebrarse en una nave, en un campo de fútbol o en el lobby de un hotel. La fiesta no suele tolerar las inclemencias meteorólogicas, aunque al parecer sí soporta la existencia de espacios cerrados bien iluminados y el establecimiento de climas artificiales. Igual importancia tiene el traje de luces, uno se viste de gala para ese duelo a muerte con un extrahordinario representante de las fuerzas naturales que campan más o menos libremente por la península, y con las cuales algunos elegidos están en condiciones de enfrentarse. El lugar desde donde se toman las decisiones también es peculiar, alto, casi inaccesible, inexpresivo y silencioso, un código de gestos (como en el circo romano) ocupa el lugar del enunciado. Incluso el público, socialmente distribuído, trazando un complejo mapa de status y roles, aunque salpicado por turistas y otros visitantes ocasionales que en ningún caso entran en el intercambio simbólico del juego. El aprendizaje necesita o exige un período de iniciación y un rito de paso, y tanto uno como otro son asignados fuera de la plaza. La música cumple una discreta función dramática muy poco relevante, sin llegarse a tomar demasiado en serio, se trata de un elemento que se ocupa de marcar el tiempo, un metrónomo por percusión y viento, y que en principio nadie parece tener muy en cuenta.

Pero los reyes del mambo son los toreros. El torero es como un viejo mito anacrónico hecho a la medida del gusto popular y con un pasado endémicamente ganadero que se viste de luces por oposición. Nada que ver con el pastoreo, en donde la figura del hombre está deprimida y desprovista de cualquier atributo heróico y es colocada, por acción de sus patrones, peligrosamente cerca de la animalidad. La ganadería brava es una actividad de casta que nada tiene que ver con el pastoreo, y que se vincula al poder y a la atribución de status, y da una interpretación clara de quién manda en el entorno rural. El torero precisamente es la única clave de acceso que proporciona el poder tradicional en el campo para abrise camino hasta el círculo de las élites. Este espacio está bien reglamentado, y no se admiten ingerencias o transfuguismos de ninguna clase. El hecho de que se vista de luces y no en traje de faena es un artilugio de los poderosos con el que se complace al pueblo, engalanando hiperbólicamente a su héroe y haciéndolo por añadidura especialmente visible. El traje de luces es como un tuxedo de colores para un curioso *vernissage* ganadero en donde este "artista" inclasificable del valor masculino es presentado en sociedad. El pueblo no se viste así, sino que representa su propio psicodrama, ese lugar de transgresión en donde éste alcanza la gloria por medio del conjuro ritual de su destino. La cuadrilla es el complemento perfecto, haciendo el papél de sirvientes o mozos de cámara, sirven para perpetuar en el inconsciente colectivo el aparato de roles y el status jerárquico que se representa, y nos dice tautológicamente que el poder necesita siempre de subalternos. La relación entre ambos también se encuentra codificada y teñida con valores románticos de devoción, condescendencia y sometimiento voluntario al jefe. En cuanto a la masculinidad que se festeja, bien, ésta no es puesta en juego en ningún momento, y a la vista está, practicamente siempre se ensalza con la muerte (del toro). Por si quedara alguna duda, la amputación de partes -fácilmente amputables- del cadáver, refuerzan la idea de genitalidad y castración que subyace.

En cuanto al toro, el otro gran protagonista, se le mantiene de principio a fin incomunicado, ajeno a los códigos que allí se manejan, reprimido incluso en la manifestación de su instinto, el que rompería todos los ritos de contención sobre los que se organiza la fiesta. Un toro bravo debe ser desmotivado y metido en contexto, sin brío entra facilmente en esa sintáxis estética que se ha elaborado para contar un cuento, como diría Geertz, sobre nosotros mismos. Los picadores, una casta insólita de caballeros de la templanza y la ortodoxia, se encargan de eso. Son los que devuelven al toro su sentido común, su lugar en el cuento, y lo obligan a participar educadamente del drama en tres actos que se ha montado. Un toro con su fuerza no mermada obligaría a algo parecido a una agitada y absurda escena de caza, despojando a la fiesta de su valor interpretativo.

Uno se pregunta qué parte del espíritu nacional se manifiesta aquí. Podríamos decir que sólo una pequeña parte, que la fiesta no es la representación del carácter dramático de nuestra vida social, sino sólo un elemento que, junto con otros igual de típicos, componen ejemplos muy minuciosos. Qué duda cabe que la fiesta reúne temas, como el de la masculinidad arquetípica, la condición animal, la estructura social del campo (de un segmento de éste), el fatalismo cínico, el amor a la muerte, a los códigos (inquisición) y a las represalias, la representación inquietante de cómo nos vemos a nosotros mismos, algo entre ridículos, narcisitas y fulminantes, los primeros actores de una ópera cómica de gran seriedad. Es cierto que la fiesta, en alguna medida, forma y descubre el temperamento de algunos y de parte de la sociedad, y nos dice que la estructura de poder es fundamental y que no tiene que vestirse de gala para matar al toro del señor, al que sólo se le mata ritualmente, y que este enfrentamiento es un canto de sirenas para los oídos belicosos y reivindicativos del pueblo. Pero lo que de verdad nos interesa está todavía por mencionar, y tiene mucho más que ver con esa relación todavía exótica que mantenemos no sólo con nuestros animales totémicos, sino también con los domésticos, los cuales ocupan en ocasiones un lugar arcaico en nuestros procesos mentales.

¿Por qué diantres tiramos unas pobres cabras vivas desde el campanario de la iglesia al atardecer y por la noche discutimos en un foro mediático la conveniencia de encriptar los mensajes personales en la red, por qué no hacemos un uso simbólico de la pobre cabra, como estaría mandado en una sociedad que funciona por representaciones, y arrojamos sólo una imágen, suponiendo que el acto de arrojar un ser vivo desde una altura respetable con claras intenciones de acabar con su vida, sea todavía un acto cultural coherente con los difíciles tiempos que corren?

¿Por qué una pandilla de adultos de ambos sexos lanza, violenta y sistemáticamente a un perro doméstico por los aires, induciendo en éste un estado de pavor y perplejidad que al parecer es el desencadenante del festejo y, afortunadamente ésta vez, el objetivo final de un método contenido de tortura nerviosa y de acoso? Si aceptamos que el infortunado adopta para la ocasión el lugar del lobo que amenaza el rebaño, nos preguntamos por qué ha de primar esta tradición anacrónica sobre conductas aún más aglutinantes y mucho más contemporáneas, como puede ser la tradición burguesa del amor a los animales en general.

¿Por qué aterrorizamos a vaquillas y las hacemos correr por las calles del pueblo, azuzándolas y tirándoles del rabo, por qué las atosigamos sin mostrar ninguna consideración por su condición de animal cultural semisocializado, antiguo compañero de faena y primer suministrador de proteínas animales? ¿Por qué no ponemos a la vaca, por decirlo matrilinealmente, en el lugar cultural que le corresponde, y seguimos haciendo auténticas barbaridades con ella, cuando la mayoría de los pueblos mal llamados salvajes han superado los protocolos aberrantes con animales y mantienen con ellos una relación perfectamente equilibrada?

¿Por qué decapitamos gallos vivos, o los colgamos y les arrancamos brutalmente la cabeza, o los enterramos, o los molemos a palos, e incluso invitamos a nuestros menores a que imiten nuestro comportamiento. ¿Por qué hacemos aparatosas ofrendas con sus cadáveres en lugar de collares de flores, frutas talladas o arroz coloreado, cuando nos somos particularmente fetichistas o chamánicos en las culturas rurales, y cuando a menos de dos horas de vuelo de aquí se discute la conveniencia de una Infopol que ejerza una tutela moral y penal sobre los cables telefónicos? ¿Por qué no perdonamos la vida al gallo en aras de ese nuevo aparato de ecotradiciones del campo moderno, y nos mostramos más consecuentes, si se quiere, con la evolución del pensamiento?

No, no es fácil encontrar respuestas. La opinión corriente dice que se deben mantener las tradiciones (en tanto elementos primordiales de cohesión social) aún al precio de un poco de sangre inocente siempre que ésta provenga de seres irracionales. Cerrado el debate sobre las pautas de racionalidad animal y sus derechos adquiridos, hay quien todavía defiende la coartada antropológica en el sacrificio de éstos. Nos preguntamos qué sentido tiene conservar estos espacios antropológicos paralelos en el seno de una sociedad que se presenta a sí misma como proyectada ideológicamente en el futuro y a salvo de cualquier atavismo que sea incapaz de explicar.

Probablemente, sino salvajes, seámos atávicos por elección y manifestemos, aunque sólo por segmentos, una crueldad ritual que ingenuamente representa una especie de barbarie simbólica que hace a nuestra cultura mejor por más atávica y solipista y cercana a la tierra, y por lo alejada que está de culturas vecinas que nos amedrentan por su cinismo abstracto y seriedad. Quizá existan entre nosotros psicosalvajes, es decir, pequeños asesinos culturales seriales que no hacen daño a nadie y que presumen de proteger nuestro más sangriento patrimonio histórico.

Probablemente pensamos que la barbarie para con animales ni siquiera califica en el concierto mundial de las barbaries genocidas, y que los censores deberían dirigir su mirada hacia el Congo o Chechenia o lugares así, y dejarlos a ellos con sus inocentes divertimentos de acoso y tortura, como si ésta fuera de mayor a menor, y las macroculpas de Kabila o el frente ruso, por ejemplo, nos eximan de responsabilidades y nos permitan torturar a los pobres sin remordimientos.

Será que entendemos que la sofisticación, pensada como cohabitación animal, es un síntoma de arrogancia cultural y presunción, y que a los bichos hay que darles el lugar que les corresponde, es decir, jerárquicamente inferior, según las propias prerrogativas del instinto, y que uno debe imitar el "pensamiento animal" para relacionarse con ellos, y no incurrir en conductas abstractas y sensibleras que ni siquiera reconocen y adulteran su verdadera naturaleza.

O será acaso la crueldad una marca de la casa a la que no pensamos renunciar para ir creando por ahí ridículas iglesias salvacionistas del bicho, y escatimando nuestra propia animalidad social tan bien representada en valores como la alegría y la expresividad llevada a sus extremos. Como es habitual, no hay una sola respuesta. ¿Qué hacer? Mantener relaciones equívocas con nuestros amigos menores o molerlos a palos o atravesarlos con espadas en defensa de una atávica identidad social. Conservar nuestros tópicos turísticos exóticos y mantenernos diferentes aún al precio de la propia credibilidad, o darle un oportunidad al pensamiento para que evolucione. O quizás podríamos seguir deseando "lo primitivo", pero, en alguna otra parte.

La mala leche

Recuerdo una de las primeras escenas de la "Autocrítica" de Pinti (reconstrucción paródica de la historia idiosincrática de los argentinos a través del monólogo) en donde aparecen los Reyes Católicos añejos y vestidos con tocados, sayos, rodetes y paletoques, debatiendo vagamente pero con evidente mala fe la suerte de los nuevos territorios, y a la Reina Isabel que llevaba durante toda la escena una botella de leche vacía en la mano, y que respondiendo a la curiosidad natural de Colón sobre ésta, le dijo que aquello era para la mala leche. Creo recordar también perfiles similares, aunque menos expeditivos en alguna producción de Holywood e incluso en alguna viñetas históricas del propio Spilberg, tan aficionado a reconstruir la historia *in tempore suo* y según la óptica claramente voluntarista de la familia americana.

El caso es que, históricamente coherente o no, siempre parece haber existido un reconocimiento tácito de la existencia de una expresión más o menos violenta del resentimiento que popularmente llamamos mala leche. El hecho de que Pinti atribuya sus orígenes históricos-institucionales a la monarquía, emparenta este sentimiento de segundo rango a algunos tabús y principios sobrenaturales etnográficos que aparecen en un lugar tan poco sospechoso de banalidad como el clásico de Frazer (La Rama Dorada). El tabú hacia los extranjeros tiene, por ejemplo, la función de conservar la integridad y velar por conservar la seguridad de los reyes a cualquier precio. No vamos a hacer aquí ni sociología ni historia de las religiones, pero nos divierte la idea de que pueda existir un pasado antropológico con ascendentes en Cambridge, para nuestros más crudos sentimientos.

También es cierto que la mala leche tiene que ver (aunque no haya sido metodológicamente rescatada por De Miguel, se supone que por el buen uso social que uno debe dar incluso a su autocrítica) con los modos de instalación social y el rechazo al orden que se impone. Y que también nosotros queremos explorar ese territorio de nadie (de los estados de ánimo) sin necesidad de enfrentar a todos los diferentes campos sociales, y partiendo del reconocimiento de que éstas cualidades y pecados pasionales o disfuncionales están determinados por hechos sociales y no se distribuyen al azar.

Nada puede ser más excitante para un falso antropólogo que enfrentarse a esto raros atributos de una naturaleza salvaje, en un sentido estrictamente contemporáneo, que aquí no dejamos en momento alguno de acechar. Salvaje quizás por nuestro escaso progreso moral en relación con el tremendo speed tecnológico, o por haber perdido la relación con formas superiores de verdad a salvo de intereses circustanciales y crematísticos. Y raros porque en este continente misterioso de los sentimientos, nada sabemos de mediciones y hechos observables, y nos movemos con cuidado en la oscuridad de las cosas apenas representadas. Nuestra mala leche es ininteligible: porque nos obstinamos en ocultarla, nuestro sentido de supervivencia nos impide considerarla como un valor ponderado; porque no hacemos autocrítica, la nuestra es una sociedad sin análisis, sin tiempo para la subjetividad y sometida a los vaivenes de las pasiones colectivas; y porque por defecto, nos pensamos los mejores.

Intentar entenderla y exponerla un poco más allá de nuestros perjuicios es el objetivo. Para empezar digamos que no creemos que sea histórica. Aunque se puedan detectar comportamientos afines en el pasado, no hay ninguna historicidad demostrable ni registro histórico de hechos vulnerables de ser interpretados como tales, ni ninguna actividad social que se organice en relación a ella. Habría que pensar más en términos de bandas nómades con estructuras temporales y sujetas sólo a sus cambios de humor. Podemos llevar cientos de años agrediendo simbólicamente a los demás pero seguimos sin atrevernos a justificar ciertos escenarios bélicos. Podemos reconstruir arqueológicamente todo nuestro pasado emocional, pero aún así sería difícil que la mala leche, tan visceral y precipitada, oculte un sistema conceptual de otro orden más estable. O quizás nos equivocamos y sea todo lo contrario, y ésta sea parte de la estructura representativa de nuestro pueblo históricamente arraigada y presente en las bases del pensamiento. Quizás la mala leche sea parte del universo cerrado en el que vivimos y haya organizado todo el devenir histórico a partir de sutiles construcciones elementales que todavía no hemos sido capaces de distinguir, y en el fondo seámos al mismo tiempo una pandilla de cabrones exóticos movilizados por un pensamiento de mierda, el ritmo de las pasiones negativas y la ira cultural recalentada todavía por el fuego de las cavernas.

Tampoco creemos que nuestra mala leche sea exótica, por lo menos en el contexto de la nueva sociedad europea. Reconocidas las particularidades, presentes en la mayoría de las cosas, se trata de una estructura adaptada, una configuración universal a la que nosotros hemos imbuído de una naturaleza rural y folklórica, de pura sangre española. También tienen mala leche los franceses, ingleses, escandinavos, aunque en éstos adopte una apariencia singular que podría parecer desinterés o distanciamiento, y que se asocia con la facilidad para el reproche y la pulcritud social de alemanes por ejemplo, o la ira desinhibida y la agresión frontal de los franceses, o ese ensimismamiento de los catalanes, o el desprecio contenido y enfriado que practican los gallegos, o esa superabundancia del buen carácter y del pensamiento social que practican los italianos para ocultar su mala uva… En fin, que la mala leche es globalmente un producto secundario, y que la mayoría de las veces sirve para sustituir la precariedad general del pensamiento sofisticado y como síntesis expresiva enormemente útil para transportar imágenes y mensajes de desacuerdo o simple desavenencia, en poco tiempo y con arreglo a un código bélico de provocación y agresión al vecino con el que ya no se quiere razonar. La sociedad moderna esta llena de productos similares, mecanismos de transporte de emociones y de sentido construídos a partir de criterios mecanicistas y economicistas inventados para sustituír el pensamiento y el verdadero diálogo, considerados hoy actividades indolentes y especialmente lentas.

Dentro del espacio comunitario en el que nos encontramos involucrados, quizás actúe como un singular totemismo, como una ideología de confluencia que ayude a esclarecer la difícil tarea de relacionarse con los clanes vecinos. Expliquémonos. Ante la ausencia de una verdadera voluntad de cohesión o incluso digamos de simple asociación, ante la carencia de elementos de familiarización, uno se relaciona por oposición, asumiendo en la adopción figuras más o menos abstractas para representar la mala leche. Las representaciones animales del tótem tradicional hayan dejado quizás de ser operativas, y hoy necesitemos emplear elementos caracterológicos para definir menos metafóricamente nuestras relaciones. Quizás al final la mala leche sea un elemento de confluencia en Europa, y ciertos totems privados de novísima ideología nos digan cómo deben relacionarse, ya no el águila con el oso, sino los tipos aéreos y racionalistas con otros densos y más rastreros, los indiscriminados con los selectivos, los pobres con los ricos, y el lugar de cada uno en la cadena alimenticia de la jurisprudencia comunitaria. Habrá que descubrir nuevas analogías y aprender a funcionar una vez más, como en las viejas tribus, por imitación.

Nuestra mala leche es totémica y si exploramos sus particularidades veremos que tiene lo que le falta a los demás. Nuestro tótem se construye con los elementos de un animal robusto y vigoroso, de testuz fuerte como un muflón, carnívoro pero también rumiante, con un cerebro pequeño pero con una delicada maquinaria instintiva, tremendamente individualista y al mismo tiempo gregario y endogámico, consecuente con sus crías, como un panda, pero belicoso y territorialista como un tejón... un tótem singular que nos pone las cosas muy difíciles a la hora de relacionarnos con las otras especies.

Para empezar nuestra mala leche es casi física, llega a los límites de una corporalidad abrupta que se acerca a la agresión. Además es muy gesticulante y concentra un montón de energía negativa en los ojos, en la mirada, y en las expresiones verbales, la mayoría de las veces coloquiales y aforísticas. En semejante estado somos incapaces de razonar en tramos largos y elegimos una especie de impronta cabalística en la línea del conjuro, la maldición o la inscripción críptica, mensajes cifrados dirigidos contra la integridad moral del agredido. La amenaza física teatralizada rara vez llega a materializarse, cosa que sí ocurre en otras culturas y con frecuencia, entre otras cosas por que la mala leche es precisamente eso, un inhibidor de la agresión física y no comparte su naturaleza, incluso diría que se opone a ésta, porque de alguna manera muy elaborada el primer agredido es siempre uno mismo.

Ésto nos lleva a una segunda particularidad, la mala leche podría reflejar un estado latente de insatisfacción personal, una queja contra el orden social que rara vez se manifiesta pero de la que se hace transferencia. Uno no es feliz en su entorno y se dedica a agredir metafóricamente a cualquiera que se le acerque, a practicar una extraña guerra sin contenido que sólo pone en evidencia su situación personal, incoherente en su dinámica y parroquialista, como diría Geertz, ajena a la reforma humanitaria a la que todo pensamiento moderno debería estar avocado. Brutos como arados, allí donde deberíamos estar haciendo gala de universalismo y ocupando lugares ponderados que pongan a funcionar como deben los asuntos sociales. Nos falta sentido, nos falta análisis, nos falta tolerancia, y disponemos de un gran stock de leche rancia, de materia en descomposición, materia negativa en física cuántica, y una capacidad exhuberante de transferencia, de poder para transmitir estados de ánimo basura.

Si seguimos el sentido común descubrimos que la mala leche además de un talante social y un subproducto ideológico, es un problema de educación. Se ha dicho históricamente que nuestros problemas de conducta tienen relación con la falta de etiqueta, y que en nuestra aldea disponemos de un pobre inventario en fórmulas de cortesía, o si se quiere de estructuras simbólicas para ordenar la conducta. Incluso podríamos decir que la etiqueta precaria no revela otra cosa que la falta de integración social, lo que estaría naturalmente muy cerca de la realidad cotidiana, la cual arroja evidencias constantes de un singular desajuste en este sentido. Quizás seamos parte de una sociedad inestable y una cultura hecha de retazos a contrapunto de la integración social, pero no por eso menos coherente. Quizás pertenezcamos a esa concepción antigua de la cultura inconexa hecha de remiendos, pero no por eso menos compleja ni menos cultural, y seámos los primitivos de siempre haciendo su numerito etnológico para europeos y otros visitantes provenientes del frio. Quizás la mala leche sea, como se ha dicho, un simple mecanismo deshinibidor, como las conductas de los balineses durante los bailes de trance. O quizás sea esa precisamente nuestra etiqueta, salvaje y poco elaborada, bizarra y afín a cierto prototipo brutal que han hecho de nosotros otras cultura más compactas e interconectadas, el conocido retrato del buen salvaje español, del que algunos ya empezamos a estar hartos.

La cuestión es cambiar las formas, hacernos un poquito balineses si me lo permiten, integrarnos un poquito más, rebuscar entre nuestros viejos títulos de status, en los protocolos de las cortes y de la vida monacal, haber si podemos reciclar alguna vieja conducta de clase al menos y mostrarles a esos otros impecables europeos que también tenemos historia y un montón de actas y toda clase de prerrogativas, y podemos comportarnos como unos chicos educados de Oxford y sacar un poco de esa energía negativa destinada a la intimidación y al climax de poder que nos sentimos obligados a representar, y dirigirla en la dirección correcta para descubrir que la cortesía por muy hipócrita que nos parezca, es normativa, y tiene una importante dimensión espiritual. Y mejor aún, que al márgen de su carácter como mecanismo de autocontrol social, está mucho más cerca de lo que sospechamos de ciertas tradiciones cabellerescas y de hidalgía y de nuestro genio natural.

Olvidémonos de las virtudes interiores y de esa moral de introspección que nos gusta difundir, y hagámonos un poquito más estéticos, más conscientes de las formas. Hagámos el tránsito de una cultura de culpa a una cultura de vergüenza, como en los tiempos en los que en la aldea circulaban los códigos de honor, y bailemos para esos descreídos con los que nos hemos asociado en el baile de los buenos modales, nuestro modesto y muy personal *yanger*.

La mala leche no es el fin del mundo, no nos hunde en la vergüenza y en la humillación, pero crea un obstáculo insalvable para la comunicación, irrumpe como un exabrupto en la vida diaria, crea un clima de violencia que nos paraliza o nos descompone y anula la interacción social. Es una mala costumbre que pienso deberíamos erradicar, deberíamos dejársela a los franceses que al menos son racionalistas ilustrados, y aprender de nuestros traviesos hermanos balineses el arte de controlar las emociones…y algo más.

Tribal rage

TR es uno de los últimos juegos de Nintendo, en donde comunidades primitivas más o menos imaginarias se enfrentan de una manera más o menos odiosa entre ellas, no según los modelos bélicos pre-contemporáneos, es decir, por dominación o conquista de territorios o por una política de pactos económicos, sino para destruir étnicamente al enemigo y reafirmar al mismo tiempo su propia cultura en el sentido más amplio. El juego en cuestión se opera desde una consola, lo que lo hace peligrosamente parecido a los juegos de guerra reales, y logísticamente tiene lugar en un espacio reducido como un televisor o una pantalla de ordenador, lo que lo acerca aún mucho más a las guerras mediáticas que consumimos, y en donde sólo las víctimas participan a tiempo completo y físicamente, si se me permite la obviedad.

Tribal Rage es sólo un título, y un título es sólo lo que es, un artefacto de alta densidad con una gran capacidad simbólica sobre el que se desplazan los contenidos a desarrollar, al mismo tiempo que un guiño para lectores aficionados a estas conspiraciones intelectuales de antesala. Lo cierto es que las guerras se parecen cada vez más a juegos de ordenador, tanto por su sola vigencia mediática como por su logística (la destrucción particularizada o masiva pasa casi siempre por un ordenador, salvo cuando se hace a machete por una simple cuestión de recursos y por el valor de entretenimiento que tiene una matanza indiscriminada hecha a mano), cualidades ambas que se repiten a tiempo completo en el juego.

Pero lo más importante es que aquí no vamos a hablar de guerra, aunque hay muchas y cruentas, sino de este concepto que acuña Nintendo en un alarde de metodología etnológica y síntesis histórica, y que podríamos traducir por rabia (ira) tribal (cultural). Si nos olvidamos de aquella viejas guerras mundiales con tipos románticos que fumaban en las trincheras recordando los home rounds de la Liga Oficial del 44, tipos tranquilos y relajados y un poco gruesos como Preston Foster o James Cagney, homos belicus a la vieja usanza, figuras patrióticas representando sus pequeñísimos dramas personales dentro de enormes y complejos conflictos difusos, y nos concentramos en las matanzas étnicas de nuevo cuño, destinadas no a resolver conflictos sino a exterminar por puro interés cultural sociedades o grupos antagónicos, deberíamos llegar a la conclusión simple de que éstas últimas no deberían llamarse guerras sino, siguiendo el glosario exhuberante de Nintendo: Tribal Rage.

Confieso que nunca he jugado con él, detesto las perfomances bajas (la mía) y la tarea mecánica de reordenar un programa sin más, y que aunque ésto ponga de manifiesto el escaso conocimiento que tengo sobre mi modelo metodológico, estoy más que dispuesto a seguir adelante con esta hipótesis de trabajo.

Hoy ya no guerras, sino odios culturales, y en el entorno de la aldea comunitaria en la que hoy vivimos existen ejemplos menores abundantes de pasiones tribales malentendidas, que aunque no practican políticas de exterminio son tambien genealógicas y excluyentes. Internacionalmente ya no hay bandos, hay una unidad de pactos y objetivos económicos, y lo que es más importante, políticamente ya no se dice lo que se piensa, todos se inclinan por el viejo discurso hipócrita o por la mentira como estrategia; ni se dice lo que se hace, en su lugar se opta por declaraciones de contenido y juicios de propósito preformulados en el discurso cínico de la diplomacía internacional, la mayoría de las veces engañosos, vacíos e inmorales. En su lugar disponemos hoy legalmente de toda clase de rencores culturales manifiestos, más o menos inocuos, que no hacen daño a nadie o hacen muy poco, y que pueden ser no sólo dichos sino que se puede hacer con ellos plataforma política. Mientras por un lado las máscaras y limpieza étnica siguen su curso natural, su doble paso de aniquilación y opciones de entrada a los ejércitos del pacto y a la inmensa variedad de organizaciones globales o parroquiales (la Cruz Roja, los Bomberos de Murcia) de solidaridad internacional, nosotros nos entretenemos desatando inofensivos odios vecinales. Acercarnos a ellos, conocer su etnografía, interpretarlos, debería ser el objetivo que nos ocupase.

Somos distintos, qué duda cabe, aparte de los tabús hacia los extranjeros, mostramos una pésima disposición y poquísima tolerancia a juntarnos en igualdad de condiciones con nuestros vecinos. Preferimos regodearnos en cálidas y maternales lenguas minoritarias, y en tradiciones rurales y folklóricas hechas con retazos de un pasado dogmático y aislacionista, hacernos fuertes en territorios ideológicos delimitados geográficamente, antes que compartir todo y mezclarnos con gentes de la diáspora o los vecinos de siempre.

Los ejemplos abundan, podemos buscar toda clase de analogías. Sin entrar a fondo en ninguna de ellas, pienso en los nambiquara del Pantanal, o en los bororo, menos reduccionistas, u otros (caduveos) abstractos y elaborados, trazando diagramas semánticos en su piel que nos hablan de su organización social. Pienso en los eduardianos Teddy Boys de los sesenta, en los Mods y en los Rockers moliéndose a palos y patadas en los genitales en la templada primavera de Hastings. Pienso en skin heads asolando los barrios de la aldea, y en todas las modalidades de nuevo cuño que se agrupan en torno a valores idiosincráticos de tránsito, y a modas con supuestas raíces históricas y que construyen argots defensivos (como el Govoreet de Burguess) con partículas aleatorias injertadas de la piel de sus nalgas, o de rápidos flirteos con el establishment mediático de su prensa deportiva o deadlly coms, slang de web sites y vocabularios modificados cercanos a los argots artificiales. Quiero decir que existe una familiaridad no buscada entre nuestros personalísimos rages nacionalistas de indiscutible rango histórico y fuertemente culturales, y estas pandillas organizadas por extensión de una manera paródica, pero a partir de estructuras micronacionalistas hechas a la imagen y semejanza de mínimos estados delirantes enamorados de su propio nadsat e imagen en el espejo. Nos preguntamos si esas comunidades nacionalistas o parcialmente reivindicativas de sus atributos nacionales han hecho suyos atributos y modelos de comportamiento de facciones, bandas, trendys y grupos salvajes. Y si éstos, invertida la perspectiva, no hacen sino ilustrar la manera que eligen nuestros estados nacionalistas para representar su supuesta etnicidad y dramatizar al mismo tiempo, o poner en escena sus demandas reivindicativas, de una manera violenta o no, pero pintoresca a veces, y a veces folklórica, y estúpida otras. Si ésto es todo lo que tienen que ofrecer nuestros estados nacionales en materia de etnicidad, seremos cada vez más los que apostemos por un cosmopolitismo abierto, distendido y sin reivindicaciones.

Lo cierto es que me aburren los micronacionalismos nasdat que se hacen fuertes en pequeñas diferencias ergonómicas o lingüísticas o comportamentales, impuestas violentamente o por predicamentos ridículos. No entiendo qué tienen que ofrecer, como no sea su valor anecdótico y microsociología turística (nada despreciable por otra parte), ni de qué extraña manera se proponen como elementos a ser integrados en la cosa global que se nos viene encima. Y peor aún, porqué se sienten amenazados dentro de sus territorios de caza, ni de dónde sacan su manía persecutoria, ni porqué, de una vez por todas, no hacen por fin esfuerzos culturales y no esas menudencias o displays genetalistas y naives con pretensiones localistas, porqué no dejan de vestirse de jodidos vaqueros y se sienta a escribir su summa ontológica incluso en su bonito nasdat, que ya nos ocuparemos de traducir.

Esos individuos saben elegir sus formas. Disponemos de un montón de modelos… belicistas, populistas, internacionalistas…, algunos recubiertos de sus propias modas vestimentarias, sus argots y estilos generacionistas. El resultado es confuso pero divertido: nuestras nacionalidades se aglutinan en la aldea, pero se hacen pandilleras o rebuscan en las fotos amarillentas de su pasado europeo, o se rediseñan y se convierten como en sibaritas de su singular etnicidad.

Veámos algunos. Los vascos, por ejemplo, han adoptado una doble estructura seudo militar. Construída sobre modelos arquetípicos de los sesenta con mucho plástico, parabellums y coches bombas, todo planeado con tácticas domingueras y manuales mail order del terrorista self made, perfecto para las plañideras de los ministerios de interior que no saben cómo dar las gracias a JC por tener esos delicados subversivos de medio impacto, que incluso entran en períodos intermitentes de cese el fuego, y crean sus propias canteras impositivas sobre modelo desarrollistas democráticos como los fondos de telecomunicacion. Y cuando estos escuadrones no están operativos se movilizan pandillas juveniles, híbridos entre Billy Idol y los CincoBilbainos, con bonitas capuchas de lana negra, bandana a lo bonzo, imaginando que son un superclub de samurais luchando hasta la muerte por la supervivencia de sus códigos pre-indoeuropeos, todos ellos pequeños guerreros de mierda, movilizados por su micronación como si estuvieran en un concierto y eligiendo sus víctimas entre indefensos cajeros automáticos y policías de tráfico…¡Que me follen si es así cómo se gestiona la independencia de un pais¡ Todo el movimiento reivindicativo de la nacionalidad vasca se ha convertido -cuando no están festejando su ridícula comunión de sangre, y el umbral de la sensibilidad política está hoy por encima de los cien muertos- en una pendejada de okupas y folloneros semianalfabetos vestidos como chusma postrockera e instrumentados desde el poder político y las plataformas nacionalistas. Los resultados son de pena, son como un gran dolor en los huevos, como tener a un montón de crios jugando al fútbol en la puerta de tu casa, mientras los verdaderos sueños reivindicativos se diluyen en una especie de farándula pandillera.

Pero hay otras fórmulas, claro. Los catalanes por ejemplo, han adoptado el papel de chicos aplicados en nuestra aldea global. Nada de plástico ni de armas rusas, ni botas de campaña, no señor lo han hecho es calzarse sus zapatillas de esparto y ponerse a bailar como posesos y a hablar sin parar en su bonita lengua romance, llenándose los oidos con ese ruidillo rural un poco atonal, mientras afilan como navajas de afeitar sus ajustes financieros con el poder central, y desatan más o menos al mismo tiempo y sin que nadie se de cuenta, una novísima revolución estético-industrial en textiles y mobiliario urbano y edificios inteligentes y ecoideología, incluso jalonada de modestos manifiestos generalmente publicitarios o pertenecientes a las artes escénicas, y llevando todo esto a las ferias del mercado internacional, un poco como lo han hecho siempre, desde los fenicios. Y lo que es más importante, olvidándolo todo en el camino, olvidando que pertenecen a esta cálida tribu, tibia y mediterránea, que nadie parece reconocer, y con la que han firmado los jodidos papeles constituyentes. Eso. A España le pueden ir dando bien por el culo, se la dejamos a los sin recursos, a los que están al palio en materia de identidad, a los extranjeros de Castilla, a los medievales del zurrón…Tranquilos, es sólo una puesta en escena. Todos sabemos que España existe. Hay gente que incluso la ha visto. Y que los nacionalismos están entre nuestros derechos, lo mejor de la huerta, ya saben… indiscutibles, irrefrenables, imparables, aunque en el futuro tomarán formas más… anatómicas.

Y están los gallegos, cómo no, mágicos y desconcertantes, que han elegido el secretismo como lucha revolucionaria, y conservar mejor que nadie su identidad por expansión y por introversión, creando modelos de uso nacionalista reservados al entorno rural y al vecindario y a las comunidades en la diáspora, como los judíos pero sin dogma, ni asamblea, ni tora, ni reivindicaciones territorialistas, como no sean minifundistas, inventándose un modelo étnico político sin precedentes, moderno, desenfadado e inofensivo, como una especie de página web del nacionalismo celta proto-europeo; el modelo, a todas luces, más seductor y futurible de todos, la baja frecuencia de la discreción y el buen gusto, contra la violencia y arrogancia de las tribus vecinas. Y con su propia revolución estética, sacada directamente de sus fuentes medievales y de su ruralismo vestimentario, en gris y negro, pletórico de sobriedad y silencios. No drasting (como diría Alex, La Naranja Mecánica), nada de luchas, sólo el tiempo pasando lento, la climatología y los colores del bosque, el océano y esa simpática alianza exótica con gentes de Escocia, Irlanda, la Isla de Man… Una tribu estupenda, donde las haya. ¡Viva los nacionalismos blandos!

Me joden los nacionalismos violentos o pretenciosos, esos racistas de mierda montados en sus jergas psicodramáticas como si fuesen bicicletas de montaña, como si fuesen sus mierdas de utilitarios. Recuerdo un artículo de Howard Jacobson en el Independent: "El coche es una pequeña casa de locos sobre ruedas, una extensión de nuestra paranoia. Los rivales y enemigos con los que soñamos, los encontramos en la carretera. Aquellos sobre los que leemos, más grandes y mejores y más rápidos que nosotros, son los que vemos a través del parabrisas. Todas nuestras pesadillas nos rodean."

A veces me pregunto si algunos nacionalismos caben en un coche, y la exaltación de conducir en el apretado espacio interior de nuestros intereses terminará, de una manera u otra, por convertirnos en psicóticos. Para qué tantas reivindicaciones regionalistas si al final, como quiere Jacobson, cuando el mundo se acabe terminaremos todos, trillones de nosotros, escapando del Armagedon, uno por coche, a solas con nuestro último y definitivo y mononuclear nacionalismo.

Especies exóticas. Status: vulnerable

Imaginen que uno encontrase en los archivos secretos del MI 6 el diario de campo de un viajero contemporáneo a nuestra comunidad protoeuropea, y que fruto de un esfuerzo sobrenatural éste hubiese superado esa natural inclinación a pontificar y al etnografismo que muestran los extranjeros cuando ponen pie en nuestras costas, y se hubiese atrevido a dejar testimonio de la psicología enrarecida y hábitos sociales con los que según ciertos criterios poco constructivistas nos califican. Imaginen que en lugar de decir que somos cálidos y espontáneos y adictos a los platos de cuchara (me remito a Paul Richardson en su incruento libro de batalla sobre el españolismo profundo, editado por Abacus), dijera aquello que suelen comentar en sus tea partys y otros ejercicios de incontinencia que suelen practicar, y en donde se dice un poco más de lo que se debe y un poco menos de lo que se piensa, cosas como que somos una pobre banda de salvajes megalómanos, comecerdos, lanzabasuras megalíticos, ruidosos, precarios asesinos de animales, incapaces de abstracción y etiqueta, y que aparte de hacer un estupendo servicio doméstico, somos auténtica materia exótica negativa, y despedimos un permanente olor a ajo. Imaginen por un instante que lo que dice ese diario es que somos poco más que una manera de construir un maldito agujero en el espacio, un tunel del tiempo (se necesita materia exótica para eso), un viaje al pasado del hombre, cuando era delicuescente y depredador y apenas se comunicaba con signos básicos y no reprimía sus emociones, y que no tienen otro lugar para nosotros que no sea el de la paradoja, que somos como los enanos de la corte aquejados por un caso agudo de histrionic personality disorder y permaneceremos encerrados para siempre en el horno caliente de nuestras mentes primitivas.

Sería mosqueante,¿no? Pues juro sobre el sagrado libro que en más de una ocasión he escuchado cosas parecidas, en Londres, Oslo, Bostón, en París, sketches rápidos, perfiles funcionalistas a la Malinowski, hablando fuera de doctrina de sus odiados y amados melanesios. Juro que he escuchado juicios impertinentes, cuando no directamente xenofóbicos y racistas en el mejor estilo de los bardos bávaros y sin ninguna exhuberancia literaria. Por lo que me apresuro a hacer un poco de autocrítica y parodiar antes y mejor que ellos aquellos rasgos que nos definen en el alba de la gran globalización, de este puré mediático loquísimo del que pronto todos formaremos parte, sino como especie en extinción, al menos vulnerable.

Estamos de moda. Al menos los latinos lo están. Nada más engañoso que defender la idea de una afinidad hispanoamericana que vaya siquiera más lejos que la cosa lingüística y unos pocos hábitos sociales. Nuestro latinismo es mediterráneo, arqueológico, y nunca ha estado menos de moda, a menos que se vista como el Zorro, o disponga de unas caderas diabólicas o el aire dulzón e incestuoso de Luis Miguel y sus dos hermosas y larguísimas hileras de dientes. Son ellos los que están de moda, y vienen de un planeta híbrido angloparlante que no existe sino en Disney y las productoras musicales. Nosotros todavía no somos exportables (los italianos sí lo son), se nos visita *in situ*, dentro de los límites estrictos de nuestras aldeas. Y allí dentro somos carnaza para el vulgo inglés o centroeuropeo, o para los alienígenas americanos que nos miran a como a la tribu perdida de los Mong, y declaran públicamente envidiar ese fuerte tufillo idiosincrático que nos envuelve y la vigorosa relación que mantenemos, por ejemplo, con el alimento y las fuerzas de la naturaleza. Y dicen codiciar también nuestro genio artístico, tan iconográfico e impregnado de furia rupestre, y nuestra falta de etiqueta y problemas con las lenguas extranjeras, pero en ningún caso el tamaño de nuestro pene.

Algunos escriben libros sobre nosotros y dan ganas de llorar. Raw matrerial, es lo que somos para ellos. Libros ingenuos y maximalistas, prejuiciosos, pontificantes e ignorantes de nuestros archivos de Indias. De no ser por los bienes culturales y la climatología estaríamos disecados y encerrados en una vitrina inmunoaséptica del Field o el Metropolitan, en un exhibit sin precedentes del populismo latino en una comunidad intacta y extrahordinariamente bien conservada.

Su mirada nos divierte. Se vuelven locos, se arrancan los rubios cabellos, flipan, se suben a las paredes sólo con ver las cosas que comemos y cómo hablamos, y cuando se enteran de la transhumancia y de los cultos y los ritos de paso, de nuestro bililinguismo visceral y pensamiento mágico, Dios, se ponen loquísimos. Pero vayamos por partes.

Nuestra vulnerabilidad se encuentra en lo que me atrevería a llamar, sin apelar a una calificación sociológica más *risqué*, un singular estado mental o inconsciente colectivo. Si piensan que se parece a esas formas alveoladas y germanas en las que se producen algunos de nuestros socios europeos, están equivocados. Si piensan que somos algo así como siete novios para siete hermanas haciendo derroche de una sensibilidad festiva y polimatrimonialista, y que la vida en la aldea es la fiesta interminable con montones de risas y bailes sociales, como en una aldea alpina, siguen estándolo. Se nos acaba la cuerda, no nos queda mucho más para decir en materia de pan con aceite, costumbrismo y ese seudo vitalismo de cuño propio consistente en arrear a los otros con una paleta de cerdo. Agotados los trazos gruesos y afortunados de Berlanga, y casi en éxtasis ante la inmunidad crítica y el éxito sin fronteras que alcanza el enrarecido costumbrismo de Almodovar, punta de lanza de la paleo marginalidad y el barroco del mal gusto de nuestro inconsciente más hortera, no nos queda sino rectificar. Habrá que hacer todos los cursos, ya saben, ponerse a estudiar a fondo en los colegios e institutos, correr riesgos intelectuales y dejarse de tanta fisicalidad y pedestrismo. Tendremos que normalizarnos, hacer como los franceses ¡qué se yo!, los holandeses, los alemanes, entrar en diálogo con los demás, dejarse de tanto griterío y leer aunque sólo sea los apuntes de clase. Pocos épocas ha habido que odien tanto la inteligencia como ésta (dice Levy). Yo le prometo que estamos en plan de rectificar. Sí señor, algunos queremos con toda la fuerza de nuestro corazon, dejar de ser proverbialmente y hacernos colectivamente inteligentes, entrar en la edad de la abstracción de una vez por todas y olvidarnos de tanta versatilidad idiosincrática. Si esos que piensan que el único motivo por el que hablamos es porque nos mantenemos en posición vertical como los primeros homínidos y tenemos un control preciso sobre la respiración, que somos todo lo listos que pueden ser los bípedos por haber liberado los músculos del pecho (convirtiéndonos en cuadrúpedos que necesitan una respiración para cada paso), están equivocados. Aunque las apariencias engañen, algunos tenemos algo que decir. Aburridos de tanto chotis, jota y fandanguillos, aburridos de tanta producción nacional al borde de la memez crónica y la simpleza, algunos de nosotros nos hemos sentado, en cualquier parte, en la cocina, en las bibliotecas provinciales, dispuestos, cualquiera sea el precio, a articular un pensamiento verdadero y a curarnos de tanto, demasiado, así llamado, inconsciente colectivo.

¿Y qué pasa con la transhumancia? ¿Por qué tenemos que soportar a un montón de ecoturistas japoneses o angloibizencos detrás de nuestras ovejas? ¿Es qué no hacen pastoreo los franceses, los irlandeses y neozelandeses, o los finlandeses y lapones con sus renos? ¿Es que sus reeducados ovinos vuelan con Virgin a los idílicos lugares de engorde? ¿Por qué se nos asocia globalmente con la transhumancia? No será acaso que nuestra relación con los animales es también vulnerable, y tendremos que redefinir las viejas asociaciones psico-funcionales y dejar de sentarnos a comer migas con los pastores. ¿Por qué piensan los extranjeros que la transhumancia, la matanza del cerdo o el hecho de que sus mujeres se nieguen a mear en cuclillas, cuando nuestras especies rurales, junto a otros conocidos centroeuropeos, lo han venido haciendo desde siempre, por qué piensan que eso nos define? La respuesta es simple: porque no tenemos un auténtico pensamiento articulado, porque somos todos una pandilla de pastores y matacerdos y no paramos de mear en el monte, como si la crudeza exótica de ciertas costumbres resistentes al cambio nos eximiera de entrar finalmente en los nuevos standards intelectuales.

¿Por qué los extranjeros nos asocian irresponsablemente con lo que ellos llaman pensamiento mágico en relación a ocasionales prácticas sacramentales y otras festividades religiosas hace tiempo obliteradas en culturas más desarrollistas, sin detenerse a pensar que lo que ellos llaman magia es poco más que un pragmatismo ingenuo lleno de juegos y otros recursos lúdicos, y un singular paganismo salpimentado con la habitual barbarie de todos los dias que algunos de ellos reservan para el fútbol, el sky de fondo o la caza de la foca? ¿Por qué se empeñan en escribir libros sobre la España profunda como si no hubiera una Inglaterra profunda, o una arqueoalemania, o una especie de Suiza de los instintos primarios, o una América bárbara? ¿Por qué no nos ocupamos nosotros de analizar las formas anodinas y consensuadas que adopta su propio y empobrecido pensamiento mágico, y nos sentamos a imaginar estructuras subyacentes a este pensamiento salvaje no anotado que circula libremente y sin responsabilidades entre nuestros socios mayores?

Nos falta autocrítica, ya ha sido dicho, y profundidad. Debemos perder el miedo a la cultura en otras lenguas, a las tradiciones con las que no somos afines, a la lectura, al protestantismo si me apuran, dejar momentáneamente el refranero y los tópicos en casa y hacernos, como se decía en los setenta, un poquito perversos polimorfos.

Nuestra vulnerabilidad como cultura tiene poco que ver con la matanza ritual de animales domésticos o salvajes, no señor, o con las fiestas paganas o religiosas, o con el psicoturismo en masa empeñado en encerrarnos en recintos etnológicos de tribalismo exótico para complacer a sus aburridos paladares, sino con cierta flaqueza y gandulería intelectual que nos impide superar las cotas bajas del pensamiento, y con la autocomplacencia que nos provoca el hecho de regodearnos en la crudeza nacional y las tradiciones vulgares. Deberíamos alternar un poco con los chicos listos, ya saben, hacer nuestros postgrados en otra parte, dejar de sacrificar a los mejores intelectuales y colocarlos en puestos de poder, mejorar nuestros niveles y mezclarnos globalmente con otras culturas más discursivas. No hay que acabar con el chorizo, el botillo o las cocochas, pero podríamos experimentar con Celery Martinis o Jalapaeños olives o Cherry Cherry Marys... qué se yo, comidas con otra actitud.

Nuestra vulnerabilidad tiene que ver con cierta mala pinta gnoseológica, algo que afea nuestro comportamiento y nos pone en desventaja en relación a otras comunidades estéticamente más aseadas y programáticas. Muñoz Molina dice que se nos reconoce en todas partes, en el Soho, en Madison, en Michigan Av.... al parecer, por una especial mezcla de actitud, perfil anatómico y código vestimentario. Yo voy mucho más lejos, y digo que intelectualmente nos ocurre lo mismo, y lo que es peor, por los mismos motivos, es decir, que cuando escribimos o reflexionamos también somos bajitos, rudos y propensos a los exabruptos, especialmente endógenos, y llevamos a menudo un jersey por los hombros. Y eso nos preocupa, por lo menos a los que queremos pasar desapercibidos ideosincráticamente, y compartir idénticos derechos en los mercados internacionales del pensamiento.

Alguien debería cuidarnos, ocuparse de nosotros. Desde el poder institucional, la Universidad, las Fundaciones, desde el esfuerzo personal y la honestidad en los medios, ayudarnos a superar este exotismo doblemente impuesto, desde dentro y desde fuera, por el afán museístico, segregacionista y clasificatorio de las culturas aparentemente no agresivas del entorno, y por un raro complejo estructural que nos hace pensar la sofisticación intelectual como un acto inexplicable de soberbia o un atentado contra la seguridad nacional

Ritos de paso

Si se quieren emociones fuertes uno sólo tiene que infiltrarse en el thriller sociológico que se compone a diario en la aldea, romper la seguridad de los bunkers y entrar a saco con los tipos que por allí merodean. Hacerse undercover y mezclarse con la gente corriente y los modelos de transición que componen lo nuevos ritos.

Nos nos interesa la etnología, los ritos convencionales, la masculinidad, el matrimonio, la muerte… sino aquellas conductas que utilizamos para desplazarnos por modelos caducos, y el vértigo de los cambios personales/corporativos a los que estamos expuestos. Nuestro objetivo es hacer una expedición periodística a los que pensamos son los rincones oscuros de nuestra microsociedad que no tienen, en un primer análisis, nada de ilegal o violento, pero que son una amenaza por su mal gusto, por su permisibilidad e instrumentalización contra los más débiles. Periodismo antropológico, un enorme esfuerzo naturalista y recolector para seleccionar la flora autóctona de nuestro personal jardín del purgatorio, flores de un día de algunos nefastos modelos de transición que por extensión hemos decidido llamar aquí, ritos de paso.

Todos valen, uno es libre de elegir. La aldea es fecunda en material de investigación, sufrimos una gran abundancia de rituales transicionales de proporciones epidémicas, y no estamos obligados a ningún trabajo de campo que nos lleve más lejos que nuestras sillas de despacho. Servirá la cocina, o la salita del televisor, una ventana exterior, un paseo por la calle, la prensa diaria, una escucha atenta de los vecinos del primero, los guionistas de Tele 5, Tony Segarra y sus socios lácteos, la pub, MTV... los ritos de paso hacen furor en la aldea protoeuropea, el pasado ha muerto de muerte violenta, aislado, canibalizado. Junto con los abueletes y los maduritos, los que sobreviven se están convirtiendo delante de nuestros propios ojos en púberes institucionales adscriptos a una pubertad de velocísimos valores de cambio, hacia una supernova madurez milenarista que no sabemos por donde coño saldrá. Puro Renacimiento con Bill Gates vestido como un dandy del cuatrocentto con túnica bordada, corpiño estrecho y leotardos de puntas largas con suela, resocializado a la velocidad del rayo, y proyectándonos a un tiempo diferente de insoportable prospectividad, y en donde el futuro será siempre ahora.

Nuestros ritos de paso podrán ser observados en cualquier lugar... nada de circunsiciones en Park Avenue, ni ablaciones de clítoris en Etiopía, ni perforaciones de pene en Borneo, o trios conyugales en Paraguay, entre los guayaquís... Además, todos estarán debidamente desdramatizados e indolorizados y se harán conforme a standards de confortabilidad al uso y costes bajos en materia de esfuerzo, pero conservarán la naturaleza que los define, es decir, su carácter de transición o incorporación; y serán paródicos, idénticos a la cultura de genéricos y periféricos que acorta distancias y nos amenaza.

Hay mucho en donde elegir: la lengua, por ejemplo, las abandonaremos todas en beneficio del inglés, el mastering es el rito de paso a la edad adulta del chic laboral. Seremos libres de deleitarnos en las lenguas vernáculas como quien hue-

162

le sus propios pedos, pero utilizaremos el inglés para ganar enteros en el mundo real. Habrá que olvidarse de la moribunda formalidad del francés o el español escrito, para entrar head first en la cosa espídica de la nueva lengua. El rito será indoloro y pobremente ejecutado (conocemos las dificultades en el aprendizaje de idiomas) y conducirá a un estado de subperfomance lingüistica parecida a la que siempre nos ha caracterizado. En cualquier caso, su creatividad formal e inventiva permanente, quizás nos haga recapacitar y abandonar prejuicios ridículos contra ella, y la defensa encarnizada de las Academias, la tuna de veteranos contra lo que hace tiempo se ha dado en llamar la lengua bárbara, …¿del paganismo?… ¿de la WTO? Nuestros punteros latinos, los bestsellers del boom, conservarán sus cánticos de Ovidio para seducir a las hembritas del West End o Nueva Inglaterra, y en las empresas se practicará un extraño argot de calle que a todos nos sentará muy bien.

Internet será otro rito de paso, con sus accesos múltiples y gratuitos, perfectamente inocuos… ya nadie tendrá que matar a lanza un león o atravesarse el pene con un hueso de pollo para entrar en el mundo de los adultos, entre otras cosas porque el mundo de los adultos ya no existe, los adultos de hoy ya no tienen pelos en la espalda ni en las orejas, han alcanzado su madurez precozmente gracias a sus procesadores. Ninguno de ellos habrá pasado un solo minuto de su vida escribiendo sandeces sobre una piedra de pizarra con polvo compactado de tiza como en el paleolítico superior, treinta mil años de molicie (de educación familiar y cavernaria) para nada. Con la red haremos la transición de una especie de rusticidad generalizada en las costumbres a una especie de rusticidad generalizada en las costumbres, pero de nuevo cuño. DVD, TFT, imágenes perfectas, un hardware exquisito y un montón de gente allí fuera cruzando a velocidades ópticas más o menos la misma información que sus abuelos erectus. La red es un rito de resocialización, la entrada en un nuevo

Catch 22, un dilema del que no se puede salir. Un rito estupendo, he visto a docenas entrar en él como quien entra a un pase privado, a una presentación con canapés, intensamente felices y a punto de ser engullidos por un increíble engendro de dimensiones imposibles…buy hi-tech!

No el matrimonio, sino su disolución, parece ser otro nuevo rito de paso, y la alternancia (de la pareja) hacen una soberbia combinación con los placeres rebuscados que sustituyen a la abstinencia sexual durante los períodos de hibernación post conyugal. Dicho en lenguaje de signos, la separación señala un momento de transición entre dos conyugalidades diferentes, siendo que la segunda y sólo la segunda marca la entrada en una nueva mentalidad de desarraigo e individualismo de consumo privado, en donde cada uno paga los gastos generados por su empresa. Y marca también el ingreso en una nueva edad adulta del matrimonio regeneracionista y un nuevo código de relaciones perversas con los demás. Otro rito de paso como los otros, pero esta vez doloroso y comprometedor, que nos impulsará a buscar *at random* nuestras parejas, o en el mejor de los casos, a asociaciones aleatorias con entidades que serán en ocasiones apenas reconocibles. El acceso a la segunda o a la tercera pareja será, nos tememos, un asunto muy poco inspirado y se construirá sobre sentimientos y valores de segunda, como la afinidad en materia de renta variable, o el gusto por la jardinería de adosados, o las visitas domingueras a Leroy Merlin.

La aldea se moderniza, no hay como evitarlo, abandonados los amores de copla y la cópula eclesiástica, pasaremos a las asociaciones libres, las autoinseminaciones y los placeres buscados anónimamente. La apuesta por los sentimientos y las obligaciones morales se verán devaluadas, y nos convertiremos en consumidores de atributos y en compradores/vendedores de negocios personales. Este nuevo rito de paso no tendrá ningún color, salvo que tenga lugar en los medios, y ocurrirá como los demás, intrínsecamente, en el silencio y la pesadumbre de nuestros solitarios corazones. Para compensar podremos casarnos por ritos exóticos, o cruzando a nado el Canal de la Mancha, o en globos aerostáticos sobre la Antártida, o con menores en la red, o iniciar incontables chats prematrimoniales, o poner a cien los puertos múltiples de Intel en nuestra egoresidencia en las Orcadas…. La cuestión es tener donde elegir, cien, doscientos programas… pero no dissentment. ¿Una parejita para ti solo?… una anticualla.

Y cambiaremos los ritos de paso eclesiásticos por una religiosidad sin compromisos ni actos sacaramentales, en el extremo opuesto de la secularización, y que vendrá como un pack de MacDonalds, con un poco de alimento espiritual y un combo de juegos terapéuticos, y sustituirá al mismo tiempo a la religión convencional y a la psicoterapia. Interiorizaremos por primera vez los valores sociales de la aldea paranoica, burocrática y animista, y nos sentaremos solos frente al control de todos los mandos. Interiorizaremos el rito propiamente dicho y nos manejaremos con unos cuantos iconos de confluencia, como en todo lo demás. Cambiaremos las cruzadas por el psicoturismo en un intento frustrado de rescatar los falsos lugares sagrados de nuestra falsa religiosidad.

El coche es otro de los poderosos ritos de paso (e iconos) de la aldea. Paso ya no a la plena masculinidad, sino al status social. Del pedestrismo insólito y esperpéntico al lujo del vehículo sobrediseñado, del transporte público, socialmente aberrante y desestatutizador, al viaje privado supergenerador de status que elimina in tránsito las desventajas de nacimiento dentro de las tradiciones hereditarias. El coche ya no es un simple pene, no señor, sino un procesador social, un programa que te inscribe automáticamente en tu escala de gasto, o en su defecto, se convierte en un test psicométrico de ese mal tan generalizado de la pretensiosidad social. Bmws, Audis y Mercedes para los buenos burgueses, Ferraris y Porches para las estrellas del deporte, Rovers y ecobikes, Mazdas e Isuzus Troopers para los profesionales liberales, vintage y antiguos y Bentleys para los nuevos intelectuales, todos son ritos de paso y producen un especial efecto euforizante y un montón de información para los archivos urbanos. Dentro de los límites de la aldea, la industria mueve enormes sumas de dinero, se codea con la intelectualidad y la realeza en la tarea de generar ritos de relevo para el tercer milenio, época paradójica donde las haya, en donde el vehículo del futuro formará pareja con la ecología y la estética de los espacios naturales.

La identidad corporativa ha sido otro rito de paso no menos inquietante, al que nos estamos sumando algo ingenua y tardíamente, pero con inusitado entusiasmo. En estos casos el sujeto, por lo general en la veintena, hace suyos los decoláges empresariales y toda la preceptiva latente y muchas veces no escrita de sus códigos morales y sociolaborales, haciéndolos sangre de su sangre, injectándose en vena hasta el último miligramo de falsa fe corporativa que sea capaz de tolerar, y particularmente, en su modalidad inyectable, la carta de Pablo? a los Tesalónicos y que dice: "aquellos de ustedes que no trabajan, tampoco comerán." Adopción ritual, por supuesto, prolijamente escenificada según una gran diversidad de modelos, y en relación directa con el discurso salarial completamente remodelado y puesto en sintonía con los extra stocks y la money persuasion, con la "piedra", como se decía en nuestro paleolítico empresarial, y con algo mucho más peligroso, la paranoia del trabajo totalitario (de doble efecto) y el totalitarismo laboral. Abandonadas las porras, el anís, la copa de Soberano, la tortilla de patatas, los incruentos ritos de paso de la media mañana, nos convertiremos frente a los ojos incrédulos de los vecinos y con la aldea entera sin tiempo siquiera para el desconcierto, en trabajadores (lo mismo que en deportistas) genéticamente modificados.

Mars attacks

¿Qué le pasa a nuestro humor? La aldea está hecha un asco después de más de quince años de una pésima producción nacional que ha perdido cualquier referencia intelectual y se complace con el chiste petardo y la copia, los clónicos auditivos y la repetición dentro de los mismos timbres de los tics orales de una docena de famosos. Se trata de un mal localizado, o es una epidemia que azota a Europa desde siempre. Será que apenas unos pocos pueblos privilegiados poseen el secreto de este singular conjuro taumatúrgico que pasa primero y necesariamente por la descomposición del pensamiento. La paradoja, la contradicción, la incoherencia… el humor se construye con las mismas figuras del discurso intelectual, y es un ejercicio del mismo género. Europa da pena, con la excepción de los judíos, los únicos capaces de sacar de su amarga memoria melancólica un poco de sarcasmo y gags articulados, o los Monty Python de los setenta, aquella incurable pandilla de Oxbridge reconvertida a la pub corporativa y al BBCeísmo de género blando, o el señor Rowan Atkinson, él solo el equivalente de la Enciclopedia Británica del humor, y al mismo tiempo, el último genio sobre la tierra del delirio mundializado, el último gran rito del absurdo global, o algunos americanos insólitos, como Matt Groening, que toman el relevo.

Pero no nos interesa Europa, por lo menos por ahora. Nos preguntamos qué pasa con nosotros, ¿lo tuvimos alguna vez, con los anónimos, Quevedo, Gila, Tip... y lo hemos perdido, o no lo tuvimos nunca? Hace tanto tiempo que no me rio con nuestras laboriosas pifias vernáculas que me averguenza confesarlo. Tenemos que importar formatos o pinchar reliquias en el Astra, y nuestra stand up comedy, o buena parte de ella es como un ataque de hipo o un parto con complicaciones. Me pregunto si habrá algo de humor en la Biblia, por los menos judíos hay unos cuantos. ¿Y el humor en los libros? -sabemos que en el periodismo sí lo hay- dónde diablos está nuestra modesta cosecha de gags literarios, ese poquito de mambo en el argot intelectual.

Pienso que nuestro humor se ha quedado un poco de corrala, un poco isabelino, nos gustaría pensar, con algunas pinceladas grotescas difíciles de historizar, con un intenso aroma pedestre y de mutante, y con una fuerte dosis de hostilidad hacia los demás. La televisión nos ilustra, tenemos una gran galería de personajes discordantes, arquetipos de la barbarie humorística de marca local y el mal gusto hiperdinámico, cuando no espástico y anodino, y todos conjurados por docenas de pub-guionistas semi-analfabetos que no han leído mucho más que su sopa de letras. ¿Cuáles son los ingredientes entonces? Sabemos muy poco, están codificados, encerrados en claves secretas en nuestro complejo y mórbido y antiguo inconsciente, pero inventémoslos... Fray Luis de León quizás, la conquista del Perú (ver documentos de la Conquista), más unas cuantas partes de prejuicios católicos, más un poco de ignorancia, más la total y más abyecta ausencia de autocrítica, más un gusto exacerbado por la fisicalidad, y falta de tiempo para pensar. ¿Qué nos queda? Pues nos queda un extraño monstruo esperpéntico y mediático que asola las gentiles praderas de la imaginación e instintos profundos. Somos una chusma medieval riéndose de incapacitados, enanos y delirantes, riéndonos como histéricos en ejecuciones y autos de fé, frustrados y agresivos y debilitados por una sociedad de castas que nos aterroriza. Necesitamos, como esos parias medievales que se agolpaban junto a las murallas de sus señores, un poco de carnaza que despierte los sentidos aletargados, necesitamos participar de sus enredos cortesanos, comer los desperdicios de sus mesas y disfrutar de un poco de gratificación inmediata.

Llegado este punto no sé dónde situarme, históricamente quiero decir, si en la primera edad media, cuando las incursiones bárbaras (entre el siglo quinto y el año mil) y el olvido de todo y la más absoluta indigencia, época en que el humor de haber existido hubiera formado parte de la paranoia colectiva. O si sería mejor pensar en el espíritu del segundo milenio, demografista y progresista, y un humor de clérigos y labradores, de guisantes y lentejas, de tipos toscos caminando detrás de sus bueyes siempre dispuestos a echar una buena risotada frente a la desgracia de sus semejantes. Hubo un tiempo en que cualquier cosa servía para la risa, bastaba con comer algo y no terminar desmembrado o quemado en la estaca. Quizás nuestro humor tenga un poco de ambos mundos: algo de demencia e impudicia, y un poco de la crudeza pueril y manceba de los primeros pitanzeros medievales. Nos gusta eso, sí señor, basta elegir un programa al azar, digamos CM, el más futurista de todos, al menos escolásticamente, para encontrar a partir de un análisis simple todas las figuras de la escatología humorística que nos invade como una enfermedad endémica. En este árido paisaje medieval encontramos a todos nuestros oscuros pre-humanistas vestidos con los harapos de un humor para tragasables…. el bardo, elegíaco y reflexivo, con sus toques de ascetismo y buena conciencia; el lisiado, agudo y sarcástico, inteligente pero destructivo; el cómico del método; el bufón, malicioso, pequeño y afilado como una daga, pero insuficiente, ya saben, más lejos que un asteroide de la risa; la mujer, asilvestrada, una especie de bruja y criada malévola; el sodomita, eterno, secularizado, pero obsesivo y recurrente... ¡Cristo! Un Bradbury salido de las páginas del Radulphus Glober Historiarum.

La verdad es que no se qué hacer con un programa así. Puedo perdonarlo casi todo en materia de chistes fallidos, humor de tetas y minifaldas, el sarcasmo de histriónicos desaforados subidos a sus púlpitos andalucistas; la cosa melancólica e impúdica de los gallegos que prefieren al humor el nudismo integral; o de los vascos que se inclinan por los movimientos telúricos y la tala de árboles a mano antes que cualquier otra mariconada lingüística, especialmente cuando disponen de una lengua que es como un arma antigua; perdono incluso el tono arty, pálido y sibarita del mimo catalán, incluso sus cosas más discursivas en donde todo el trabajo humorístico se espera lo haga el interlocutor, una especie de plan de pensiones del chiste malo, pero en donde se detecta un mínimo esfuerzo intelectual... Pero estas Crónicas no las soporto, esta paranoia low budget, esta rústica naturaleza oscurantista que se dirige a nosotros como si fuésemos unos mierdas del pasado, con sus numeritos de patio de castillo y su pretendida apariencia de trading on line y fantasía del espacio, no señor, no las aguanto.

Aún así, creo saber cuales son sus secretas y frustradas intenciones. En los rincones más calientes de sus corazones de productores insomnes piensan que están haciendo otra cosa, algo diferente que rompe esquemas, en la línea del TV masoquismo u onanismo o bestialismo o lesbianismo de los praguenses noctámbulos, o del psico-mentalismo erótico de los alemanes en su TV after hours, o quizás del Sex'n Death de Martin Clunes, comedia futurista para disminuídos morales, o creen estar haciendo algo más satírico e irreverente para ir rompiendo sin criterio estético alguno los tímidos límites del pudor en la aldea y entrar en el tercer milenio con el grito de guerra de un nuevo paradigma, una ridícula trama progre y algo holandesa que proclama: sados, psicos, castizos, jamaos, mirones, ignorantes… ¡bienvenidos al fin de la civilización! Si éstos son los jodidos marcianos que venga Dios y lo vea. Mejor quedarse en casa saboreando una tazita de poleo de menta, y no poner la caja tonta con la sana intención de echarse un par de risas y encontrarse al final con un montón de raros venidos del espacio exterior blandiendo una cosa muy parecida a un arado de palo para ejecutar una larga serie de gracias groseras salpicadas de diálogos absurdos en la línea de "Mars Attacks", por lo menos en lo que tienen de comunicación fallida.

Algunos de nosotros, perplejos ante esta bufonada que no sabemos de dónde viene, si de algún Beato del año mil, o del espacio exterior, o si ha trascendido las coordenadas espacio-temporales para inventarse un humor que se nos atraganta y sirve apenas como predicamento para el marketing que una caterva de alienígenas han encargado con la intención de colonizar a fuerza de despropósitos y chistes malos nuestro desprotegido planeta. Como decía, algunos de nosotros hemos decidido sentarnos en el water y hacer un poco de crítica televisiva en cuatro pinceladas (he leído que el water de Luis XIV tenía velador, y que como era previsible entre los franceses, cagar y escribir compartían desde el principio genealogías) y llegar perplejos a una serie de humildes conclusiones que podrían empezar, si usted quiere, a la voz de ya.

La primera, que nos falta, claro, una crítica de televisión, algo serio, fine and dandy, ya saben, para ir haciendo boca y prepararnos para transformarlo todo, algo como lo que hacía Clive James en el Observer hace unos años, o Gill ahora, algo que nos preparase para ver cualquier cosa pero con la perspectiva adecuada. Una crítica no para salvar la televisión (o hundirla), sino para salvarnos a nosotros de ella; aunque en realidad lo que nos falta es crítica de casi todo, nadie se atreve a tocarle un pelo a esos mamones que hacen vela como señores en el interior de nuestras vacías cabezas barridas por lo vientos de la ignorancia. La segunda es que el humor no tiene nada que ver con ésto, se ha tomado unas largas vacaciones en playas del extranjero, y que las playas de por aquí están escamoteadas y echas un asco y nadie se ríe de verdad en ellas, y que lo que llamamos humor, a falta de mejor acepción, es la pesadilla de un grupo de empresarios aletargados por las rentas de su patrimonio y convencidos de que para hacer reir sólo tienen que chasquear los dedos. La tercera es que los marcianos, como la mayoría de los alienígenas, son un auténtico asco y disponen sólo de risa enlatada, y que sin ninguna clase de dudas nos quedamos con los britons y las tribus de Israel, mucho más cerca de casa, si cabe.

Y si usted no cree una sola palabra de ésto, o no ha entendido nada, o se ha reído de verdad una sóla vez siquiera, ya sabe, sin ver saltar al enano, tenga por seguro de que se ha tratado de un mal entendido.

Lo que los otros vieron

"Uno tiene que ir underground para pillar algo en el mundo de la ficción o en el de la imaginación. Es una cuestión personal, como Burroughs y Borges. B.B, resulta gracioso….¿no creen?" "De acuerdo, pero qué pasa con el ensayo, el artículo periodístico y cosas así, porqué se tiene que pasar de las reglas del género al show biz del argot periodístico sin paradas intermedias. ¿En dónde se origina esa extraña prohibición de divertirse con el pensamiento, romper unas cuantas piezas de cristal en el saloncito tudor de esos estrechos? Porqué no dar tres hurras al desorden intelectual, a la sensación increíble de meterse un chute, un jeringazo en el tejido arterial del texto, en su circulacion venosa, si no que se lo pregunten al doctor X."

" Coño, eso me suena tan antiguo como el mismísimo RB, textualidad y promiscuidad errática en La Coupule, en el Flore, en el *quartier*…¿Cuántos? Veinte, treinta años atrás.

"Algo así, en los sesenta alguien encontró las reglas de una magia simpática con el lector, un resplandor, y luego se acabó. Pasa con todos. Los morons del establisment literario acaban con ellos, son como dobles agentes del poder institucional y el orden establecido de los chupatintas. Una cosa antigua, pero no se ha acabado. Porqué conformarse con esa ficción retrospectiva del canon y las chucherías del instituto en cuestiones de investigación filosófica."

"Por Dios, cualquiera sabe que a los paranoicos no se les distribuye, el graffitti se ha hecho definitivamente ilegal, hay que institucionalizarse, ya lo sabes, entrar en el mundo del arte, agencias y reps, cobrar por metro cuadrado."

"Pues yo defiendo mi derecho a un ensayismo fuera de la ley, con las palabras correctas y con un par de huevos; los blandengues pueden escribir guiones para la Campos y Gerardo Vega… qué se yo, para quien quieran. Yo prefiero apostar por encontrar la verdad y pincharla en un jodido palo. Fíjate en nuestro caso por ejemplo, el de nuestra aldea, da pena, es un asco, pregúntaselo a Barnes, a Self, a Amis, qué se yo, a Larkin, a los chicos de Hampstead o North London o Bloomsbury, pregúntales qué piensan de nosotros. Piensan que somos unos animales de sangre caliente, que comemos intempestivamente fuera de hora como una piara de cerdos, y que somos espontáneos, violentos, apasionados… da igual, los peores insultos que se pueden acuñar en este fin de siglo tan sofisticado y racionalista y complejo y elaborado, puro software intelectual y moral y espiritual…Coño, la cosa está muy malita…. Debemos elevar las expectativas que tienen de nosotros, es una tarea colectiva."

"Te has pasado un poco. Tenemos a Almodóvar, a Banderas, a Marías…estos pibes cortan el bacalao allí en las Islas, por solo citar algunos."

"No digas tonterías, esos son como aquél jefe indio en la expedición de Lizot"

"¿Quién? Estás chalado. ¿Quién conoce a ese cabrón? Maldita sea. Por Dios que tienes el futuro abonado. Hay que hacer relaciones públicas, primo. No puedes ir por ahí disparando con esa escopeta tuya a todo el mundo."

"Se trata de un símil, una metáfora…qué se yo. Solo eso. A los nuestros se les paga mal y no se les mide con el mismo rasero, apenas hablan inglés los jodidos, saben que en el fondo no tienen nada que decir, y más importante aún: no quieren que digan nada… freak show, somos como unos puñeteros gladiadores en el circo de los Césares, el que no lo vea es que está ciego o no ha salido de su chabolita en Alcobendas. Hay que cambiar eso, poco a poco, no vamos a ser protoeuropeos para siempre, los albaneses de sus círculos literarios."

"Lo tienes claro, no llegará nunca, antes te lapidarán como a Magdalena, te quemarán en la hoguera como a un hereje. Por no leerte, no te lee ni tu madre."

"Llegará tarde, pero llegará. Además me reservo el derecho de admisión. Y por si no lo sabías, ya tengo lectores."

" Estupendo. ¿Quiénes son... Hansel y Gretel, los hermanos Karamazov?"

"Pues sí, tengo dos, dos lectores… educados en las ciencias. ¿Quién tiene más?

Esta conversación tenía lugar en un típico bar de tapas de una tranquila y apacible aldea atlántica, justo antes de iniciar el presente artículo sobre los tópicos a los que nos vemos adheridos, y sobre las cosas, dires y diretes que he encontrado en mis viajes por los escasos libros de viajes y la etnología de baño de servicio que los buenos de los extranjeros nos dedican. Mi amigo, ya situado socialmente, si me disculpan la impertinencia, se preocupaba en aquél momento por mi futuro medioclasista de plumilla rompehuevos, y en alguna medida también por los editores que no iba a encontrar, y por mi salud mental. Yo, ya no me preocupaba por nada.

Somos diferentes, nos dicen. Estamos de moda. Nos transforman en amorosos amantes, nos hacen bailar como muñecos de cuerda, o como directores de cine, o dejan que nos follemos a sus mujeres. Pero no hacen ninguna auténtica etnología, no quieren conocernos. Hacen una especie de charada intelectual colonialista con nuestras cosillas salvajes para hacer risas con sus tutores y amiguetes del club, no del club de fútbol, sino el de caballeros.

Vienen a visitarnos y se quedan estacionalmente, es decir, por una corta temporada, como Hans Staadel entre los tupinambá, pensando que en realidad están siendo engordados, rellenados con las sustancias primarias que componen nuestra dieta salvaje, para que un dia, en una fiesta tenebrosa de códigos inexplicables, ser ingeridos total o parcialmente sin la más mínima consideración a la etiqueta en la que han sido educados. O por el contrario, pasan como una exhalación por los lugares equivocados y siguen de largo a la Provenza, por ejemplo, o a la Toscana, pensando que lo han visto todo y que la cosa cultural aquí es poco menos que inapropiada, y que si uno elige instalarse en estas tierras por motivos claramente fiduciarios o paisajísticos, habrá de hacerlo en un espacio cerrado a cal y canto contra las eventuales incursiones agresivas y excesos de confianza de los autóctonos.

Lo primero es una metáfora claro, ninguno de nuestros exquisitos paladares va a hincarle el diente a uno de esos pálidos pollos de la diáspora angloalemana, y la referencia está hecha al miedo instintivo de varios cientos de miles de colonos a ser engullidos por un entorno de indígenas apasionados todavía no debidamente aburguesados. Lo segundo no lo es, y se refiere a la falta de interés en la realidad compleja que nuestros visitantes son incapaces de reconocer, y a la literatura de baratillo que han hecho siempre sobre nosotros. Ahí están Lewis, Richardson, Theroux, Ritchie, el propio Hemingway..., seguro que hay muchos más, pero soy un pésimo archivista. Puedes sentarte a buscar entre miles de páginas que la mayoría de las veces sólo se encuentras suspensión de juicios, tópicos recurrentes, o simplemente nada, todo muy lejos del impresionante manifiesto de Staadel o de la visión pomposa de los de Oxbridge. Nada siquiera ligeramente divertido, nada que contribuya a estimular la autoestima o enriquecer un poco los archivos culturales. Nada ni remotamente sensible o inteligente, nada como lo de Clastres entre los guayaki, la tribu más paupérrima y decadente que podía encontrar en el hemisferio sur y que sin embargo eleva a la categoría de contramito, mientras recrea para ellos la dignidad de una compleja sensibilidad codificada. O Hudson, que a pesar de morirse de aburrimiento en Patagonia, junto a un centenar de tehuelches próximos a la extinción, se inventa un pequeño infierno personal al que adherirse emocionalmente. La verdad es que la mayoría han hecho gossip y letanías fáciles con nosotros, se han inventado un absurdo paraíso para borrachos post-industriales del norte de Inglaterra y ancianos pensionistas de clase media, un soleado *on parole* ideal para mafias turcas, rusas, italianas, delincuentes comunes, y un curioso Mashhad (ciudad santa de Irán) para los ilegales islámicos de baja intensidad del Magreb. ¿Pero que ha pasado con el resto, con nuestra verdadera identidad?

Confieso que hay algo autodeceptivo, pero acaso no ven ustedes lo mismo que yo. Theroux escribe en su "The pillars of Hercules", un frustrado ladrillo sobre la Europa Mediterránea, y pasa por aquí como si estuviese en el siglo catorce, en la época de la peste negra. Empieza por el Gibraltar colonial, en donde acomete una estúpida labor de socialización abrupta con los locales y sale perplejo ante ese ¡uuhh! misterioso objeto etnológico del mestizaje gibraltareño, y se va de allí en unas horas convencido de que a tiro de piedra de East Anglia ha descubierto la última tribu olvidada del más decadente anglocolonialismo y de paso, ya que estamos cerca, la síntesis universal del ser peninsular. Después de una escala técnica en Marbella y Alicante pasa directamente a la Mallorca colonial de Chopin y Graves, y se regocija ante la delicadeza de su paisaje, inesperadamente inglés o galés, ya saben, y en donde vuelve a practicar una rápida y algo temeraria disección del chueta, creo recordar, y el indígena mallorquín, con alarmantes resultados para las comunidades autóctonas.

Si en Boston tuvieran que trazar el mapa ideológico del pais con los datos consignados por su ilustre paisano, saldría algo parecido a una mezcla entre Macao, Diego García, Anguilla y un poco de Timor Oriental. Resulta imposible imaginar cómo nos ve Theroux. De acuerdo… nos ve viscerales, sanguíneos, imprevisibles, perversos, inconformistas... ya lo sabemos, décadas de intensa práctica nos han hecho así, víctimas de cuarenta años -se dice fácil- de ¿probo analfabetismo y terror subliminal.Vale. Y con un neuroclima que no favorece el estilo literario ni la investigación científica.

Pero qué pasa con Richardson ("Our Lady of the Sewers"), que después de establecer su residencia temporal en Ibiza, el lugar por excelencia en donde organizamos algunos de los atributos de nuestras nacionalidades en beneficio de un falso cosmopolitismo hecho de nuevas tendencias y modas de discoteca asociados a conductas que rayan en la frivolidad más extrema, se lanza en una expedición de bajo presupuesto a la búsqueda de rarezas tradicionales y comportamientos exóticos, unidos al parecer a una visión nada programática con la que enfrentamos el nuevo milenio. Más le valdría haberse quedado en casa, en South London, y hacer su trabajo de campo, como Buford, entre los hooligans y grupos armados paramilitares del Manchester United, y descubrir esa otra cara de los peligrosos depredadores del fútbol inglés y las ceremonias secretas de la barbarie sin contenido que se celebra a diario en los bares públicos, y conocer aunque sólo sea por encima uno de los muchos y oscuros comportamientos de grupo que se observan en la famosa isla, en discrepancia con los aspectos más elaborados y progresistas de su cultura.

Los resultados de este tour de Richardson son previsibles: una vez más, casi sin trabajo literario y después de una somera labor a nivel atómico, como si estuviésemos en el calendario tecnológico de algún futurólogo generalista de British Telecom, se nos convierte, por decirlo en su lengua, en customised travel objects, en mascotas turísticas para el buen funcionamiento de la dinámica psicológica neocolonialista, y evitar tensiones, choques culturales y sorpresas desagradables a nuestros potenciales visitantes. De esta forma sanitaria, la imprevisibilidad y la amenaza de conductas espontáneas aberrantes se atenua, y todos entramos en media docena de moldes de conducta anticuados pero fáciles de manejar. Según la tecnología turtística de Richardson o Theroux, no muy diferente de otras, en un mundo complejo de convergencia tecnológica, globalizado pero muy jerarquizado, se nos reserva un discreto papel de simples mascotas con un altísimo índice de viejos ritos folk especialmente somatizados y una dieta extravagante.

Hace unos años J.Barnes recreaba ("England England") una Inglaterra temática de proporciones reducidas susceptible de ser visitada full tour con un pasaporte de tres dias, como en Disneylandia, un modelo en cualquier caso obsoleto, hoy por hoy, cuando la mayoría del turismo global se produce en parques biotecnológicos naturales, creados por gestión de las estructuras económicas adecuadas (Cuba, la República Dominicana…). En esta línea, nuestra aldea temática sería un Parque Jurásico, una reserva de las emociones primitivas y los hábitos exóticos en individuos de carne y hueso, una estupenda alternativa al desgaste psicológico de tener que relacionarse con máquinas, por muy sofisticadas que sean. Con bajos costes de inversión y mano de obra barata, estos lugares serán en el futuro opciones mucho más interesantes para la polución turística que los parques frios y robotizados, una alternativa caliente de auténtico bioturismo. Está claro que Richardson no ha pensado en ésto, y su visión simplista nos vende una vez más el tedio y la anticipación de la literatura de viajes del siglo veinte.

Existen sólo comunidades complejas, y nos negamos a que las nuestras sean recreadas tópicamente por los visitantes más pueriles. Nos declaramos en huelga idefinida de aceptación de más etnología de rebajas, practicada por escritores del imperio, y nos reservamos el derecho a criticar nuestros propios tópicos. Gracias a tipejos como Laurens Van der Post (reputadamente mezquino y sospechoso de relacionarse con menores, y un generador de tópicos universales), y que afortunadamente no pasó por Murcia o Lekeito, como Richardson, los pobres bosquímanos fueron privados de viviendas decentes, escuelas y hospitales para mantenerlos en su "estado natural" y preservar intacto digamos su mal llamado (por el propio VP) primitivismo moral. Sí señor. Estamos hartos de turimo etnocéntrico enmascarado, y de tanto intelectual de vacaciones.

Y qué pasa con Harry Ritchie ("Here we go"), por ejemplo. En qué diablos estaba pensando cuando se puso a escribir ese folleto inclasificable sobre nuestra estoica y particular cote d'azur, up and down entre Fuengirola y Calahonda, mientras pasaba haciendo cirugía a corazón abierto en el descompuesto litoral peninsular como si se tratase de Hunter Thompson en Las Vegas. Cualquiera tiene derecho a escribir folletines desmoralizantes o edificantes sobre los lugares de adopción de la suburbia medioclasista y proletaria del viejo continente y pagarse con ellos sus propias vacaciones. Lo que no les está permitido, por regla de cortesia, es pensar que ese freak show de sexo vacacional apenas endorsed por Clubs 31 y similares, alcohol y pensionistas, es el aliado natural del complejo proceso de construcción de nuestra identidad, y que si hemos perdido esos cuarenta largos años de tiempo histórico, no vamos a perder ahora la última oportunidad de un renacimiento cultural, llegue cuando llegue, en tan mala compañía. O quizás Ritchie piense que es demasiado tarde, los lotes están adjudicados y todos han construído ya sus bonitas casas suburbanas en estilo vernáculo, o viven en apartamentos de propiedad horizontal y reciben a domicilio sus Daily Express o Die Welt, y que a nosotros nos tocó el rol de anfitriones, y ninguna intelectualidad ni escritores de prestigio van a surgir ya (como Naipaul en Trinidad) de este paraíso mediterrráneo del turismo de masas. Ellos son actores del método y nosotros parecemos las mujeres alteradas de Maitena, y vamos de escándalo en escándalo, asilvestrados y nada preocupados en los platós de nuestras producciones propias.

La pregunta si lograremos renacer de las cenizas o si nos hundiremos por el peso de nuestras contradicciones, no se la ha hecho nadie todavía. La gente corriente está a su bola, downshifting intelectualmente a gran velocidad; los famosos van de fiesta en fiesta revolcándose en el barro de sus aspiraciones satisfechas sin pensar en nada, o peor aún, pensando que han hecho obra, que han dicho algo entre líneas en su literatura de instituto. Quizás ya nunca maduraremos y seguiremos siendo, junto a griegos, portugueses y albanos (como le gustaría a Theroux), los aborígenes de las franjas costeras y archipiélagos, y engrosando las filas del servicio doméstico de los grandes operadores y los turistas de la yet. Ignoro que nos depara el futuro, pero muchos de mis lunáticos amigos y yo soñamos con un retiro de pensionistas alcohólicos y asoleados exactamente en los mismos lugares que ellos ocupan ahora, y poco más. Es lo que nos gusta llamar resignación autocompulsiva idiosincráticamente endorsed, o en otras palabras, si estás quebrado y no encuentras ¿un editor?, por ejemplo, un patrón o alguien que te deje chupar de la teta, relájate, olvídalo todo, túmbate en las rocas, toma el sol, desaparece… pero bajo ningún concepto hagas el indio.

Cultura local

Hace treinta años más o menos, no había nada en el espacio cultural de la aldea. Con la excepción de algunos viejos vaqueros fumando sus Kaisers o Gauloises, entre serios y lánguidos, pensando que ellos solitos habían hecho reventar el globo literario, para sorpresa de muchos que todavían pensaban que leer un libro pasaba por un fin de semana en París. Media docena de vaqueros vestidos a la usanza de los bándidos de la sierra en los cuadros de Goya o Tintoretto o quien fuese, vaqueros con trabucos y taleguillas que llevaban bien arreadas a sus groupies y mantenían larguísimas entrevistas con otros como ellos en unos televisores en blanco y negro superangustiosos que sólo verlos te hacían pensar en una novela entera de Mike Mody. Esos tipos eran intelectuales de carne y hueso, sin pizca de marketing, eran la molicie de la familia pero buena gente, invitaban a auténticos escritores sudamericanos y se sentían bien, ya saben, quid pro-cuo, como si de verdad existiese un mundo literario y ellos estuviesen en él. ¡Esos tiempos, Dios, qué panda de ingenuos! Y la televisión, sin satélites, sin cables, sin un duro…¿cómo diablos lo hacían? Se juntaba una pandilla de amigos y rompían los índices de audiencia. Luego ibas y sacudías tu Lettera 22 y touché, el mundo se abría a tus pies.

Los librillos que escribían, bueno, ahí estaban, del uno al cien, eran libres de hacer lo que querían, sólo tenía que pinchar aquello en minusculas y soltar algunas bolas curvas, pero al parecer las cosas no salían bien, tenían ganas pero no salían, se habían saltado un montón de cursos y faltaba trabajo de biblioteca, tenían un pasado del que recuperarse. Había también algunos afrancesados, gente inteligente sin duda, con la que estamos en deuda.

Lo cierto es que la cosa estaba mal. Se salía de un montón de amargos años de oscurantismo, una baja edad media de la mente colectiva. Tenían un profeta marimandón, una especie de general del ejército intergaláctico de tierra, que se había limpiado el culo con todos sus papeles, y con un par de ideas acerca de cómo vestir a la cultura con bigotes y galones y algunas convenciones escolásticas hechas a capela con la Iglesia y los hermanos de la fraternidad. Aquello debió haber sido desalentador... no los culpo. Pero al final se murió de una muerte incómoda, algo así como lo de aquél obeso hijo de puta en Dunne, con granos y pústulas y problemas respiratorios.... Y los libros empezaron a escribirse, pero la cosa tampoco funcionó.

Yo estaba en Londres y casi no me enteré. Nada fancy, no se vayan a creer, el Politécnico y poco más, pero la verdad no leía nada que viniese en vernáculas, excepto un poco de Umbral, Haro Teclen, Ferrater... Leía a los ingleses y a los gavachos, como debe ser, y me daba el lote de Cadbury Fruit & Nut y tostadas con mermelada. Y cuando volvía esporádicamente a tierra santa para hacer acopio de embutidos y pan de trigo, puro pan medieval, y darme un paseo de vértigo por la aldea en plan trabajo de campo, mirando aquí y allá a los indígenas absortos en sus quehaceres cotidianos y sus cosillas ideológicas socialistas y escucharlos vociferar, y como iba diciendo, cuando volvía tenía a Cardín... excesivo, extrahordinario, iconoclasta, amigo de Copi, más listo que Sollers o el mismísimo Debord, era para mi como el oásis de Jarga en el desierto Líbico. Luego pillaba un Monarch a Stanset y vuelta a casa satisfecho, a mi coqueto rinconcito isabelino en Connaught Square. W2.

Pero con el tiempo la aldea cambió, y yo seguí sin leer nada en vernácula, corrijo, una vez leí unos versos escritos en un grano de arroz. Cambió y se hizo con una cultura local, o algo parecido. Y ahora yo quiero hacer un poco de crítica, si me permiten, pero sin referirme a los trabajos en sí mismos, que apenas conozco, un nuevo género a lo Nicholson Baker. Algo poofy es cierto, vanguardista como se decía antes, basado en lo que el crítico más o menos cree recordar, nada diferente de lo que siempre se ha hecho. Es importante acercarse con la actitud correcta, no quiero tener nada que ver con los síntomas habituales de resentimiento ante la posibilidad de tener que alternar sobre la página con los melones y subalternos que circulan impúdicamente por aquí con derecho de prebenda y pernada sobre las doncellas que hacen punto de bolillo con sus trabajos de tesis. Hay que ser indulgente y abrir una perspectiva sin prejuicios ni herejías contra el status de escritor idiosincrático, algo que los escritores indígenas y sus amigos editores apenas toleran. Uno tiene que ser duro como un pastor reformista con aquello de la autoindulgencia, y no permitir que entre todos hagamos pedazos las terminaciones nerviosas de nuestra cultura local.

Hay que encontrar un techo primero y recién entonces sentarse a escribir, por consideración a los demás, por aquél empeño, que observamos a veces en otros, de satisfacer en ocasiones, y en otras superar standards. Y llegado el caso hay que saber renunciar y dedicarse a otra cosa, a hacer embutidos, a las conservas de pescado, a la política, o cualquier otra perversión que no atente contra el buen sentido común de nuestros paisanos. Y llegado el caso, perderle el miedo a los grandullones que llevan años pegando la hebra sin darnos tregua, obsequiándonos con sus mierdecillas de todo a cien en nombre de la literatura universal y ni una sola pièce de rèsistance. Perderle el miedo a esos chulos de patio de recreo aunque nos sacudan un poco luego, aunque nos condenemos para siempre a una vida sin pena ni gloria en el libro de los escritores proscriptos.

Hay media docena de chicos y chicas haciendo bolos en la aldea, pequeños cabrones y algunas damiselas torturándonos con su trabajos de bachillerato. Escritores a tiempo parcial, gente que monta primero estudios en los áticos de sus adosados y exprimen hasta la última gota sus cerebros de mantequilla para pergeñar luego con notables esfuerzos su propia versión de la guerra de Troya, o su Espronceda personal, o su Historia Interminable, o su propio Ellroy, o sus infinitas gamas de Borges para usar y tirar. Gente inteligente que conoce las leyes de los advervios y los usos de dativos y acusativos, pero que le han dado al asunto un toque escénico y un poco de diálogo para poder vender los derechos cinematográficos. Veámos.

Hay un grupo de punks que se pelan los mocos mientras escriben, que lo hacen como si pegasen posters en las paredes de sus habitaciones, que han ido antes al peluquero, no a cualquier peluquero, ya saben, a los filopeluqueros del barrio. Tienen libros delgados como papel de fumar, y me refiero a la cosa textual, a un problema de densidad, sus libros son como modas en gris y negro, textiles mediocres y brillantes que van estupendamente bien con un rubio ceniza o un negro azabache. No está mal, no pasa nada, se lo hacen los fines de semana, unas pocas rayas, más falopa… y todo les chupa un huevo, sí señor, a los otros chicos les encanta, y a los editores les encanta, venden bien, y les permite sentirse como sus padres putativos, hacérselo incluso con algún conejito fresco, un buen revolcón, y lo más importante saltarse su decálogo O y G (Ortega y Gasset), por ejemplo, de cómo escribir un librito para toda la familia y que al final termine entrando ganador en el canon, en las listas del mismísimo Bloom. Los punks entran en el juego, el conjuro está hecho y la cosa cultural en la aldea empieza a funcionar… jóvenes escritores que no escriben, para jóvenes lectores que no leen, todo aderezado por ancianos editores que no editan, únicos responsables de que las cosas estén como están y en la aldea se hayan olvidado las tradiciones antropológicas, de la literatura hecha por hombres y no por juntas de accionistas. Y peor que eso aún, los punks en la aldea no son como Ben Elton o Irvine Welsh, u homosapiens como Leavitt, o rayados hiperactivos, hijos precoces de la super pasta en Century City como Easton Ellis, o tipos que escriben desde el paraíso como Coupland. No, nuestros punks son buenos chicos, chicos de buenas familias burguesas, con libretas de ahorro, que circulan por los bordes del imperio haciendo su folklore metidos en la twilight zone de la red o del pensamiento por edades…y la literatura , bueno… la literatura se las suda.

Hay otro grupo de maduritos, que nacieron en la edad del bronce de la aldea, los hijos de la transición, una generación perdida de klingons, una mezcla rara de nuevas tecnologías y los fluídos del dictador. Buena gente también, con sus lecturas hechas y estudios en el extranjero, o sin ellos, qué más da, pero con cara de circunstancia y todos prematuramente envejecidos. Esos tipos controlan, para ellos la literatura es algo serio, como un sacerdocio, una revelación maravillosa, un destino como decía Borges, pero insoportablemente aburridos. Se han comprado todos los cupones y han ganado todos los premios, son los más afortunados del planeta literario, entran y salen de la Academia como si estuviesen en su casa, y figuran en todos los consejos editoriales. Son los niños mimados de la modernidad cultural, los primerizos, nacidos en los sesenta, cuando el mundo entero estaba a punto de explotar, puerilizarse, pero con buena onda, pantalones de campaña, revoluciones estudiantiles, poses estructuralistas y todo eso…. cuando aquí se vivía una especie de otoño albanés del pensamiento y hordas de turistas hambrientos de sol y tragos baratos rompían el rudimentario equilibrio nacional. No son lo que se dice malos escritores, sino exactamente lo contrario, y ese es el problema. Hacen una literatura correcta y seria que no defrauda ninguna expectativa, y la Academia está contenta viendo el uso normativo que se da a los oximorones y palimpestos, sin amenazas ni transgresiones. Y los lectores son reafirmados en sus percepciones habituales, y en aquello de que la literatura es siempre lo que se espera de ella. Siento un gran respeto por estos escritores, están en el mismo barco pero algo no funciona, les falta tono, una mirada personal quizás, asumir riesgos, algo único y singular de fuerza seis que los exima de su obediencia. Pueden hablar de chochos o de lo que quieran, pero aquello sigue oliendo al guiso de patatas de sus madres.

Y hay un grupo de veteranos, tipos de sienes plateadas, que han escrito más que Dickens y Trollope, con deadlines y sin ellas, serialmente, secuencialmente, mercenariamente… da lo mismo, tipos enrollados, encerrados en los impulsos asesinos de su vocación literaria, tipos que molan, no se sabe bien porqué, pero que molan mazo, como nunca diría Jankelevitch, sutiles, extranjerizantes, como si hubiesen tenido sus propios tutores ingleses o franceses, a los que les toca la dura tarea de representar un pais, o varios, mal que les pese.

Y existe también un grupo de acólitos del boom económico, un grupo de inclasificables que escriben desde soportes varios, desde el mundo de la televisión, en poltronas, o desde la prensa amarilla, o desde sus matrimonios de conveniencia… Cualquier plataforma es válida siempre que se gestione: el trullo, un club de fútbol, sólo se necesita un poco de marketing y el asunto se pone a la venta. La literatura para estos letales fagocitarios es del mismo color que la mierda en sus calzoncillos y bragas, una literatura parecida a un problema de alcoba (¿recuerdan a los higienistas del diecinueve y a los "detritus gaseosos familiares"?) Se tiran miles de ejemplares que todos compran pero que nadie lee, lo que viene a ser perfectamente coherente con el hecho de que nunca han sido realmente escritos, es decir, de acuerdo con las verdaderas reglas del juego, sino que han sido simplemente apañados en un momento de sobreexcitación literaria y con la ayuda inestimable de la última gramática fósil y algún amigo periodista. Los políticos también entran en esta categoría, los tipos menos carismáticos, más aburridos y grises y binarios de la aldea, vendiéndole a la gleba a la que ya no le interesa nada, sus globos políticos de siempre y por si eso fuera poco, sus mierdas personales y memorias históricas. Libros que son como una patada en los riñones para los desgraciadaos que vivimos nuestra realidad social antes de las noticias de las nueve. Cabrones que no escriben, ni siquiera hablan, sino que apenas repiten un argot de cuarta que apesta a ciento y miles de crímenes políticos no confesados.

Y hay otro grupo, los últimos escritores generacionales, aferrados a su inofensiva magia simpática, repitiendo sus viejos trucos y esperando que les llegue la hora. Buena gente también, ancianos que no le hacen daño a nadie, mucha copla, ya saben, y nada funky…no George Clinton, nada de "free your mind and your ass will follow." Pero qué importa, sus nietos harán el trabajo, como decía Malraux: "a la maîtrise, l'enfant substitue le miracle…"

Y por encima de todos AC, el único a la altura de las circustancias, de quien apenas se guarda recuerdo, con la excepción quizás de algunas capillas universitarias. Muerto prematuramente, última víctima de una inquisición sutil, tejida entre casi todos, los que no le querían y los que le querían, sus colegas, homos y héteros, intelectuales del establishmente y periodistas. Brilló fugazmente, en sus revistas y codex de prensa, y en sus libros, luchó contra todos, contra nuestros males endémicos, contra el comité del CSIC (a cuya Biblioteca le fue prohibida la entrada por razones estatutarias), contra moros y cristianos, contra judíos, contra el psicoanalismo de bote que invadía por aquellos tiempos nuestra orilla izquierda en Barcelona, y tradujo, mejor que nadie, mejoró a sus autores (la única razón de ser de la traducción), a Fenton, a Barley, a Malinowski...y luego murió de una auténtica muerte literaria casi anticipada en su insostenible narrativa, a ratos desquiciada y apocalíptica y formalmente perfecta y consciente de su futilidad y de que escribir sólo tiene sentido si algo estalla en cada línea, y que lo que importa son los usos hostiles, los microeventos culturales (a docena por página), los ritmos nuevos y los nuevos materiales. Escribir con AC era una fiesta iconoclasta atiborrada de inteligencia... pero el renacimiento no duró nada. Y después de muerto volvieron a matarlo, como es de rigor entre nuestros sepultureros del "cementerio cultural español", mediática y culturalmente (salvo una primera edición de su tesis). Tampoco sus herederos intelectuales han hecho mucho en materia de reconocimiento. Ya lo sé, me lo van a decir ustedes: no se le entendía, era como si el español no fuese su primera lengua, demasiado posh o afrancesado, según le diese, no hablaba ni escribía como la gente decente, no hablaba como nadie, dirán ustedes, de no haber muerto en la cama debería haber muerto en la hoguera...algo así habrían dicho, de haber dicho algo. Pero no, no se dijo nada, lo mejor, casi lo único que tuvimos, pero no matamos ni un jodido cerdo, pocos hicieron incluso algún esfuerzo por entenderlo, preferimos a nuestros paletos ilustrados de siempre, nuestras Spice Girls de los fondos culturales, a los mediocres ordenanzas intelectuales y a los profes de instituto. Vimos brillar el genio una sóla vez y fuimos y le dimos con el hueso de jamón, preferimos seguir perdidos en el ciberespacio europeo como una horda de cazadores del pleistoceno, ¿del pleistoceno?, qué más da...ustedes ya entienden.

Y hay otro grupo, y este es mi homenaje póstumo a Peter Everetts (y a mi mismo), un siniestro grupo que sólo mencionarlo hace chirriar los dientes, santones estoicos metidos en un barril de mierda toda su vida, mi homenaje a los escritores desconocidos, veinte, treinta años de hacérselo a solas, sin reconocimiento, sin un solo comprimido de vanidad, sin que entrase una brizna de oxígeno en ese único agujerito por el que todos los escritores respiran. Como se dijo de Everetts, se necesita mucha paciencia, arrogancia y dureza mental para eso. Yo agregaría que se necesita ser un poco estúpido, un poco mamón, otro insólito y anacrónico paleto, una anticualla en materia de comunicación, un auténtico pollo de granja en cuestiones de autopromoción, haciéndose a solas sus pajas mentales, como si estuviesen en el país de los pringados, en donde no pasa nada. Da igual que se hubiesen dedicado al budismo en Dharamsala o se hubiesen hecho santones en Benarés, que se hubiesen quedado parados en un solo pie durante todos esos años, o se hubiesen dejado dejado crecer las uñas de las manos. En cuanto a su trabajo, inspirado, versátil y toda la pesca… no existe, quizás puedan meterlo en la red ahora, pero da igual, la red tampoco existe, nadie sabe todavía como hacer publicidad para los nuevos media clients. Han estado escribiendo al pedo todos estos años, pasto de gusanos, mandando e.mails a un enorme universo de cristal líquido, impecablemente iluminado y diseñado, en el que nadie escucha. La literatura se vende y se compra, el resto es Puff Daddy, y en la red todo está por hacerse.

Bien. Ahora uno se pregunta cómo se puede criticar lo que ni siquiera se ha leído, cómo se puede poner a caldo toda la cultura de la adea, así a vuela pluma, irresponsablemente, como si uno fuese el mismísimo Ahmed Ressam o cualquiera de esos líderes terroristas supermillonarios. Se trata de una fábula moral con un par de aleccionantes mensajes en cola. O uno es una especie de pedófilo cautivante como aquél Laverack (Keith) en Cambridgeshire abusando ingeniosamente de precoces geniecillos perturbados puestos al alcance de sus manos por las instituciones, y estos niños no son otros que los intelectuales responsables de nuestra cultura local; o uno se comporta igual que si fuese un preso peligroso, un depredador low profile que se alimenta con los trozos de materia que arranca a dentelladas de sus víctimas a las que nunca mata, un resentido, un cabrón que tendría que andar por ahí con bozal.

Cómo diantres se puede ojear un libro en el water y hacer luego la crítica para los suplementos dominicales o para el diccionario Rio-duro o Porto-Bompiani. Por supuesto hay una doble moral y dos respuestas: por un lado, así se hace y así se ha venido haciendo desde la noche de los tiempos, pero no se lo digas a nadie, es confidencial, son los pases secretos del libro de conjuros, y hay un entente con los poderes furtivos para eso, no es necesario saber nada , es suficiente estar allí, en el lugar adecuado y en el momento adecuado, pinchar bien y basta, a quién le importa lo que se dice… es el graffiti del escocés (el medio es el mensaje) que siempre ha ido y va …it goes corporate; por otro, se trata de un estilo propio, ya saben, y lo comparto con otros estilos salvajes, un nuevo género literario, la mezcla justa de cinismo, brutalidad y desahogo, una nueva moral para las clases proletarias de una época apocalíptica y festiva en donde hasta la mierda viene empaquetada. Un nuevo género literario para tipos ignorantes que tienen ganas de hablar y marcarse sus rollos, se lo han ganado, es la pálida sombra de su restringidísimo derecho al desencanto. Un género estupendo donde los haya. En su mundo gobernado por Telefónica o quien sea, no hay otra salida, la literatura como el graffiti es ilegal y sólo queda sino hurgar en los rincones que les dejan. Un nuevo género a lo Homer Simpson ¡salve¡, el primer intelectual, secreto, oscuro, pero deshinibido y exactamente igual a si mismo.

En esta acogedora y cordial biblioteca de provincias en la que ocasionalmente escribo, un sujeto de mediana edad se tira pedos libremente mientras hojea números atrasados de un periódico local. Los pedos son inholoros, lo que es siempre de agradecer. Yo los escucho y pienso que es algo cultural, mucho mejor que esos estrechos que retienen sus gases sentados en los sillones institucionales gestionando nuestros impulsos como si se tratase de una jodida empresa contaminante. Y pienso que el genio también se atrinchera en Springfield, en un detached clase media baja, y que tiene que ver con el entente genial en el interior de una familia polimorfa, tierna y anti-establishment, más subversiva y seductora que todos los buenos intelectuales de la aldea.

psicoturismo

Hay quien dice que se viaja para dejarse atrás a uno mismo, y que para hacerlo hay que mostrar por lo menos un cierto disgusto por el país del que se procede. Es así como se han construído los grandes imperios. En caso contrario, es decir, de prebaricación sentimental nacionalista y nostalgia, el viaje termina resultando estéril y decepcionante, y en ocasiones sencillamente absurdo.

He viajado mucho con mis paisanos, hemos construído pequeños (y grandes) grupos y nos hemos lanzado en aventuras aberrantes y tímidamente desquiciadas, como los bárbaros sobre las galias, o los turcos sobre europa oriental, precipitados y arrogantes, pero sin nada de su valor descabellado. He viajado en grupo, en grupos inestables, en enormes catervas de ibéricos abruptos, y he descubierto que el turismo de masas es una experiencia mental insólita, una aventura al borde del sentido común, y una manera absurda de reafirmarse idiosincráticamente y consolidar nuestras más pobres aspiraciones. He llamado a esto psicoturismo y ahora quiero rescatar un poco de su genelogía y relevar sus rasgos funcionales, y algunos de sus atributos, si los tuviese.

Y no sólo he viajado con ellos, mil, dos mil individuos, como el desembarco en Normandía, como el éxodo de un planeta amenazado, sino que los he liderado, sutíl y férreamente, igual que un general romano. Confieso que he vivido en sus cepas interiores, alimentándome en su abundancia, en su cálido interior orgánico, inmerso en la estructura de mando y experimentando la inesperada vulnerabilidad que proporciona. Y he llegado a la conclusión de que la humanidad, cada vez más, adora la masificación, la globalización de las expectativas y la sensación de formar parte de un organismo pluridimensional, compacto y amenazante, que avanza como un ejército de prototipos sobre la superficie de la tierra. El individualismo queda para los demás, para los excéntricos, intelectuales y comemierda, las masas detestan la fagilidad y la exposición, son una panda de insectos, quieren el anonimato, las direcciones electrónicas, quieren formar parte de una nueva fuerza global aplastante y clonarse con sus coleguillas del globo. He descubierto que viajar en grandes grupos forma parte de la mecánica cuántica, de la física de los planetas, y que en nuestro caliente nicho gnoseológico ha nacido un deseo por la uniformidad, el poder de la comunicación y la aniquilación total de las particularidades.

Un grupo en marcha es una agresión permanente sobre el medio y la naturaleza de las cosas, sobre los nativos que son vorazmente depredados, serial y repetitivamente, y una especie de viento huracanado sobre el orden sensible de las cosas. Nada queda en su lugar después de que esta violenta fuerza de la naturaleza haya pasado: ni la frágil personalidad de nuestros anfitriones expuestos a la indiscreción y al cliché viajero, al abordaje psicológico y a esa infame prodigalidad de los falsos sentimientos afectuosos y paternalistas; ni su orden social ajustado a las necesidades inmediatas de los invasores para conseguir una rápida movilización de los beneficios en interés propio; ni el lugar de los objetos de su inteligencia: las cosas de su pasado, sus items culturales; no queda en pie ni el orden moral, que entra en el circuito rápido del dinero y la generación de riqueza, ni el equilibrio personal, ni la desectructurada estabilidad de la pareja... toda queda expuesto a la comedia del encuentro exótico y la falsa empatía del turista.

Las culturas pobres e inhibidas son las primeras en caer, por sus anhelos ingenuos y el deseo urgente de contemporizar con la esperanza de modificar su situación, y esa mezcla de deseos ambivalentes que nos ha unido tradicionalmente al colonizador. La culturas más mediatizadas y en proceso de asimilación son mucho más resistentes, pasan del turista como del cura o del vecino latoso, aleccionador, catequizante, insidioso promotor de las propias grandezas nacionales, el grano en el culo de esa engorrosa hospitalidad con el extranjero. Pontificantes y discursivos y moralizantes y más aburridos que el sermón de la montaña, los turistas son como una plaga de insectos en los tibios atardeceres de los países emergentes. Y hay culturas sólidas y agresivas que no permiten ninguna penetración, más aún, que producen el efecto contrario, cero permeabilidad contra el efecto perverso del aletargamiento y la estupidez de nuestros viajeros en masa. Culturas fuertes que provocan en el grupo la susceptibilidad y el desconcierto, y que se resisten a ser asimiladas trivialmente, más aún, que agreden a los visitantes con los bordes afilados de sus estereotipos y una clarísima actitud de desprecio hacia el provincialismo inherente a la nueva cultura del viaje organizado y al *patois* ingenuo en el que intentan comunicarse.

La actitud de nuestros grupos salvajes es manifiestamente diferente según se encuentren en uno u otro lugar. En la Habana, en Méjico, en La Paz... exhiben un comportamiento caduco, entre doctrinario y violento, una cosa entre los curas imperialistas y las tropas de Cortés. Hoy se hacen leasings del patrimonio histórico que sirvan para los usos turísticos, y una encomienda perversa que contrata a los nativos para el servicio y la sexualidad legalizada o eventualmente el matrimonio en los lejanos territorios de la corona. De rasgos inocentes e infantiles -los grupos ignoran la versatibilidad que se espera de un auténtico invasor-, esta conducta, un poco inoportuna, nos pone fuera de contexto y nos empuja a la torpeza de un neocolonialismo anticuado y lleno de despropósitos en una época en donde los poderosos globalizan o simplemente compran. Ya nadie viaja para colonizar, y mucho menos promocionan los valores exportables de la cabeza del imperio. Es solo cuestión de tiempo para que los indígenas del planeta reivindiquen los derechos de propiedad sobre sus parcelas; es solo cuestión de tiempo para que los ciudadanos del mundo rico no abandonen ni siquiera por vacaciones la seguridad de sus casitas suburbanas. Cuando nuestros paisanos aglutinados en grupos ideológicamente compactos, actúan igual que sus antepasados, igual que las pandillas de paletos reclutados en las naves de la conquista, están cometiendo un error histórico imperdonable: la expansión, la violación del domicilio simbólico, y dando prueba del mal gusto consuetudinario que existe en casa.

En Cuba, una pequeña nación desestructurada, sumida en la farsa de una vieja fantasía ideológica, los españoles llegan erguidos sobre las monturas de sus capitales inmobiliarios y construyen hoteles más o menos cutres y desclasificados, mientras educan a la inteligencia local en el ABC del capitalismo simpático que lleva nuestra trade mark, mientras a fondo perdido se les paternaliza, se les aburre, y se les prostituye familiarmente, mientras ellos perplejos e indignados, bien educados en el cinismo y la praxis del materialismo histórico, se preguntan por qué cojones les habrá tocado en suerte estos colonos folklóricos y mal encarados, y no los ingleses, por ejemplo, que hubiesen convertido todos sus objetos culturales de los cincuenta en antiquities y rarities para los catálogos de Sothebys.

En Buenos Aires o en Rio, en culturas más contemporáneas con otros valores de cambio, la actitud es otra. Las hordas turísticas abandonan la arrogancia y el prurito imperialista para hacer proselitismo con las causas locales y presumir de una cierta convivencialidad con sus hermanos de allende los mares, mientras escuchan atentamente discursos caleidoscópicos en la mejor tradición de américa latina sobre los fastos de su pasado cultural convenientemente esterilizados por la armada y la marina y los capitales extranjeros, y observan con infinita paciencia los archivos completos de la locuacidad y el savoir faire de sus clases medias. Van y escuchan sus pretensiones neocolonialistas y mala leche y desarreglos chauvinistas, y el lugar privilegiado que por primera vez ocupan en el eje paneuropeo, escuchan sus diatribas contra cierto flagrante europeísmo y su defensa encarnizada de valores más europeístas que los europeos en el subcontinente. En Rio son excluídos y segregados, y se van sin conocer su verdadera cultura tropicalista y más europea que Wittgwenstein, su racismo blando y urbanita, su intelectualidad musical y arquitectónica, y sin conocer la densidad de sus complejos modelos sociales y espacios naturales, se van pensando que la ciudad entera es apenas una calle junto a la arena con morenos que juegan al fútbol como Matisse o Giacometti, y deliciosas putas adolescentes. En Buenos Aires se pierden a las burguesías perversas y sofisticadas, los finos tejidos del patriciado urbano y el ruralismo pretencioso y etoniano de las grandes estancias, y el marvellous bizantinismo del Club de Polo y el Buenos Aires Herald, y se van sin conocer la inteligencia cruel, el witt, las kishkas (tripas) de la burguesía judía sumida en la prepotencia y el barroco cruel de su diáspora latina, calcado del estilo perfeccionado en otras comunidades menos extralímites. Se van sin conocer la dimensión real de su música urbana, ni al hombre verdadero detrás de los mitos literarios, ni el verdadero alcanze de sus pasiones negativas, su inocencia e ingenua corruptibilidad. Y sin conocer la profundidad de los problemas de status, la elaboración de la personalidad y el mundo enredado de las apariencias, sin conocer la gran bulla psicoanalítica, y ni una sóla página de su abultado cuerpo de doctrina... se van pensando que Baires es como Madrid, una ciudad más neoclásica y un poco francesa, con su chusma y barriadas, un poco hortera, un poco monumentalista y aglutinada, pero con un aire equívoco, con gente simpática y sospechosa y completamente alafabetizada y dolarizada, y con mujeres también hermosas pero en estado de histeria colectiva. Se van con una sonrisa, pero dejan a sus perros de la guerra económica comprando los bancos, el teléfono, el agua, el petróleo.... limpiando los huesos de la nación y dejando a un montón de ilusos con apenas sus objetos costumbristas.

En Nueva York y en Berlín, por ejemplo, la cosa cambia. Nadie allí toma en serio a los grupos, se diría incluso que existe una clara aversión y menosprecio por cualquier caso de gregarismo que no sea claramente cultural (gays) o corporativo o etnosincrático. Ningún grupo de palurdos empaquetados en una formación de defensa tiene futuro en el entorno cruel de ciertas ciudades. Nueva York desprecia el voyeurismo organizado o la inmigración transitoria, y entiende que un turista es por definición un residente potencial frustrado, un alien al que se le somete a un contrato forzoso de transitoriedad. Su ciudad, la de los nativos y residentes legales, se construye siempre de adentro hacia fuera, intrísicamente y publicitariamente y monumentalísticamente, y no necesita ninguna reafirmación por la presencia ocasional de otros. El grupo, mortificado por este ambiente hostíl no tiene más remedio que desintegrarse para proteger la escasa trascendencia que la ciudad está dispuesta a permitirle usufructuar. Para conservar un poco de ilusión es imprescindible gastar dinero, en limusinas, en espacios públicos (estadios o museos), en aparatos de seguridad, en sonido, iconos, luces, ... y crear un evento que se haga por derecho propio con un lugar en el espectáculo urbano. En otras circustancias, los grupos turísticos se ven segregados y puestos en evidencia, mientras las puertas se cierran para ellos y sólo se les permite circular por un paisaje comercial y de protocolos turísticos. No hay nada que puedan hacer salvo imponer su presencia en actos de obviedad y torpeza colectiva. El destino del turista en las ciudades poderosas es la subnormalidad y la pérdida de status, y una conducta probablemente delirante y agresiva cuando en el futuro se les provea con un estatuto de inmunidad y armas para su autodefensa. La violencia y el abuso que se ejerce sobre ellos no tardará en desencadenar represalias de diversa naturaleza y posiblemente una neurósis de desplazamiento y otras formas seriales, coléricas o depresivas, de inadaptación.

En fin, el destino del turismo en masa no parece ser gran cosa. Anulado el principio del placer que creíamos podía provenir del intercambio y la diferencia, eliminado el elemento sorpresa de lo exótico y lo primitivo por la homogeinización forzada y voluntaria, y desaparecida la curiosidad cultural, queda una forma enrarecida del turismo que no es autodestructiva como lo era en el diecinueve, por lo menos en los casos en que el viajero adquiría un compromiso existencial extremo, ni peligrosa, en tanto no representa amenaza alguna aparte de funcionar como vehículo de clichés transculturales y de propagar ciertos hábitos universales, sino sencillamente aburrida y decepcionante para los que ocasionalmente nos vemos sometidos a éste simpático a veces, agresivo otras, expolio de nuestras peculiaridades.

Psicoturismo para un triste futuro de intrascendentes y neurotizantes relaciones personales, en donde aquél romántico encuentro entre nativos y viajeros se habrá de producir sólo en el terreno de formas sociales abruptas y nerviosas o simplemente estúpidas, de nuestra vida cotidiana.

Entre los psicoturistas, aglutinados por unidades, sectorial o profesionalmente, existen rasgos de comportamiento que se repiten, no importa dónde vayan, siempre parecen sorprenderse de que fuera de casa (de su provincia) exista vida racional. No se pone en duda la presencia física o fenomenológica del extranjero, sino el hecho de que éste sea capaz de gestionar un pensamiento y una conducta coherentes diferentes a las que observan en sus registros locales. Resulta difícil que estos organismos simples egocéntricos y unidimensionales que componen el grupo otorgen alguna credibilidad a comportamientos que ellos consideran extravagantes. Es imposible tomar en serio digamos la poliandria, las ablaciones genitales, los lenguajes formales en Japón o Bali, la familia polinesia, las castas, las culturas menonitas en Paraguay, el liberalismo holandés, el té inglés… todos somos más o menos totalitarios de nuestras ideologías de entre casa y vemos a los demás como pequeñas culturas andróginas de supervivencia o en tránsito hacia un estado natural de cosas parecido al nuestro. El psicoturista, según la clave de interpretación elegida, pasa de la desaprobación simple o la incredulidad, a un sentimiento paternalista de aceptación tolerante y subestimación igual de dañino para las culturas locales. Lo único que podría salvarnos es un viaje distendido por el mundo complejo y múltiple del conocimiento local, y un esfuerzo mínimo de erudición, y si no tenemos tiempo para eso, deberíamos ejercitar al menos nuestra capacidad de observación discreta. Aprender de los demás es la magia simpática del viaje, cualquier actitud en contra nos convierte en viajeros paranoicos e inmóviles, o estúpidos en el mejor de los casos.

Como psicoturistas la mayoría de las veces somos incapaces de proyectar ningún interés o credibilidad, y muy a menudo, carentes de identidad o cualquier profundidad personal, nos convertimos en parias universales, en tipos desheredados que vagan por ahí comprando sus derechos de ocupación temporal con divisas fuertes y exhibiendo los misteriosos papeles de una ciudadanía imaginaria. Habitantes de paises de coña, tópicos y arquetípicos, los psicoturistas vagan por la tierra baldía como absurdos exploradores o Quijotes o cruzados, o invasores en hordas bárbaras… sin elegancia alguna, refractarios, y lo que es peor aún, representantes de nada. No hay quien represente un país, todos nos hacemos ligeros y predecibles e improvisamos una charada, un bestiario en sentido literal de las virtudes y vanalidades que creemos más o menos universales. Vamos por ahí vagando desorientados como si fuesemos parias universales repitiendo una cantinela sobre la presunta versatilidad de los principios globales y el hermanamiento universal, cuando por debajo de nuestros harapos Nike de intinerantes lo que de verdad se oculta es la desconfianza, la dureza y suspicacia del routard medieval. Si viajar se ha de convertir en algo endémico, agotados los temas y las narrativas ya no habrá lugares adonde ir, y unos y otros se convertirán en plagios de otros y de si mismos, y ningún viaje justificará el coste moral del desplazamiento. Necesitamos nueva sangre y poner a funcionar de manera urgente la aventura de etnologizar de una vez por todas nuestras apreciaciones.

El psicoturista hace las veces de *passe partout* que enmarca los fragmentos de diversas realidades. Es ese continuo vanal sobre el que resaltar la vehemencia de lo que hoy ocurre en todas partes. La realidad, globalizada o no, se precipita sobre nosotros con varios millones de metros cúbicos de imaginario sin darnos tiempo para un respiro. Repetitiva, creativa o descabellada, es tan abundante que apenas hay tiempo para hacer de ella alguna representación. Se necesita hoy una singular capacidad intelectual para viajar, a no ser que uno decida hacer la psicopatología cotidiana del voyeur y convertirse en asesino sistemático de los lugares por los que viaja.

Todavía estamos por definir si el psicoturista -como el artista- se encuentra a gusto en el desastre y saca de él, como diría John Berryman`s, algún tipo de madurez. El desastre, en esta época cínica y coyuntural, es el mayor acicate creativo, y estamos convencidos que el viajero moderno se pondrá irremisiblemente del lado más seguro. El desastre para los otros, nosotros somos como corresponsales de guerra…sin gin fizz ni Hollydays Inns… necesitamos inmunidad autobiográfica.

¿Merece ésto alguna reprobación? Acaso no le ocurre lo mismo a los misioneros seglares, a los observadores internacionales, a los cascos azules... es imprescindible sobrevivir, salir de una pieza, sin un rasguño, para formar parte de esa corriente de la conciencia pública a la que nunca le sucede nada, y constituye la parte estable -las postales- de la sociedad, y dar luego testimonio, como se decía antes, news room, como se dice ahora. O quizás no, y por el contrario el psicoturista quiera un poco de esa mierda para sí mismo, ya saben, correr el queso y romperse la crisma en Coopers Hill, Gloucestershire, o delante del toro en Pamplona, embarrarse o entomatarse, hacer penitencia en Lourdes o pasar el solsticio de verano practicando cultos paganos en Stonehenge, o sufrir ligeras amputaciones sin consecuencias en Freetown, en Sierra Leona, o poner a prueba sus habilidades de supervivencia en los campos de refugiados en el Zaire o en alguna isla desierta... un poco del sufrimiento colectivo, histórico o vanal o festivo, da lo mismo, para disfrute de nuestras terminaciones nerviosas más sociales. Algo así. La cuestión es saber si el dolor forma o no parte del viaje, y si en el futuro éste habrá de pasar por nuestro cuerpo como una especie de *object trouvé*... a saber.

Los grandes grupos turísticos también colonizan, de una manera si se quiere blanda y deceptiva, pero también lo hacen. No se trata de nada arquetípico, nada sacado de los moldes del expansionismo español de la conquista, ni de la asimilación brutal de los pueblos exóticos por parte de las instituciones de ultramar, ni de nada demasiado cultural o militarista, como los ingleses en la India, sino de un intrusismo generalizado, acompañado por fórmulas de comunicación para uso práctico en territorios desconocidos y diferentes criptografías personales que cada turista individual se siente con derecho a introducir. El resultado es doblemente engañoso: para el turista, que a su calidad de intruso agrega un saber inesperado de sociólogo, jurisconsulto, humanista y experto en relaciones internacionales, y se dedica con demasiada frecuencia a la conocida práctica de turipaternalismo, una manera poca elaborada y ociosa de orientar a los nativos sobre la manera correcta de desarrollar sus potenciales y convertirse en una nación próspera y neocolonizadora como la de ellos mismos; y para el nativo, que perfectamente incrédulo e iconoclasta se dedica, una de dos, a rentabilizar la presencia de éstos, vendiéndoles souvenirs que funcionan un poco como los viejos beatos, añadiendo comentarios ilustrados a sus propias criptografías, o simplemente riéndose de ellos (como los jarawas cuando orinan en los pies o impregnan con leche materna a sus visitantes oficiales indios), una manera estupenda de corregir ambos puntos de vista, siendo que la burla y el desconcierto parecen ser las primeras reacciones que inspiramos en los desconocidos. Lo cierto es que con el tiempo y las sucesivas oleadas turísticas, ambas experiencias se entremezclan creando curiosas culturas portátiles (culturas de port of call que facilmente pueden verse en muchas de las islas del caribe oriental y occidental), técnicas mixtas y sencillas modas culturales para usar y tirar durante cortos períodos convivenciales, y que sirven, de alguna manera, a unos y a otros.

Hoy festejamos (con veinte años de retraso en relación al mundo anglosajón) el boom de la literatura de viajes, escapista o trascendentalista o abolicionista (del turismo)... da igual, con publicaciones periódicas, reediciones y traducciones, incluso con media docena de aventureros de nuevo cuño que han abandonado sus scriptorios de la prensa y puestos públicos para dedicarse a refritar a los auténticos viajeros anglosajones. Personalmente lo he hecho en varias ocasiones y ya hace años, pero quisiera pensar que siguiendo la línea peripatética de Cardín, por ejemplo, o la anécdota intelectual, me confieso inocente de cualquier pretensión romántica o documentalista. Festejamos entonces el boom de cierta tímida y leguleya literatura de viajes hecha en casa con un poco de retraso, vale, lo que no sería después de todo tan condenable.

Nos ha pasado lo mismo con el vorticismo, el realismo mágico, la poesía narrativa, la novela histórica, la mochila…. Lo peor es que lo hacemos en un momento en el cual no solo no se lleva la literatura de viajes, sino en el que el viaje mismo declina. Las modas ambientalistas actuales desaconsejan no solo la asimilación o la realocación, sino el simple contacto (www.survival-international.org). Deberíamos quedarnos en casa con nuestra locura cotidiana martirizando a los miembros del grupo familiar, a los vecinos y compañeros de oficina, antes que ir por ahí contaminando a las culturas anfitrionas, civilizándolas como suele decirse, despojándolas de sus tierras, encerrándolas en breeding centres o importándolas para el consumo. En el futuro quizás se necesite una licencia etnográfica para viajar, un permiso expedido por las autoridades académicas correspondientes en el que se acredite nuestra capacitación para el contacto con otros seres humanos.

Y por si ésto fuera poco, estamos reinventando la literatura de viajes con un vigoroso retraso para armar bibliográficamente a nuestros novísimos viajeros obreros y nuevos ricos en sus frescas y masificadas aventuras transatlánticas, que también estamos reiventando. Inventamos el turista moderno cuando por ahí prefieren la transmigración y el asentamiento, o en un plano más teórico, la educación y el mestizaje.

No cabe duda de que turistas (y viajeros) sigue habiéndolos, y están por todas partes, de Sudán a las bases atlánticas (se cultiva ahora una especie de interés arqueológico flamboyante), pero algo pasa con ellos. Algo raro. ¿Los han mirado a la cara?, ese gesto de inquietud, el ceño fruncido, la contracción del labio superior y las fosas nasales, sus declinaciones, su esteatopigia (acumulación de grasa en las nalgas), sus paseos lentos y amenazantes como si se tratase de intelectuales descontructivistas o autoridades en culturas universales, como si fueran los epidemiólogos totales paseando con sus culos apretados por los grandes basureros turísticos del planeta. ¿Los han visto regocijarse e indignarse (una opción moral moral de doble registro ideada para endosar alguna legitimidad al hecho de estar en el lugar adonde no se les llama), inmiscuirse en nuestros ritos funerarios, o propagarse, dispersarse como si fueran una patrulla de asalto? ¿Los han visto desfallecer junto a monumentos arquitectónicos y grupos esculturales, frente a jarras de cerveza y carísimos capuccinos y café lattes, y hacerse irrelevantes por minutos en una pesada agonía de absoluta incompatibilidad con el entorno?

He viajado durante más de treinta años. No he pasado en casa más de treinta días seguidos. En realidad, no tengo una casa propiamente dicha, apenas un decorado. Y probablemente nunca deje de hacerlo. Pero es hoy cuando me planteo la urgencia de modificar los modelos de aproximación, al mismo tiempo que percibo una descontracción y los primeros síntomas de una larga exposición a los estímulos más sutiles que se dan entre los viajeros. No se ha acabado el viaje, ha comenzado una época de mayor sensibilidad y alternancia. Se trata de desdramatizarlo, quitarle exotismo para entender sus particularidades y diferencias asimilables, y aprender -como diría un Geertziano- de cierta availability, y al mismo tiempo hacernos un poco más quietistas, más melancólicos y cerebrales, más étnicos e idiosincráticos que nadie, los mejores talibanes o pascuenses o japoneses que algunos jamás habrán de conocer.

Ese es todo el asunto. Nada importante, ni trascendente, ni chauvinista, nada aburrido a lo Reverte, ni snob y pretencioso a lo Chatwin, y nada español consuetudinario con gorguera y gregüescos a lo Diaz del Castillo, ni nada demasiado progre o funky a lo Lonely Planet, ni nada docu a lo Michael Palin, sino más bien todo lo contrario: viajar para aprender a vivir, para ganar conocimiento sustancial y dejar de formar parte de esas brutales y desmoralizadoras hermandades bárbaras que deambulan por ahí dando caza a sus trofeos turísticos, o dejar de una vez por todas de ser minimalistas, tímidos y azorados ante el gran espectáculo de lo desconocido.

Imagino un tiempo no muy lejano de arts and crafts contra procesos industriales, del producto artesanal reivindicado contra los métodos de producción en masa del objeto de viaje, y al turismo como una ciencia auxiliar del humanismo. Y que viajar sea bueno para la salud y no se le utilice para escapar de uno mismo y para la propagación de taras personales, y que siga siendo una experiencia compartida y no se le convierta en una técnica artística para necios o un privilegio de clase, o un lenguaje hermético para iniciados, o un símbolo de nobleza, que no seámos ni comemillas, ni depredators, ni *maiestas domini*, ya saben, tipos que van por ahí bendiciendo con la derecha y con el libro de la vida en la izquierda, y que podamos decir, como Larkin: "I wouldn't mind seeing China if I could come back the same day."

TERCERA PARTE

Low Life
(Cultural trends and basics of cultural discourse in contemporary Europe)

Espacios incoherentes y relaciones culturales cruzadas

Imaginen una enorme comunidad de más de 370 millones repartidos en una veintena o más de micropaíses históricamente y culturalmente complejos, endeudados con fuertes tradiciones idiosincráticas divergentes, y en diferentes momentos de su desarrollo social y económico, y traten de hacer algo de provecho con eso.

¿Hacer qué? Una fábula etnológica, quizás, la fantasía de una super comunidad imposible que existe solo dentro de los macroespacios legales, densos en todo lo que se refiere a procesos de asimilación y aculturación, y delicados en materia de soberanías nacionales y toda la nueva etnología de tratados; una comunidad que existiendo solo en el discurso se propone a sí misma no sólo como modelo económico para el dualismo monetarista y bárbaro que actualmente se gestiona, sino como modelo de una, si no absurda, al menos insólita cohesión social. O hacer, por el contrario, no solo un crudo espacio de referentes legales, sino la fábula de una hipersociedad viva, creativa, iconoclasta, desterritorializada, desinhibida e instantánea, una copia clónica de la red, una cultura de frontera entre la estupidez y la demencia social y un europeísmo todavía inexplicable. Utópica y fascinante, esta sociedad está por definirse y necesitamos para ello nuevas herramientas metodológicas, pero mientras, nos conformamos con anticipar algunas tendencias, algunos de sus rasgos de familia, que se situarán del lado bueno o del malo de este proyecto que de alguna manera nadie ha elegido y sin embargo parece imponerse convivencialmente. No hay opciones, los nuevos modelos nos arrastran, son el fruto de poderosas ambiciones colectivas, el fruto de un matrimonio de conveniencia entre lo que tenemos y lo que nos dan. Toda la moda, toda la comunicación, todo el consumo, todos los gadgets… las ofertas están diversificadas y son abundantes, los precios bajan, tenemos todo lo que soñamos, excepto que ya no soñamos. Es cierto, tenemos también un problema de "minorías" inasimilables, otro de distribución del espacio, ya saben, las ciudades están llenas y fuera no hay sino lugares de tránsito, ecológicos o turísticos, y además no somos felices, estamos hechos una mierda, frustrados, desmotivados, abrumados… Pero eso a nadie le importa, el exterminio, por una u otra vía, de minorías inasimilables es un hecho aceptado; la vivienda urbana es una categoría en la teoría social del encierro y protección o un privilegio de casta, y es también un hecho aceptado; y que culturalmente nos morimos de asco, enfermos y desalentados, roídos hasta el hueso por los desórdenes genéticos y afectivos, también lo es.

Y supongo que ésto, para empezar, nos define: lo tenemos todo, lo queremos todo, lo aceptamos todo… Una sociedad fascinante, contraselectiva e indiscriminada allí donde las haya, una supercomunidad desquiciada hecha a medida, segmento a segmento, aunque desde la diversidad y el polimorfismo, del sueño americano que todos conocemos. Buscar algunos de los rasgos que hoy la caracterizan es nuestro objetivo, al tiempo que imaginar un lugar y una gente diferentes, la gran tribu que todavía no hemos encontrado.

Mixing para la tierra de los goodies, o buscando nuevas especies

Si usted pensaba que aquellos cabezas de huevo de los sesenta, Barthes, Foucault, Lacan, Derrida… provocarían *in suo tempore* el cambio epistemológico que algunos estaban buscando, seguro que se ha equivocado. Han dejado a sus chicos bien situados y al resto del mundo pueden ir dándole bien por el culo. No es una manera ortodoxa de expresarlo, de acuerdo, pero es categórica. Ha habido media docena de discretos sismas culturales y otros tantos estilos, pero nada significativo, nada ligeramente epistemológico, es decir, nada que haya sustituído la mierda cotidiana por un auténtico renacer espiritual, ni generado un cambio profundo en las convenciones sociales. Entre otras cosas, porque todos esos genios estaban sobrevalorados (al parecer actuaban como estímulos directos sobre nuestras pretensiones, bancos de esperma para nuestros avariciosos óvulos) y por cuestiones clínicas, y quizás también líbido-financieras. Lo cierto es que hemos tenido que esperar hasta finales de siglo para que la ciencia acudiese en nuestra ayuda. Pero por fin ha llegado, los chicos de la bata blanca, ¿y qué traen en sus carpetas, en ese montón de archivos electrónicos? Bien, traen la respuesta a todos nuestros males.

Tendrán que leer -lo siento- a Houellebecq para entenderlo, para entrar en esta cocina de provincias europea en donde se propone la mezcla de venenos que acabará con todos y asegurará el relevo. Este extraño y peripatético nativo de La Reunión nos propone en su novela el modelo científico para la mutación, y se autoproclama el manipulador genético del futuro comunitario, una especie de Bill Gates de los códigos genéticos y padre de la nueva especie protoeuropea que se vaticina. Eso es. Un solo programa, una sola especie, por fin la duplicidad perfecta y nada de esa basura de los sentimientos, nada de vísceras emocionales, lo dice Michel, cualquier código genético puede ser reescrito de manera standard, estable y sin mutaciones. Portadores todos del mismo código y superada la individualidad podremos comunicarnos sin problemas, seremos compatibles y estaremos unidos por una misteriosa fraternidad biológica. ¡Fantástico! Los chicos de letras ya se están yendo al descarte, obsoletos morirán de enfermedades precisas o víctimas de sus decadentes tribulaciones sexuales… morirán de cáncer, eventualmente, o de amor. O devorados por sus apetitos sexuales o por el síncope traumático de su pérdida de juventud… morirán de una u otra forma, mientras los nuevos vivirán como dioses en un medio inerte. Perfecto. Un paraíso mercadotécnico para los goodies con unas ganas horrorosas de vivir eternamente en una solución de formol.

Houellebecq dice que siempre se ha tratado de eso, no hay cambios mentales sino genéticos, somos una especie con un programa emotivo inestable que nos conduce a la autodestrucción. Los rollos estructuralistas, postmodernistas, psicoanalistas… no han sido más que mínimas formas de vida monocelular, pequeñas sub-especies para guardar en cajas de zapatos, y se han ido al hoyo, y se han llevado todo el pensa-

216

miento con ellos, y las palabras, dejándonos solos y en cohabitación incestuosa con unos cuantos miles de ecuaciones. Es todo lo que hay, ya lo saben, mucha telecomunicación y globalización, todo el dumping social, ninguna emoción verdadera, solo la agonística (una nueva y perversa ciencia de la desaparición)… Estén muy atentos, son los primeros casos, pero "la especie organiza por primera vez las condiciones de su relevo".

Los tipos de más de treinta años (no digamos los cincuagenarios, que con sus pies hundidos en el barro que se los tragará, sólo les queda una despedida en estilo) deberían seguir el ejemplo del delgado y alopécico Michel y ocupar su tiempo en escribir novelas apocalípticas con finales científicos felices, y en someter proyectos, metodológicamente serios, para la inminente construcción teórica del hombre nuevo europeo. Algunos de nosotros, mientras tanto, pillaremos las viseras y las redes, y con aspecto de obesos entomólogos libidinosos (a lo Nabokov) nos dedicaremos a acechar la nueva especie que abandonando su larva se ha convertido en un hermoso, perplejo y ligeramente absurdo lepídoptero.

Nuestra nueva especie carece de credenciales, es todavía un animal furtivo (eso me recuerda a Will Self, que en clave de sátira futurista nos propone una cierta animalidad de la condición humana, una alternativa diferente y mucho más estimulante que el cientifismo de Houellebecq… ¿se imaginan? un planeta europeo de los simios en donde hacer arqueología de nuestros diezmados sitios históricos y el análisis comparativo de las viejas tribus comunitarias), no está ni identificado, ni catalogado, pero se sabe algo de su estereotipo, perfil psicológico y aspecto, el cual, dicho sea de paso, no se parece en nada al de una mariposa. En beneficio del fenotipo centroeuropeo, digamos que nos ha salido marcadamente ario con una tendencia al desplazamiento vertical bípedo, y algo sobredimensionado para la naturaleza presente de sus actividades, ínfimamente dotado para el desplazamiento aéreo, bastante monocromático, y ninguna larva se ha reconocido en su pasado genealógico… aún así, su aspecto podría ser modificado y adaptado a la vista de nuevos sucesos. La mariposa de la metáfora tendría más que ver con ciertos fenotipos mediterráneos de la Europa medieval claramente recesivos. Nada volátil ni pintarrajeado, ya saben, una cosa mucho más sólida y sobria y duradera, un robot de campaña, compacto y brillante como una olla a presión. No, no caerémos una vez más en la trampa escatológica de judíos y homosexuales, griegos a fin de cuentas, de construir inefables y fenomenológicos modelos de relevo. Superada la homosexualidad y la bisexualidad, nos hemos puesto en campaña para conseguir un device, si me permiten la expresión, menos preocupado con la diferencias entre géneros y más afín a las culturas con una clara consistencia en la asignación de roles (Mead). El nuevo hombre europeo será sustancialmente asexuado, al menos en lo que se refiere a diferencias perceptivas, emocionales, cognitivas o de conducta social, y pondrá a su partenair biocultural en el lugar que siempre ha deseado, es decir, casi al borde de sus expectativas genéricas habituales, y todos han empezado a ser mucho menos responsables y susceptibles a conductas no verbales, menos field dependants, para hacerse más agresivos y espaciales, menos dependientes del entorno, mucho menos emotivos y proclives a la dominancia egoísta. Los varoncitos asignados a los viejos roles no han tardado por su parte en hacer suyos rasgos y conductas ajenas y empiezan a mostrarse sensibles en sus relaciones interpersonales, estrechamente unidos a los espacios interiores, y cada vez más estereotipados en comportamientos vinculados a la familia, la maternidad, el erotismo y a las situaciones de homoempatía, sin mencionar una inédita heterofobia que empieza a detectarse en los primeros modelos. Es un principio, y además Houellebecq los quería asexuados, con sus óvulos autofecundados e irreconocibles en materia de atributos genéticos, estamos como en la primera fase de la construcción de nuestro hombre a piezas.

Los mal pensados dicen: eso ya ocurrió en una ocasión, en una cocina quirúrgica en los Cárpatos, un médico aristócrata intentó crear un hombre de la nada, un suculento *plat du jour* a base de despojos funerarios, sin prestar atención alguna a la etnicidad y manipulando groseramente los códigos genéticos desde fuera. El resultado es bien conocido, un tipo realmente feo con el carácter de una dama de Nueva Inglaterra, conservador, cursi y amable con los niños. El problema al parecer estaba en el auténtico jaleo que tenía Doc en materia de causalidad, naturaleza y apendizaje social, que si ésto y lo otro, y lo de más allá. Que si el hombre, aunque fuese así de feo, era bueno por naturaleza, pero la experiencia social (empezando por su padre putativo) te daba bien por el culo ("they fuck you up, your mum and dad"), que si el tiempo era un asco ese día, que si demasiadas hormonas prenatales (andrógenos) hayan terminado creando una especie de predisposición agresiva… un desastre, un auténtico, el primero y el último de los hombres nuevos hechos en la esfera de influencia del *germanhood*.

Bien, el nuestro es otra cosa. Es tan guapo como Pocholo Martinez Bordiu, estupendo hardware, no va por ahí mostrando los circuitos de su ingeniería genética, además es contenido y especialmente gregario, y es fruto del voto popular, ha nacido democráticamente, si se puede decir, y no en el castillo de ningún conde lunático. El único problema de nuestro device es su etnicidad múltiple, aberrante según algunas perpectivas, y la supra-localidad. Si ya era difícil experimentar en la vida cotidiana las diferentes identidades europeas, no digamos lo que puede significar encontrar perspectivas antropológicas para aislar una supuesta identidad vinculada a una auténtica macro-categoría. Una identidad europea para nuestro bicho, de eso se trata, ni más ni menos, con sus estereotipos y prejuicios y aprendizaje. Este tipo múltiple y barroco hará historia, o no hará ninguna, será un exótico manierista o un condensador altamente sofisticado, o no será nadie. ¿Cómo hacerlo? ¿Cómo meter tanta enjundia en esa funda de chorizo de nuestra epidermis? Eso, señores, será jodidamente complicado.

Hablemos de contenido entonces. Será como una larga noche frente a la tele, eurovision on the euronet, una noche de marras con los goodies y los baddies del moderno folklore europeo. Empiecen ustedes a sumar: un poco de Europa del Este (pre y post socialista, el socialismo se ha hecho incosciente, en cualquier caso), o lo que es lo mismo, de pura incertidumbre antropológica... un suculento puré de eslavos y macedonios, magyares, judíos, albanos, romaníes, suavos, un pastiche étnico, todo especiado con las prerrogativas musulmanas, mediterráneas y cristiano ortodoxas, católicas y calvinistas, más los valores tradicionales al uso, honor, familia, feudos de sangre, patriarcado y sus historias cruzadas de usos y abusos imperiales, y todo sobre un paisaje gris de bosques de castaños y hayas, campos de patatas, palacios barrocos y rococó, nacionalismos competitvos de pequeña escala, mucha etnicidad y relaciones interpersonales y todavía más complejos vínculos informales en lo profundo de las economías e identidades regionales, y un frio húmedo que te hiela los huesos. ¿Qué clase de especimen ha salido de este entorno? Tipos adustos, hembras fantásticas sin depilar, un rancio olor corporal, inclinación a la música y a los cultivos tediosos, una fácil predisposición al genocidio por métodos artesanales...!qué sé yo¡... una pesadumbre de guerra fria, una pálida socialista, una gran literatura agonística, buena gente llena de animosidad y muy manipulada en sus sentimientos populares.

Y sigan sumando: una porción de la Europa del sur, ya saben, España, Portugal, Italia, Grecia, las islas... el mundo clásico mediterráneo, mucho folklore y poca etnología, escasa literatura antropológica, un montón de tipos morenos de estatura mediana, comprometidos con sus canciones y bailes populares y los estereotipos mediterráneos con los que se le viene patronizando desde lejos, desde la cultura anglosajona. Olvidados por los vecinos del norte, o interpretados según los modelos africanistas al uso, ajenos a los récords históricos y convertidos al final en pueblos saturados por su gestualidad y oralidad, agresivos por el uso de ideologías pasadas de moda y desacreditadas, arrastrados por los vaivenes del oficialismo, el caciquismo, la emigración y las micropolíticas. Intensamente creativos en ocasiones y sujetos a las viejas tensiones generadas por aún más viejas antinomias de las que se sacan las mejores claves para su interpretación, les toca representar los roles temperamentales y ocuparse de la agricultura, de los textiles, de las industrias contaminantes y la salvaguarda del turismo de masas dentro de un entorno medioambientalista. Del nuevo hombre hará su parte visceral, su vulnerabilidad, la parte sumergida de su nueva impronta genética. La parte de la risa, el exabrupto, la oralidad y la corporalidad, dirían los tópicos; otros dirían la fragilidad de sus estereotipos y su casi completa inadecuación. Difícil de definir, estos chicos del mediterráneo son como Andy Kauffman o Peter Carey, o como el queso y los gusanos de Ginsburg, como meter a tu pobre gato en una caja de sombreros. Nos falta tradición antropológica pero algunos ya han empezado… en Sabadell, en Malta (Journal of Mediterranean Studies)… ¿Quién dice que marchamos hacia una autodescalificación y recesión de nuestros atributos regionales?

Y sigan sumando: una buena porción de Europa occidental, aunque hay quien se pregunta qué diablos pueden estar haciendo los antropólogos ahí…¿muriéndose de aburrimiento, estudios corporativos en las oficinas de Bruselas, ya saben, burocracia y patologías laborales… por qué no? Puede ser más interesante de lo que parece (ver R, Sennet), ya han abierto la veda en la LSE (London Scoool of Economics). Los límites son difíciles de establecer, de Alemania al norte de Grecia o por contraste (west versus east), o aquello de Europa Occidental, y todos los demás. Un lugar estupendo y agradable, casas con jardín, soberbios edificios públicos y toda clase de categorias conceptuales para marcar contrastes con los chicos ardientes de los LDCs (less developed countries), la sociedad moderna por definición, capitalista, industrial, urbana, democrática… y al mismo tiempo un modelo de poder y dominación regido por un gran ejército de mediadores burocráticos (state-comunity mediators). Se trata de comunidades estáticas, pero emprendedoras y estratificadas, y con un household bien organizado, fuertes redes sociales y un alto grado de alfabetismo funcional, el hogar ideal para el nuevo hombre. Los individuos que surgen de un entorno así son fácilmente reconocibles, individualistas pero con un fuerte sentido comunitario, contenidos pero al mismo tiempo vehículos de emociones primarias por imitación, muy económicos y portadores de una conducta fuertemente sancionada. El tipejo ha nacido aquí, sí señor, dentro de una grande y tibia incubadora programada -head first- desde Mastrich, sometido a intensas terapias neonatales y protegido genéticamente contra todos los segmentos fosilizados y primitivos de la vieja Europa. La cuna del nuevo self europeo, mal que nos pese.

Y ahora hay que agitar pero no batir, según la escuela inglesa, y quedarnos a verlo venir. Quizás empecemos a ver a muy corto plazo niños alemanes emparentados con antiguos illyrians hablando turco de Moldavia, o macedonios de genealogía albana hablando dialectos sicilianos, o franceses de orígen español fluentes en árabe dialectal, o niños ingleses de dos o tres años que aprenden espontáneamente business german, o chicos de las remotas Hébridas escocesas emparentándose matrilinealmente con bosnios musulmanes, o líneas cruzadas de emigración de sub-familias eslavas que desplazándose se instalan en la Provenza o en el sur de Italia, o ingleses de puro stock étnico echando raíces en las Alpujarras, o auténticos eurosténicos haciéndose fuertes en sus propios puzzles étnicos y linguísticos. El panorama es estupendo, monolingüistico por decreto para salvarse del caos, manuales de relaciones personales altamente sofisticados editados con préstamos comunitarios a fondo perdido, crisis matrimoniales epidémicas, una cocina estimulante y diversificada, consultas gratuitas de psiquiatria transcultural que se abrirán junto a los net-cafés… y en medio de este superfollón ese tipejo caminando tieso como si le hubiesen metido un palo por el culo.

Es la EC, ya saben, el gran marrón econoetnográfico, para los paladares más agoreros….LA under Ridley Scott, dentro del mismo húmedo y oscuro puré climatológico, aunque nos falte un montón de servicio doméstico replicante y mano de obra de ingeniería genética. Entonces no solo no habríamos involucionado -como preveía la sátira de W.Self- sino que habríamos construído partiendo de todo este material caótico e inestable una nueva identidad para las futuras generaciones protocumunitarias.

¿Cómo será el nuevo hombre? ¿Qué podemos anticipar de su comportamiento cotidiano? Pensamos que tendrá vivienda propia y elegirá alternativamente, según su situación económica y demandas familiares, entre la casa jardín tradicional de hilera con reminiscencias históricas (de los cottages góticos suizos al estilo internacional), los microapartamentos de estructura vertical high-tech, y los pueblos experimentales que tengan en cuenta las iniciativas personales y los recursos disponibles, como aquellas magníficas obras (ladrillo crudo y técnicas tradicionales) de H. Fahti en Luxor (Gourna) y en el oásis de Khurga (Bariz), en los años setenta. La vivienda será espantosamente cara y forzará salidas económicas (como las de Fahti, Di Carlo, Goodman) en donde se confrontará a los interesados en relación a los proyectos y se promoverá la autoconstrucción sin perjuicio de los cánones estéticos.

En cuestiones conceptuales digamos que la vivienda familiar burguesa será divisible (entre dos) desde el punto de vista proyectual, para mitigar las tensiones separatistas dentro del grupo; los microapartamentos funcionarán como verdaderos refugios terapéuticos y búnkers para la defensa personal en un medio socialmente muy agresivo; y las casas experimentales de bajos recursos elaborarán proyectos de arquitectura que reforzarán la noción de identidad entre la población inmigrante y los grupos marginados que no tardarán en adscribirse a identidades de préstamo (tercermundistas).

El día a día será aburrido y el empleo del tiempo precario, habrá telecomunicación sin contenido y ocio estereotipado, y las relaciones personales vivirán una larga e interminable agonía, la gente pagará por ser escuchada y para que le hablen fuera de los espacios de terapia que proliferarán. La alimentación también será inadecuada a causa del alto coste de los productos naturales y por una afición snob a las falsas cocinas étnicas, normalizadas y adulteradas por el abuso de ingredientes banales y la falsificación permanente. La cultura desaparecerá y será sustituída por una agenda social densa y una especie de "efecto cultural" de baja intensidad, pero protocolario. El sexo se corregirá químicamente, eso sí, provocando un renacimiento del erotismo perverso, sádico o simplemente autocomplaciente. En fin, estos rasgos ya están presentes y, en su momento, volveremos de una u otra forma sobre ellos.

La nueva especie se dedicará al trabajo, entendido éste como una oscura y difícil estructura laboral y sociopatológica, y a la producción de riqueza para uno mismo y para el amo, para el consumo indiscriminado de ambos y el crecimiento anormal dentro de parámetros desconocidos. Algunos serán ricos y la mayoría hijos de puta, dejando lo peor de si mismos para los demás. Prevalecerán los pactos globales y las relaciones comerciales intercomunitarias por encima de aquella vieja promoción de la antropología social de una Europa tribalizada… seremos magníficos en nuestras relaciones interesadas y patéticos en materia de comportamientos emocionales. Involucionaremos sentimentalmente para entrar en un orden nuevo de macro-fetiches (big issues), apariencias y tabúes sobre las cuestiones personales. Los políticos y los amos económicos se fusionarán, más que nunca, en un díptero horrible y sanguinolento, a tiro de piedra de una nueva ideología de insecto, ciega, performativa y perfecta en cuestiones de ejecución… pero finalmente estúpida. La política y la economía terminarán convirtiéndose en dos enormes y poderosos animales antropomórficos, marchando sin tregua hacia un destino misterioso, y nosotros en los pequeños picabueyes, los comemierda de estos supercriminales.

Mientras tanto, tranquilamente tumbado en su falso cottage inglés con vista a otros iguales y a un falso campo normalizado con chopos y ovejas de serie, a buena distancia de sus hijos púberes sumamente peligrosos y videoidiotizados, y de su mujer clónica echa a imágen y semejanza de otros prototipos femeninos (de diferente valor de mercado), un tipo con aspecto ario pero de fenotipo mezclado se pregunta sobre el problema de la identidad y su proceso de formación dentro del espacio comunitario. Asume que no es homogéneo, que hay muchos otros modelos culturales, que no hay definición técnica utilizable, pero sabe que hay como un self que flota en el aire con ese indescriptible olor a pólvora, a queso y a col, ese tufillo global europeo programático que nos define por contraste y que reclama de nosotros un insólito esfuerzo de normalización, una extraña cosanguineidad, casi como un nuevo credo, una mierda de credo en el que nadie cree, y que nos lanza como una bala humana hacia un futuro incierto y muy gestionado. Y piensa que quizás seámos como aquél chicarrón con tornillos que acababa con su creador, o los primeros cristianos, los cristianos primitivos de un super estado económico sin cultura étnica y sin fé, una mierda de estado… Y después deja de pensar, y un dia todo se acaba, kaputt… ya saben, dead at 47.

Maneras de volverse loco en Internet

Qué duda cabe de que el mundo es mejor desde que se puso en funcionamiento la red, en particular para algunos stocks y para los usuarios que espontáneamente se han hecho expertos en network analysis, o por lo menos en esta nueva vocación y logia para el entendimiento global de las relaciones personales. Sin una teoría *per se*, Internet se ha hecho invulnerable por su capacidad de acción directa y por su propia personalidad, sin mencionar su habilidad inédita para encubrir la acción institucional. Nos declaramos crédulos y permisivos, más que dispuestos a dejarnos atravesar por semejante instrumento, por todas sus blandas micro partículas y por la empresa madre responsable de los cambios a niveles cognoscitivos y de comportamiento. No señor, ningún juicio que nos condene. Hoy por hoy, parece imposible elaborar argumentos a la contra sin caer en un pedante retroactivismo y una pérdida intelectual irreparable, algo así como volver a la edad del bronze o a los tiempos de la rueda. Internet es la alternativa global a todo, a Dios, a Friedman, al discurso filosófico, al conocimiento, a los antiguos paisajes sociales… y un modelo perfecto de indefinición y pérdida de las categorías, algo que la empresa y la política venían esperando largamente, un producto cultural de bajo coste, enorme espectro y fácil funcionamiento. Los usuarios nos congratulamos mientras atravesamos el espacio a increíble velocidad, buscando nadie sabe qué.

No somos reaccionarios, no estamos en contra de los cambios profundos en la estructura del conocimiento, no tenemos nada en contra de los avances tecnológicos. Sólo queremos practicar el saludable ejercicio de pensar a la contra y adelantar algunas, digámoslo adecuadamente, testables propositions.

No hay indígenas en la red, excepto por un colonialismo penoso y fragmentado que se asienta en infinidad de páginas web, pero sí muchísimos self appointed experts. No hay todavía trabajo de campo alguno, ni pedagogía, se entra allí como Ulises en la isla del cíclope, casi en cueros y armado con un precario manual de supervivencia. Qué duda cabe de que esto debería generar inconvenientes. A nadie parecen importarle los contenidos, sólo importa la capacidad de navegación, cómo llegar, cómo descifrar los códigos. Lo importante es construir un discurso de acceso, los contenidos son banales… el límite es el cielo, es como llevar a un par de chimps a la luna y dejarlos allí botando. Excepto por las consultas puntuales, los tabús y las relaciones histéricas, a nadie le interesa lo que hay en la red, salvo la red en sí misma. Ésto no es nuevo, siempre ha existido una especie de decadencia de los contenidos y auge sostenido del discurso del método. Quizás sea incluso bueno, en vista de esta nueva edad de oro del postanalfabetismo en la que hemos entrado. En cuanto a los expertos espontáneos, en fin, son los parientes más cercanos y sus derechos de parentesco son adquiridos, en cualquier caso debemos admitir que probablemente éste sea todo el etnonacionalismo que existe en la red. De cualquier modo, no son peligrosos, hay infinidad de mecanismos de seguridad autooperativos que nos protegen de ellos y protegen al sistema.

Estas nuevas masas de autodidactas-usuarios son lo mejor del servicio, y una fuente insólita de energía social con la que poner patas arriba el planeta. Aunque estemos todavía en la primera fase, su ductilidad y brillantez es inequívoca, y el personal adora esta arma poderosa y sutíl que el capitalismo moderno ha puesto en sus manos, aunque todavía no sepa muy bien qué hacer con ella.

Los contenidos quedan entonces para la ciencia y el discurso científico se hace rey, mientras los viejos vates del pensamiento intelectual se han ido al hoyo sin herederos. Muerto el último de los autores cultos quedan un auténtico montón, una comunidad supranacional de internautas, todos ellos propietarios de una supuesta falsa identidad, al borde mismo del conocimiento cero y la completa falta de estilo, cuando no de sentido. La experiencia es por lo menos subyugante, y a los pocos (y próximos a la extinción) transhumantes que pensamos que el estilo es casi todo, nos brinda la oportunidad de ser testigos presenciales conectados, wired al ocaso de una era.

Se vive muy bien en Internet, microclimas, anonimato, sin gente, sin intelectuales, abonos baratos, ninguna interferencia naturalista, sin categorías, en un lugar en donde la posibilidad de interpretar parece superflua, solos pero acompañados, aburridos y predecibles como siempre, pero sumamente exóticos, sutilmente patronizados, vivimos en un lugar perfecto para que anide la nueva especie. Un poco chalados quizás, pero coherentes con los tiempos.

En cualquier caso, si los internautas buscamos hacernos con una identidad real tendremos que saber dónde buscarla, buscar los símbolos culturales con los que asociarla y eliminar cierto intrusismo patológico. Maneras de volverse loco en Internet (digamos que enloquecer en este contexto quiere decir entrar en modelos de identidad crudos y desorientados, apoyados en las nociones equivocadas) hay muchas, y todas comparten el mismo mecanismo de sustitución flagrante y estereotipada del... sexo, por ejemplo, la compañía, la lectura, la conversación... elementos todos vinculados a los usos saludables de un modelo de identidad.

Veámos. Si usted es tímido, maníaco depresivo, pasivo, autoerótico, si se ha divorciado o ha enviudado prematuramente, o no tiene la más mínima posibilidad de tirarse a una hembra en condiciones, por curriculum, por su larga y triste historia de fracaso en las interrelaciones personales, usted tiene el perfil adecuado para visitar nuestro sitio. Dispone de imágen y sonido, puede entrar en un chat múltiple y multidisciplinario y elegir entre docenas, centenares de tendencias... sadomaso, hétero, homo, pederastia, orgías, concurrencia, conductas censuradas, bestialismo, la leche... puede usted encontrarse con el violador del Ensanche o cualquier otro violador sistemático mientras mantiene un chateo inocente con el alter ego de Laura Kroft, en realidad una empleada de la oficina de empadronamiento, una franco-somalí con un antiguo problema de clitorisectomía. Sólo tiene que esperar la conexión y atravesar el umbral, del otro lado las cosas están calientes, hay gente dispuesta a todo allí, como los marines o las invasiones turcas. Todos han perdido su pudor, pero hay un problema, o varios. Las cosas no son lo que parecen. Los guiones son pésimos, peores que en nuestra tele casera, cualquiera sabe que no hay autores inteligentes en la red, sólo en transcripciones, los tipos inteligentes están follando de verdad, a mujeres de verdad, y sólo escriben por dinero; y la producción y la post-producción ¡Dios! Y la puesta en escena, patética, todos son malentendidos y despropósitos, y se respira un aire rancio de precariedad que te deja frio, off. Y las imágenes ¡Cristo! parecen los documentos sobre nuestra contienda civil, como si esos tipos estuviesen grabando para la Goldwyn, en los años veinte; y si no es eso, es porno en super-yo, serializado y decadente, o imágenes en movimiento ralentizadas, o un directo cursi y apenas visible, fragmentado, igual que un cuadro de Picabia, y todo esto junto tiene mal aspecto, ningún colega internauta con dos dedos de frente pone un huevo allí, prefiere cascársela con viejos grabados eróticos o las fotos de Life o retirarse a la vida contemplativa. Hay que estar un poco loco para hacérselo en Internet. Mezcle usted una viscosidad libidinosa especialmente adherente con unas perversiones temporales sin importancia y una pulsión sexual inédita que tenga que ver con las fantasías tecnológicas, con una misteriosa genitalidad, y una buena dosis de fetichismo y cosilla autodestructiva, y ya tiene el cuadro de una nueva enfermedad. Tipos haciéndose pajas frente al ordenador, concertados con otros coleguillas adictos de Manchester o Leganés o Nueva Zelanda, tipeando estupideces con la izquierda en un inglés macarrónico, adscripto a infinidad de particularidades locales; y otros follando virtualmente en habitaciones solitarias con técnicas esperpénticas muy anotadas, y otros fingiendo, pura pulsión de apoderamiento solo secundariamente libidinizada (instint to master), con la única intención de ganar el juego… El panorama es desalentador, el sexo en Internet actúa doblemente como generador de frustración y como sustituto, un curioso ejército de salvación libidinoso de las nuevas tecnologías.

¿Y como sustituto de la compañía, es decir, de la compañía humana? Eso está mejor. Si tenemos en cuenta que el uso y disfrute de animales domésticos está más o menos garantizado, nos queda por resolver otro problema moderno, o por lo menos tan moderno como las respuestas tecnológicas que han surgido, que es el de la convivencia, una nueva ética del discomfort y la insoportabilidad nos acecha. La exposición sostenida a la presencia de nuestros semejantes trastorna nuestro equilibrio y produce daños irreversibles en el sistema nervioso. Los blandos, cracking up, se diluyen en presencia de otros; los duros, inventan el aislamiento como último reducto. Internet ofrece a unos y a otros la posibilidad de vivir la ilusión de comunicarse con los demás poniéndose a salvo de su presencia. Incapaces ambos comunicantes de acreditar su identidad y la credibilidad del mensaje, hacen de la experiencia en su totalidad una especie de fraude. Si sumamos a ésto la precariedad de contenidos y la memez intelectual de la mayoría de los usuarios, la aventura se convierte en un tedioso descenso al infierno de la inmediatez, la repetición, la obviedad y la colonización tecnológica de nuestras reservas espirituales. Un día, próximo, muy próximo, la gente descubrirá que a pesar de los medios, hipersofisticados, low-cost, no tiene nada que decir. Si usted piensa que la compañía de su perro o gato es insuficiente como alegato en defensa de su muy deteriorada sociabilidad, y que algunas especies no están hechas para proporcionar una completa convivencialidad; o si piensa que "Killing for company" (la inquietante biografía psicoanalítica del asesino serial Dennis Nilsen) es un punto excesivo como método para combatir la soledad, por no mencionar sus terribles efectos sobre la anatomía social... entonces sí, la búsqueda histérica y descompensada de compañía electrónica parece un mal menor. Hablar con perfectos desconocidos en una lengua insustancial, o sobre temas banales o repitiendo inofensivas catársis construídas en una jerga personal aburrida y letárgica, es casi una buena noticia en una sociedad cada vez más otro-fóbica y que mata por compañía.

¿Y qué pasa con la fantasía de tener tu propio network, de democratizar la producción, de hacerse por fin el auténtico productor independiente? ¿Y qué pasa con el e.publishing, en el mejor estilo Fatbrain o Mighty Words, qué pasa con los libros en la red, el sueño de la autoedición electrónica, un asuntillo que hubiese puesto a cien a Rimbaud, a Purdy y al viejo CB. ¿Y qué pasa si uno se transforma de un solitario recesivo, en un party animal, arrastrado por una poderosa compulsión socializante con un data base de trece mil nombres (como Carole Stone) como únicos amigos? Bueno, no estaría mal, quiero decir, es la clase de corta el rollo ¡cut the crap! que algunos andábamos buscando. No más productores de TV corporativos, no más funcionarios esbirros de los superpoderes, no más editores sodomizando a sus plumillas de segunda, a los feladores sistemáticos de sus pobres erecciones creativas, no más pulgares en el jodido circo de las ediciones. Y tener quince mil amigos ¿por qué no?, hacer tus soirees en edificios públicos y parques naturales, seguro que Lenin y Stalin tenían más. Y al final uno se hace virtual, y la verdad es que todavía no sabemos si eso es bueno o malo, o mejor, si es completamente bueno o malo. Es verdad que ya se necesita a alguien en la red que corte el rollo, un tipo de usuario renovado adscripto a alguna clase de control de calidad, es necesario un poco de buen gusto. Invitamos a los autores a que hagan su personal revolución de octubre en los cables de teléfono, que se conecten desde sus casas suburbanas y nos den una alegria, ¡apenas unas pocas líneas punzantes!, y convertir a Internet, de ese barroco suburbano de los delivery sistems, esa especie de Dominos del conocimiento rápido y la pubertad de los mensajes electrónicos, en el electrodoméstico de la felicidad y de las revoluciones sociales que están por venir. Necesitamos a tipos inquietantes en la red, escribas iconoclastas a lo Self, y un poco menos de amateurismo blandengue y por supuesto nada de escritores oficiales del PEN o cadáveres de academia. Queremos oir a las voces ocultas, a los nuevos hooligans epigramáticos… the knives are out!… tipos inspirados que nos saquen de este detraimiento y abatimiento virtual en el que nos hemos prematuramente zambullido. Nada de precocinados, de pajas mentales o idiolectos mediocres, no queremos a esos animalitos de la red haciendo sus trucos domésticos y deprimiéndonos con su basura literaria, queremos a los rojos ¡por llamarlos de alguna manera!, a los auténticos cabrones sanguíneos e irreverentes y rompesquemas…Queremos de una vez por todas una auténtica literatura de red, ya saben, brillante, inesperada y afilada como un cuchillo... y no nos conformaremos con menos.

Si puede uno volverse psico en Internet... ¿Es ésa es la cuestión? Pues bien, es sólo un tema de iconos globales y la difusión adecuada. En realidad ya todos estamos un poco locos, locos por el stress permanente, por la frustración, por la corrosión por el trabajo y la continua experiencia banal a la que estamos sometidos, somos todos unos locos habituales y un poco customised (hechos a medida para no ser excluídos del tejido social). Internet sólo nos amplifica. Entonces, y como diría la sátira: si usted no quiere hacer absolutamente nada, ni huevo, y quiere hacerlo ahora, abónese a la red.

Lugares para vivir en Europa

Usted puede no estar de acuerdo con ésto, pero Europa es inhabitable. Demasiado cara, demasiado superpoblada, demasiado ensimismada y estratificada, con un pobre concepto de sí misma y una actitud reconcentrada y animosa propia del diecinueve. La vida cotidiana se ha convertido en un experimento social. No hay ninguna complacencia ni bienestar colectivo, salvo aquél que proporciona el dinero. El suburbanismo ha tomado las calles y se ha creado una mentalidad periférica que se hace fuerte en casas burguesas, en viviendas homologadas de capital privado o en ghettos, indistintamente. Los centros de las grandes ciudades se reservan para el consumo, la violencia colectiva gratuita, la sociabilidad histérica del trabajo, el ocio estimulado y la temporalidad en materia residencial. Nuestros centros históricos se hacen temáticos, se recuperan urbanísticamente y se preparan para acoger una civilización terminal de ancianos, turistas e inmigrantes. Las compañias de seguros y los bancos compran la mayoría de los inmuebles, dejando sólo una cepa de estudiantes, modelos y padres divorciados, habitando intermitentemente en espacios aislados entre las enormes superficies corporativas. Los artistas, aliados con bykers y squatters buscan zonas deprimidas y antiguos predios industriales de bajo coste donde practicar su arte funerario (ver Minet Road, London SW9). Los ricos habitan históricamente la ciudad, en estilo, listos para pegarse el raje, para huir cuando la violencia aceche, o el hastío, y ponerse a salvo en sus house & garden. La mendicidad prolifera y promueve toda clase de variantes: hay modelos piadosos, agresivos, circenses, con música o sin ella, con animales o sin ellos, abstractos, realistas, estéticos, discursivos…como en el medioevo, la calle se convierte en un lugar entre hostíl e indiferente en donde circula el dinero, y pasear es una carrera de obstáculos moral en donde uno sobrevive a duras penas. El turismo sistemático trivializa la ciudad y la tematiza aún más, convirtiéndola en un espacio estereotipado y repetitivo que se recorre sistemáticamente. Los únicos que parecen estar a gusto en ella son los coches y los violentos, perfectamente coherentes y sintonizados con un mundo que no perdona a nadie.

En fin, que la ciudad es una mierda lo saben ustedes -aunque algunos no estén dispuestos a aceptarlo-; que el campo suburbano es otra ¡qué duda cabe!; que la vida de provincias es nihilista y neurotizante, atravesada por patologías abundantes y reliquias sociales provenientes de la antigua estructura de clases; y la playa, cosmopolitismo incoherente y senectud, distopia jubilatoria, muerte bajo el sol y vacío mental… ¡Sí señor!, una mierda de expectativas. No importa dónde, queda sólo vivir como castaways, en el campo, en la ciudad o en la playa. ¿Por qué no buscar entonces los lugares apropiados?, ya saben, las Orkney, las Hébridas occidentales, las Farallon, la Costa de la muerte… ¿Por qué no buscar comunidades residuales, algo con mínimos trazos comunitarios y un clima más o menos desastroso, y establecer allí campamentos de supervivencia, colectivos o individuales? Asumir que nuestra vida social es basura y que es necesario empezar desde el principio.

La utopía quizás sea un lugar inhóspito en Taransay, go to the basics, como en aquella Castaway de la BBC. Me gusta cocinar, ordeñar, sembrar, siempre y cuando no se convierta en un microcosmos de la misma mierda. ¿Dónde sino, dónde coño va a vivir uno en la pobre Europa? Un colapsado y enervante leviatán urbanístico, promiscuo en identidades y edificios históricos, se abre ante nuestros ojos alucinados como un moleström cultural, un puzzle de inquietudes e intereses diversificados con el que resulta muy difícil contemporizar. Sólo los africanos emigran un poco (la invasión masiva de inmigrantes que amenazan occidente es un mito), los buenos de los europeos se quedan calentitos en sus nichos culturales idiomáticos y entre los tibios pliegues de sus micronacionalidades, y hacen bien, ¿dónde van a ir?, saben que sólo los desesperados se van, y los ejecutivos de multinacionales.

¿A Francia? ¿Qué queda de Francia? El anarco sindicalismo, la intelectualidad, la bohemia de barrio, qué sé yo… todo se ha ido al carajo. La provincia se rarifica y se hace xenófoba; París se llena de coches y salones de moda, mientras la burguesía se hace recalcitrante y los extranjeros se estigmatizan. Los viejos gurús comen en la mesa de los políticos y la banca, los nuevos se hacen nihilistas mediocres y seudocientíficos del Digest, cuando no escriben novelas sobre el tedio y la desesperación que se desdoblan en manuales de bolsillo para lo último en masturbación metafísica. Los precios son exorbitantes, el magreb ocupa el centro junto con las mismas hordas de turistas; las mujeres se pasan de las conductas licenciosas a la homosexualidad y al mundo profesional, y los hombres coleccionan docenas de variantes de disfunciones eréctiles y se pasan a la transexualidad y a los iconos del dinero. París es inhabitable, las provincia tres cuarto de lo mismo, y la Provence se hace más frívola y materialista que nunca… Quedan las islas del canal y algunos lugares de la costa atlántica con sus grises y borrascas y bivalvos, y una sensación de bienestar que raya en la más absoluta recesividad. Francia ha muerto transitoriamente, nada crece en su campiña, solo la indolencia a la francesa y una modesta guía filosófica a la felicidad en el mejor estilo "better than nothing" de Alain de Botton.

¿Al Reino Unido? Palabras mayores, el elefante blanco, el cosmopolita caracol aerodinámico. Por supuesto si excluímos a Escocia, Gales e Irlanda, Londres y un poco del Oxfordshire, los lugares a los que nos lleva el sentido común. Error. Mire usted atentamente y podrá ver algunos de sus inconvenientes: demasiada arquitectura, precios exhorbitantes otra vez, precios para traficantes de armas griegos o libaneses o serbios, o para príncipes macarras del petróleo, o estrellas de rock y del Manchester United, precios para criminales o ejecutivos de Saatchi. La literatura está en su mejor momento, pero los buenos autores viven en las Orkney o se pasan a la crack cocaine, o se autoidolatrizan y pasan sus vacaciones en San Fernando valley, pegándose el lote y curándose de su propia mierda. Los barrios se vacían de tipos locales y se llenan de elementos étnicos diversos, cuando no de artistas y restauradores sociales de status, como Hirst y Clegg y Coombs y Dawson... y los drug dealers se hacen artistas - Brixton Breakers- en el SW9, porque hay más dinero en el arte que en la droga all in all... Y por si eso fuera poco también viven allí Vargas LLosa y Cabrera Infante...¡Good Lord! Y los turistas otra vez, millones de ellos; y los iconoclastas por todas partes, en la red, en el rag trade, en la peluquería, en el teatro... Demasiado futuro en Londres... Londres, como el futuro tecnológico, no nos necesita. Quedan las islas en el canal, o las Hébridas exteriores, o las Blankets (en la costa occidental de Irlanda)... y la posibilidad de unirse patrióticamente a la lucha contra los elementos y a la diáspora irlandesa en un solo paquete. Londres es prácticamente inhabitable... demasiado lejos de Schengen, demasiado cerca del determinismo tecnológico, demasiado lingüístico y clasista para unos protoeuropeos de la edad del bronce.

¿A Escandinavia? Ni siquiera lo piense. Bastaría con enviar unos cuantos ratones (TG.2576) para una residencia temporal allí y observar luego los resultados. Los pequeñines lo han somatizado todo, nunca antes se habían visto roedores tan desgraciados, las pobres bestias han terminado congeladas, alcholizadas a golpe de vodka Finlandia. Los escandinavos, cualquiera lo sabe, se han vuelto depresivos e introvertidos, se han pasado a la política local o se han hecho adictos al bricolage y a los jardines familiares, y no paran de dar vueltas por sus casas prefabricadas en madera de arce. Los fines de semana meten su cuerpo en alcohol o lapidan sus ahorros después de impuestos en los duty frees de la Sitja Line. Además han mediatizado el sexo e inventado la pornografía doméstica, y eliminado de éste las relaciones de poder hasta llegar al hastío. Tienen a su propio Rocco Manfredi y lo llaman Ingmar Bergman; el sexo se ha hecho kierkerggardiano y se codifica éticamente en los catecismos de las iglesias reformistas. Vivir allí es una experiencia social de laboratorio, la utopía al borde del bosque helado o en la tundra, el cool total hecho a la medida de las necesidades globales y los comportamientos bondadosos. Buen corazón, buenos modales y todas las vacunas… una sociedad inhabitable para el resto de los delincuentes comunitarios. Y por si fuera poco ¡Ganivet!, una microcomunidad española congelada en el esperpento de sus instintos básicos, la sonrisa helada de un cómico. ¡Unase al seminario, el frio es bello! La vida allí es deep freeze, helada y ensimismada. Olvídenlo.

¿A los Países Bajos entonces? Por qué no, la vanguardia del cosmopolitismo, una isla de mestizajes transitorios y polietnicidad bien adobada y con mucha conciencia social. Las oficinas centrales del gran trullo europeo, despues de todo. Un lugar que mola: policias de pelo largo, indo-javanesas, buena pornografia, drogas a la carta, y la tradicional tolerancia holandesa siempre que no pongan un pie en su muy apreciado land. Una casita con contraventanas en el canal y a vivir que son dos dias. A ellos les da lo mismo, están acostumbrados a la presencia extranjera y se han aficionado a la polivalencia en cuestiones de sexualidad inter-étnica; además tienen que alimentar su floreciente industria del porno duro y los modelos sociales avanzados. Mucho tenemos que aprender de estos reformados, el cool europeo por antonomasia. Que tenemos un problema con el espacio y ciertas cosillas anal retentivas, cierto, pero siempre podemos asfaltar su territorio marítimo y establecernos experimentalmente en una plataforma de cemento sobre el mar del Norte, y gozar a tope del arte de vivir génito-económicamente en una gran utopía de novísimos gestores del capital financiero y depredadores sexuales femeninos.

Claro que si vota conservador, puede usted elegir Italia, Italia en crisis, pura mierda italiana del 2001 -Arbasino dixit- Una tierra de arqueología y diseño de zapatos, el ultramanierismo a pie de calle bien mezclado con "la ciudad de las mujeres" y el virus de la mafia escapado de los laboratorios sicilianos. Un pais extrahordinario para vivir la decadencia (del imperio) por su cinismo y locuacidad ultra sofisticada, corrupto y simpático y circustancialmente obsesionado con la destrucción de sus propios valores. No tienen asesinos seriales pero sí camareros que pueden posar como criminales viciosos y que, abierta la veda del turista, estrechan filas en tavolas caldas estratégicamente situadas en la Plaza San Marcos o junto a duomos y campaniles de Bruneleschi. Los terroristas están en la Universidad que es donde deben estar, y hay ligas en el norte que pretenden germanizarse y entrar en Europa por la puerta de Branderburgo ostentando los viejos signos imperiales. El decorado es ligeramente Botta y Mendini, y hay un tufillo moral igual al de la época de Inocencio. Los turistas atraviesan el Arno y las colinas con cipreses como una ráfaga desoladora, y hay una televisión pestilenta que suena con el ruido de huesos rotos. Vivir allí ahora sería como emigrar al planeta Klingon, a una pseudo Italia engañosa y autocomplaciente que desaparece.

Nos queda emigrar, largarnos de verdad, irnos a América como en los viejos tiempos, escondernos en el outcast rural, en Argentina o Ecuador; o buscar la postbohemia americana de dolars & sens y practicar el arte de los teléfonos móviles. Nos quedan algunos balnearios decadentes, o la conocida práctica de comunidades experimentales en lugares lejanos con completa cobertura televisiva. Nos queda la alternativa atlántica… Irlanda, Escocia, Galicia, Bretaña, en el corazón de las borrascas, o el lumpen de los pareados suburbanos en una Europa prósperamente idiotizada y neoproletaria.

Y nos queda España, la aventura a la vuelta de la esquina, y una residencia (todavía) barata entre nazarenos y empalados, toreros mecánicos y todavía más outcast rurales de naturaleza enigmática, en el último de los lugares exóticos de Europa, soleado y bien comunicado, chartered para hacer realidad los sueños estivales y los microclimas paranoicos de nuestros socios comunitarios. Cierto, tenemos un problema topográfico y el peso del pasado nos abruma, pero a quién le importa. No es que no se pueda vivir en Europa, más de trescientos millones de personas lo hacen, sino que la vida aquí es ilusoria, una impostura formal que nos hace ostracistas y poco comunicativos, al tiempo que nos impide vivir el presente.

Siempre ha existido transmigración, una mezcla entre evasión fiscal y búsqueda de las raices geográficas, que ha conducido inevitablemente al escritor europeo hacia un exilio radical en un entorno barato e incomunicado, Graves en Mallorca, Burguess en Malta y en su diáspora, Durrell en Grecia, Green en la Costa Azul… salvo quizás en España, en donde el intelectual sólo ha emigrado académicamente buscando un prestigio social que su tierra es incapaz de ofrecerle. Los escritores son los primeros en morirse en una situación de asfixia por negligencia, son las cobayas que experimentan como víctimas primerizas la inhabitabilidad de un entorno. Europa es deliciosa y letal, una intoxicación mortal en un paisaje abarrotado de significados que casi todos ignoran. Su pasado es denso y pesado, como una losa en la tumba de algún desgraciado prematuramente enterrado; sus pasiones y relaciones de parentesco están estereotipadas, como en el Hamlet, y nos morimos moralmente extenuados entre filósofos y tabloides.

Vivir experimentalmente al márgen de la sociedad es todavía una opción exclusivamente científica o televisiva. Fuera de las estructuras de parentesco y de la cultura doméstica no parece que pueda sobrevivir ninguna comunidad real. Los lazos científicos (la investigación como fórmula de convivencia) son fuertes pero temporales, y no presuponen ninguna espiritualidad compartida. En cuanto a la televisión como aglutinante social, es un mecanismo no necesariamente precario pero sí ingrato y pulsional…, pulsional por que decide por nosotros, ingrato porque no da nada a cambio de la fé y el culto (TV cultismo) que le profesamos. Producir televisivamente un simulacro social es, aparte de un fraude, una manera de agonizar públicamente, de quemar en una obra sin sentido nuestras últimas energías sociales. Parece coherente que en este singular clima de anticipación tecnológica podamos vivir en TV sets y estaciones orbitales (Mir, el hotel del billón de dólares); parece incluso natural que ante la falta de auténticas expectativas comunales y la desesperación a la que induce la falta de grip social y las sucesivas experiencias fallidas en cuestiones de convivencia, apostemos por el simulacro realista del pseudo-survival, relaciones transitorias y una vida alternativa en lugares distantes. Y nos parece bien que en esta huída del planeta de los simios, de la sátira global en la que se espera aceptemos nuestra nueva condición, busquemos aquellos rincones en donde aleatoriamente se den ambas condiciones, pseudosupervivencia y comunicación, un lugar pintoresco entre semisalvaje y semiconductor wired profusamente a nuestras múltiples ansiedades. España está

242

bien, por ejemplo, y la banda atlántica y las islas bretonas; pero si usted quiere largarse, poner millas entre usted y la cosa protoeuropea, elija Punta del Este, entre el climax rechic y patricio del subcontinente y la más absoluta soledad, o la isla de Pascua, o el bosque subtropical guaraní… Satori a tope para el culo despellejado por tanta etiqueta social y tanto medrar en las ramas.

El amor en los tiempos del retrovirus

Los tiempos han cambiado. Han cambiado tanto que nuestras viejas funciones apenas tienen significado. El amor, por ejemplo, no solo se ha descontextualizado saliéndose del marco referencial de los sentimientos, sino que se ha pasado al enemigo, y se ha convertido en un sistema de renuncias bien organizado.

Ya no morimos de amor, sino que languidecemos en él, sostenidos por toda clase de sistemas de apoyo. Nos hemos hecho simples y relativistas, y al fín hemos entrado en un mundo de necesidades perentorias y prácticas de poder. Ya no hay educación sentimental, en su lugar un código de supervivencia que tiene que ver con la agenda del dia: el trabajo, el sistema de cargos, la carrera ritual de ascenso y jerarquía, el sustituto perfecto para la inestabilidad emocional; la porno dependencia en nuestra parcela de perversidad; la vida social, la familia, un mecanismo de seguridad contra la vulnerabilidad de los lances amorosos; la sexualidad oportunista y la posibilidad de una terapia cordial que transite por los lugares comunes del "tout va bien" y los planes de objetivos.

Las cartas están dadas y se trata de no perder la jugada. Para eso uno renuncia a improvisar y se sienta a negociar los términos de su particular sociedad. Nada de tonterías, de partes blandas, de sentimentalidad o moralidad, se trata de jurisprudencia y de ver qué tiene cada uno para ofrecer: propiedades, prestigio, poder, la capacidad de fertilizar a una hembra, la pareja como fórmula simple de supervivencia contra lo descarnado de la soledad... se renuncia al amor para vivir la farsa de sus comportamientos adheridos.

Hay otras alternativas, menos conspicuas si se quiere, en donde se sustituye el todo por la parte: el amor por la soledad, los animales domésticos, la obsesión, la terapia, la inteligencia... los casos son abundantes y podemos recorrerlos empíricamente.

JD por ejemplo, incapaz de encontrar a nadie que lo acompañe en sus extrañas modulaciones se precipita en la soledad, un lugar circular en donde se quiere y se odia a si mismo intermitentemente. Se trata de un adulto de sexo masculino con una educación media superior pero sin la inteligencia suficiente para reproducir su crisis personal y elegir la opción inteligente. La soledad no le gusta pero es una categoría universal, y no pasa por ser una opción de clase. La soledad es el lugar perfecto para acabar con el amor, más o menos esterilizado y aislado, se siente a gusto allí, es su modesto laboratorio, el lugar en donde se inventa una cura contra la precariedad de las relaciones sentimentales. Se trata de un tipo atractivo, con un ligero exceso de peso, que conserva todavía el setenta por ciento de su pelo, con una tenue virilidad y una clara tendencia a la introversión y a comportamientos histéricos recurrentes en el curso de sus relaciones con mujeres. De alguna forma, estar solo para él es la única manera de estar en disposición permanente para el amor. En este mundo de ruinas circulares, JD está condenado a repetir la historia de sus fracasos sentimentales y a hacer el papel de caballero cruzado que lucha por recuperar los símbolos de su fe. JD es un mártir de su corazón, en realidad no le interesa el amor, sino la delectación y el sufrimiento sofisticado. Está de vuelta de todo, ha visto hermosos amaneceres en el Pacífico, en Banuatu, parias medievales en la India, palacios y oásis en Oriente, ha dormido entre la escoria de la batalla y cabalgado con cuarenta kilos de hierro a sus espaldas, sabe que el amor ha muerto en la cruz injustamente condenado. JD es un personaje agónico y educado, conoce la historia y ha resuelto no hacer nada. Su patología es inofensiva, con frecuencia victimista, pero no hace daño, a nadie excepto a sí mismo, y pone al amor en su lugar, en la distancia.

JB es otro caso, hoy un adulto maduro, es orgulloso propietario de una historia sentimental de obsesiones y fracasos recurrentes. Delgado, pelo cano, trajes de tres botones, muy inglés, decimonónico y con gato común. Por las mañanas, porridge con leche y azúcar, por las tardes Earl Grey con tostadas. Adora las mujeres, pero muestra una tendencia compulsiva a convertirse en su víctima. No las ama, se obsesiona con ellas. Puede interesarse intelectualmente -lo que no dejaría de ser una rareza- pero suele reducirlas a alguna de sus particularidades: piernas, ojos, nalgas, su volubilidad, su histeria, su carácter caprichoso… atributos, en cualquier caso, veniales y relacionados con sus propias debilidades. Del amor no conoce ningún código, excepto los literarios y algunos protocolos de seducción; de la obsesión los conoce todos, es un auténtico memorialista de los comportamientos y enunciados de sus sujetos femeninos. Una vez elegidas no puede sacarlas de su cabeza, las rumia hasta el desfallecimiento. Una vez que han acabado con el, que han acabado con sus absurdas expectativas y demandas, las olvida. Pese a su atractivo, JB está condenado al fracaso. Las mujeres no soportan ni su insistencia ni perentoriedad, y especialmente no soportan sus elaboradas estrategias, ni la inteligencia minuciosa de sus ataques. El amor le está vedado, le queda la pasión, abrupta y destructiva. Al final quedará, también él, solo o acompañado de una harpía que lo gestione todo, una kodama, una odiosa broker de sus castigadas cuentas y depósitos. JB, en su cualidad de obsesivo, inventa un amor que no comparte, y las mujeres acuden a libar de estos jugos por docenas.

BP es otro caso flagrante de descontextualización y fuga. Su fórmula es típica, y se vulgariza entre todas aquellas mujeres -y son legión- que asumida su incapacidad para el amor cortés, es decir, para la clase de amor que utiliza los tópicos del hombre, lo sustituyen por una complicada doble experiencia: la terapia y la compatibilidad neurótica con la *Familienneurose* en la que suelen integrarse. BP es jóven, mujer y atractiva, no carece de recursos. Su comportamiento es histérico, y le es imprescindible un enorme esfuerzo para mantener cualquier relación no endogámica. Ingeniosa e inteligente, se sitúa por encima de conductas trilladas y obvias. Una vez que se encuentra un método de acogida, una manera de lidiar con ella, es excelente compañía. En su familia dispone de una gran cantidad de roles femeninos para imitar, pero la figura de la madre es vital, apatía y quietud en el mundo de los afectos, un modelo de supervivencia perfecto, aunque sacrifique buena parte de sus atributos genéricos en beneficio de una sexualidad difusa que comparte mal con los extraños. Tiene una cintura estrecha y un buen culo, pero su sexualidad genital es compleja y anudada aunque muy receptiva, y una vez iniciada se convierte en una sútil e inspirada compañera amorosa. BP es capaz de querer, de hecho magnífica en cuestiones de afecto, pero incapaz de amar, ya saben, incapaz de sostener un discurso amoroso, incapaz de manejar conceptos como cambio y continuidad. A favor de los pronósticos, es sin duda una excelente funcionalista. Cuando necesita un poco de ese amor fou suyo tira de la terapia oportunista, de aquello de "hay que pensar en uno mismo querida, en sacar ventaja de los pollos y no andar por ahí metiendo bulla con tu cerebro de mujercita altruista… go for it! La vida es corta y solo importa el presente… unas vacaciones rápidas y pagar el almacén, unos trapos y depredar a la flia…" *Familienneurose*, una vieja pieza de artilleria alemana fuera de uso, pero ahí está; para qué romperse la cabeza con extraños y héteromachistas y mangoneantes empobrecidos, sólo mira a tu alrededor y hazte con una rápida complementariedad neurótica, lo hacían en la edad de piedra, en el medioevo, en la familia renacentista, lo hacían los victorianos y se seguirá haciendo en los teletiempos, en el futuro de las familias desintegradas y de diseño.

Hablando de diseño, C es un buen caso: jóven, muy jóven, algo voluptuosa e intolerante, adopta el amor como experiencia límite. Por edad pertenece a un club de diseño, algo entre una pandillla y un grupo generacional. Creado en el barrio o en el instituto, responde a las señas de identidad. Su amor es de diseño, como las nuevas culturas y familias y nacionalidades, y tiene poco que ver con el mundo de los sentimientos, y mucho con las emociones de descarga y el lenguaje. Amar puede ser entonces una experiencia súbita, muy rápida, en donde se comparten señas de identidad y un lenguaje amoroso reciclado y sintético propio de una cultura desheredada en cuestiones de ideología amorosa. La experiencia es interesante pero poca sustanciosa. Maximalista y aburrida, es el amor en los tiempos del retrovirus, un producto exclusivo para las nuevas novísimas generaciones… adultos y otras especies abstenerse.

Por supuesto hay variantes exóticas, pero de momento se conocen pocos casos clínicos. Hay amores microsoft (en Outlook Express) en donde los protagonistas ejecutan un simulacro de diálogo amoroso que eventualmente termina haciendo mella en sus fibras. Nada muy especial, ya saben, para enamorarse de un programa solo se necesita a un tipo como Keanu Reeves en el diseño gráfico. El amor en el correo electrónico es perfecto para la salud, un vehículo esterilizado de bajo coste con una incidencia probablemente baja en patologías mentales todavía sin catalogar. Resulta anticuado que para amar (o para odiar) se necesita la presencia física, al menos al inicio, de otra persona. En cualquier caso, hay programas que resuelven esto, nos faltan en cambio programas que reproduzcan los estados de enajenación de las relaciones amorosas convencionales. ¡El amor ha muerto, viva el amor electrónico! Aún así, la pobreza de este discurso es ya un clásico. Y hay amores Endemol (de producción televisiva), formatos absurdos en donde uno se enamora frente a las cámaras, en un set de confinamiento. ¿Qué clase de amor es éste? Es un amor de representación, no generado por la necesidad de un guión, sino por la elección espontánea de un rol amoroso entre otros juegos de grupo. El realismo en estos casos (como en la realidad virtual) puede ser incluso extremo. La elección del amor como rol, junto a los juegos de disfraz y transferencia, hablan también de la pobreza cultural de la muestra. En producciones similares en otros países (y en otros formatos) los roles elegidos pertenecen a comportamientos más elaborados, vinculados a la creatividad, la supervivencia, la perfomance física, incluso a comportamientos secretos de voyeurismo y exhibicionismo, y otros complejos aspectos de la sexualidad pública. Nuestro muestreo es rotundo, una pandilla de brutos, un auténtico insulto para los tipos decentes de este pais que miran ocasionalmente la televisión.

Conozco otro caso, CB, parecido al primero, que se ha inventado una fórmula muy personal, la renuncia a la mujer virtuosa y a la otra, suponiendo que haya alguna diferencia entre ambas. En una actitud de respeto y consideración, uno renuncia a la mujer porque reconoce no estar preparado para ella. Es un acto de humildad, de lucidez e inteligencia. Incapaz de ponerse a su altura, incapaz de someterla, incapaz también de formalizarla (niponizarla), ponerla en el centro vital de ese caos que solo ella es capaz de organizar, uno renuncia y elige la inteligencia, elige ponerse a elaborar el discurso de lo que le falta. CB es un tipo maduro, de unos cincuenta años y ochenta kilos, un poco torpe en cuestiones de comunicación héterosexual, pero complaciente y generoso. Piensa en la mujer todo el tiempo pero prefiere estar solo, es una especie de oficialista de la masturbación y el genio erótico, por llamarlo de alguna manera, es decir, del deseo a partir de nada. Su elección lo hace más o menos vulnerable, y tiene lo mismo que ver con el desprecio de la mujer que con el budismo tibetano. Puede pasar por cabrón y misógeno, pero es perfecto en su etiqueta y dimensiones morales, tanto que ni siquiera las mujeres lo saben. En el turbulento mundo de la intersexualidad y las relaciones entre géneros es todavía un extraterrestre. Algo obeso también y homofóbico, piensa que el amor que nunca habitará es la estupidez suprema y la suprema felicidad… Un cursi, otro, a fin de cuentas.

En fin, sabemos que vamos a morir irremediablemte de amor y quizás por eso construímos diversos modelos axiomáticos que nos reconducen por el camino de una lenta pero segura frustración. Asi como ciertos tipos de leyes matrimoniales pueden ser interpretadas algebraicamente (CLS), las conductas amorosas al uso pueden ser susceptibles de una lectura que se beneficie de nuevos lenguajes formales. Es probable que esto no sea nuevo, el amor romántico en el pasado mantenía conexiones similares. Las teorías de la comunicación nos ofrecen hoy modelos adecuados para el uso de símbolos en lugar de palabras, y para la elaboración de experiencias subtitutivas que nos permitan vivir alguna clase de experiencia sentimental que uno es incapaz de conceptualizar, pero que eventualmente podría llamar amor. Es una gran aventura personal, junto con el sexo una de las últimas que nos quedan, pero resulta difícil de ejecutar. Para ello, en una perspectiva más materialista que nunca, estamos haciendo uso de algunos principios organizativos como la ley del mínimo esfuerzo y la obtención de máximos resultados. La experiencia es algo deceptiva y fraudulenta, pero es quizás la última oportunidad de ejercitar la gratuidad sentimental en una sociedad hipergestionada que se autoconsume.

Si el amor ha dejado al fin de existir como experiencia desconcertante, solo disponemos de la opción de vivir todo lo que se pueda en la relativa comodidad de este retrovirus. Convertido en su negativo perfecto, en su versión higienista, ha perdido toda su fenomenología y forma parte de un sistema abstracto para la difícil supervivencia de la tolerancia social.

Mi jefe tiene 32 años, y es un capullo

No soy un auténtico intelectual. He sufrido en mis propias carnes las laceraciones de una larga experiencia laboral. No ha sido particularmente educativa en sentido tradicional, ni socrática, ni académica, sino más bien una bajada a los infiernos atemperada por el carácter social del trabajo y el olor dulce y nauseaubundo de la remuneración económica. Los escritores, subidos en sus sillas de salto, piensan que trabajar no es bueno, que no hay nada digamos especial en batir el cobre para fraguar el enriquecimiento sostenido de unos mamones que aparte de paranoicos se han hecho millonarios. Los escritores, ellos piensan que es mejor quedarse en casa haciendo huevo, o instalarse en una relajante posada japonesa y dedicarse a la ceremonia del té como única actividad. El mundo del trabajo le es ajeno, más que el de los botocudos y piensan cómo pueden darse besos de tornillo con esos labios inferiores tan dilatados. Es un mundo pozoñoso en donde la mediocridad y la obediencia son recompensadas con rangos y jefaturas en el corazón mismo de la divinidad, con stock shares y otros superlativos del incremento de patrimonio. Los escritores que trabajan, no por exotismo o interés gnoseológico sino por necesidad, están condenados a traer reportajes del frente, informes de primera mano de esa tosca mutilación a la que están sometidos los demás, y condenados al fracaso por automutilación, por la pérdida de la capacidad narcisista de creer en sí mismos, en su absurda naturaleza, en esa monstruosidad melosa y articulada que rara vez interesa a los tipos que tienen que ganarse el pan. Hay excepciones, claro está, algunos célebres empleados de correos, chupatintas o ingenieros de caminos… unos pocos que a pesar de todo, y en ningún caso, le han concedido a su ocupación ninguna credibilidad.

Lo cierto es que lo que han estado allí han vuelto con las manos vacías, salvo unos pocos repasos a los comemierda de turno, ya saben, jefes y trepas aduladores, ningún estudio serio sobre los verdaderos alcanzes de esa gran neurosis del trabajo en el nuevo capitalismo. Y los que no han estado, los chicos de la posada japonesa, los que han hecho, en el mejor de los casos, unas cuantas temporadas como profesores invitados en alguna estúpida universidad americana, esos piensan que el curro es algo así como el exterminio controlado en Buchenwald, y al mismo tiempo una vulgaridad. La verdad es que ni uno ni otro parecen estar interesados en marcarse un par de breves reportajes sobre esta línea Maginot de la guerra moderna, ni entonar un pequeño salve para los hermanos caídos en la contienda. Está claro que prefieren que los sociólogos se ocupen de eso, mientras ellos se dedican a temáticas subvencionadas o asuntos más…lábiles. La sociedad laboral con todas sus injusticias y penurias le es más desconocida que la cria en cautividad del camarón.

En los setenta, cuando Sennett iniciaba un lento y fatigoso programa de investigación sobre un par de familias panaderas en Boston, Massachusetts, y la corrosión del carácter por el trabajo en el nuevo capitalismo, para mayor gloria de los fondos de la London School of Economics, yo pasaba el dia en una insalubre oficina madrileña sometido a la distrofia cerebral y a la ansiedad de sendos directores de marketing, escribiendo en mi tiempo libre un survey sobre crueles conductas de mando, comportamientos autoritarios y la crisis de inseguridad que acecha a los jóvenes lores de la empresa. Desde el principio podía observarse que mi trabajo no tendría el rigor consecuente del de RS, pero al menos sí tendría, para mi desgracia, su misma longevidad. Más de veinte años de complicados manejos contemporizadores con supuestos líderes armados hasta los dientes y entregados a la memez de sus campañas y planes de objetivos desde una rala plataforma de inteligencia tópica, cuando no escasa. Veinte años de atemperar con ellos sus ridículos impulsos destructivos mientras se sentían desprotegidos en medio de lo que consideraban escenarios hostiles en el extranjero. Veinte años observando su carrera de ratas en los subsuelos, sus crueles intrigas y sangrientos y vacilantes ajustes de cuentas. Veinte años observando cómo volaban hechas añicos sus inmaduras personalidades, y cómo su carácter se corroía lavado por el ácido del (poco) poder y el (poco) dinero, y un terrible maquievelismo de chaqueta y corbata que improvisaba las bases finales para una cultura subliminal de supervivencia. Veinte largos años comiendo del mismo plato que yuppies y empresarios anquilosados por su mediocridad intelectual y despotismo viejo estilo. Veinte largos años parecen suficientes para hacer una discreta labor de autodidacta y adelantar algunos curiosos pre-conceptos, ya saben, en el mejor estilo Alex P.

Nos ha faltado siempre, como diría el viejo Sammler (de Bellow) objetividad y desapego. La empresa hoy ha conseguido que conjuremos una pareja diabólica: la indiferencia de me importa un carajo, con una prioridad obsesiva que en ningún caso podemos confundir con el deseo. En sociedades precarias y no reivindicadas como la nuestra, pasamos la mitad de la vida en la empresa, hacemos nuestros sus objetivos y métodos como si estuviésemos enfermos. Aparcamos esa pobre personalidad de macilento que hemos construído a golpe de martillo en el patio trasero de casa, y la sustituímos con una magnífica personalidad paranoica al estilo de algunos estrafalarios líderes que han crecido como hongos venenosos en los humedales de los sillones directivos. Nos volvemos locos y estúpidos ensayando a diario el ABC de una política de exterminio contra colegas y subalternos, y haciendo una variedad de gestos reaccionarios frente al espejo. Perdida la capacidad de razonar nos convertimos en perros condicionados, capaces de segar a dentelladas los genitales de los pobres desgraciados que flaquean en sus deberes contractuales. La mercadotecnia genética nos hace replicantes, ingenios robotizados capaces de trabajar catorce horas en condiciones extremas sin dar muestras de desaliento ni deshacer el nudo de la corbata. La lealtad y eventualmente la traición es lo que mejor se paga, asi como la identificación con los *mottos* empresariales. No se aceptará la crítica ni las dudas, como cualquier estúpido sabe este trullo neoliberar es ahora una estructura militar y al menor signo de deserción o distanciamiento se les disparará a los cabrones on site. El desapego va contra la ley económica y es castigado con la muerte dentro de la empresa, o en el mejor de los casos con la marginación y la defenestración, equivalentes al desaparecer más ignominioso en su estructura de clases. Como ridículos mecenas, como pringados inexplicablemente generosos vivimos para la madre empresa, y esa gran puta nos amamanta como si fuésemos unos lechoncitos cínicos y avariciosos.

Y de Sammler a Bellow: "aquí no hay problemas de hipocresía". Ninguno. En el curro todo el mundo está orgulloso de ser un hijo de puta. Te encuentras a esos tipos meando en el retrete o frente a su menú de diez euros y te lo sueltan en la cara: la manera en que se van a cargar a tal o cual, o cómo están ultimando los detalles para un pequeño plan de aniquilación de todo el departamento, o cómo van a recortar a tijeretazos los excedentes humanos de la próxima fusión, o cómo van a penalizar a esos mamones de obreros por mediatizar sus órdenes directas… El hijo de puta se siente a gusto en el entorno de la empresa, o mejor aún, es parte vital de ese entorno, es como un cazador furtivo que acecha entre la espesura de mamparas y ordenadores dispuesto a acabar con la vida del que se tercie. No es casualidad que esté ahí, ha sido premeditado, es como un paquete de circustancias que obedece a las necesidades predatorias de ésta. Dentro del status laboral, el hijo de puta por ser polivalente y carismático es como un general de campaña y ha sabido hacerse con la personalidad correcta, una que le permita estar a la altura de las circustancias y comportarse como se espera de él. Es un tipo natural y apocalíptico que ha logrado mimetizarse con las formas y los contenidos de sus modelos, y su naturaleza es lo más parecido al dogma del trabajo. Se trata de un atributo y uno debe hacer ostentación de él, es la cualidad que nos faltaba para entrar con plenitud de derechos en el mundo que nos rodea y hacernos funcionales y operativos con la realidad. La bondad se encuentra descaracterizada y ha perdido todo su espesor literario, los cabrones despóticos e intimidantes se llevan los oros, mientras los blandos y los melosos se van al mazo. Los hijos de puta están cerca, muy cerca, anidan remisos entre los despachos, son esos peligrosos mendas aerodinámicos que te saludan con una ligera contracción de los arcos superciliales y que se sienten muy bien consigo mismo, como las vestales.

¿Qué más? Pues sí, el trabajo en canal se come todo tu reblandecido cerebro como si fuese ácido vitriólico o sulfúrico, o como se llame. Quema tus partes buenas, las convierte en vapores sulfurosos. Son suficientes unos pocos meses de supervivencia en el tajo para que empieces a sentir los desagradables perfumes de tu carácter convirtiéndose en vapor de agua y ácido carbónico. Lo primero que desaparece es tu dignidad personal devorada por una masa ardiente de prerrequisitos y órdenes brutales, aunque siempre queda la marca de una dignidad general que uno utiliza digamos espacialmente en su tiempo libre. Lo que desaparece en beneficio de la continuidad es tu perfil de autodidacta y genio de la familia que con tanto mimo habian estimulado en el hogar, tu habilidad para no sentirte peor que una sopa de despojos a la hora de pinchar ese viejo Lotus con el que te obligan a despachar. Tu dignidad se mide en variables espantosas, como el horario comercial o el presupuesto para material de oficina, y se ajusta a necesidades perentorias. Desde ese momento ya nadie te dirá lo que vales, has sido desmaterializado como persona. Y luego sigue tu amor por el prójimo y tu compasión. Constantemente desmotivado, cualquier valor de cambio para la convivencia termina por desaparecer. La empresa no ve con buenos ojos que mantengas alianzas con los vecinos de mesa, no quiere que guardes sentimientos compasivos hacia ellos, o mejor ningún sentimiento, ni que compartas el trabajo o proporciones ayuda desinteresada. Quiere crear mal rollo, una competencia imbricada que según el manual del viejo capitalismo estimulará el proceso de producción. Y al final lo consiguen. Allí te quedas, más solo que un heremita en tu despachito de mierda. Tu carácter ha volado por los aires hecho añicos y tu te sientes mal, perplejo y desmoralizado, despojado de los pocos buenos sentimientos que te quedaban hacia tus colegas de penuria, solo e introvertido como si hubieras caído prisionero en un inadvertido campo de trabajo kmer, víctima de un nuevo scenario del absurdo moderno, una especie de Catch-22.bis.com.

Bien. Está bien. ¿Pero qué pasa con el trabajo en el mundo civilizado, ya saben, nine to five, el derecho a media jornada por downshifting, por la reversibilidad en la coparticipación en los objetivos empresariales, el derecho a té con pastas en horario laboral, a descontraer la etiqueta, el derecho al buen gusto en el mobiliario de oficina y al espacio de trabajo y a salir a tu hora? ¿Sí, qué pasa con estos plus del neoliberalismo laboral que uno ve en Amsterdam, Bruselas o Nueva York? Bueno, ocurre que aquí apenas han llegado, quizás al sector de la publicidad, a las asesorías financieras, a algunos laboratorios y a la telefonía, pero en la España catódica todavía acojonan y patronizan a sus obreros como si estuviesen en la mismísima edad de piedra de la revolución industrial.

El nuevo capitalismo ha llegado con un montón de glamour y fashion show a la gran escena del trabajo asalariado. Sus ejecutivos hablan todo el tiempo por sus gadgets como si fuesen plumillas del Vanity Fair, piden hora a sus peluqueros, se atiborran de pastillas y se tratan con terapias tranquilizantes y adoptan una nueva filosofía de vida entre el soft galante y toda la adrenalina. La cosa es generacional y breve, y las monadas de treinta años que no lo han conseguido se suman a las listas de desocupados o desaparecen sin dejar rastro en la masa de descapacitados. Esa gente en las oficinas de recursos humanos sabe lo que quiere: carne fresca, tipos buenos en la arena, capaces de despellejar a su mejor amigo por un nuevo deal. Están organizados como la CIA o el M6, como masones o evangelistas, son una basura de fundamentalistas sobreasalariados y una pizca fanáticos. Sí, el neocapitalismo ha llegado con un ramillete de flores para sus jóvenes adictos. Flores del mal, como todas. Trae movilidad (Sennett): hoy aquí, mañana allí, pasado en ninguna parte…como una iglesia fulgurante pero para pocos dias. No quieren que te acostumbres y construyas una casita familiar con todo y sus rincocitos agradables y sensación de seguridad, y que la construyas en tu lugar de trabajo. No quieren verte relajado haciendo tertulias con tus compas psicológicos, quieren que mates y que mueras matando. Y trae flexibilidad: se acabó la normativa de la arqueoempresa, y aquella pesada estructura burocrática ha desaparecido, ahora nos deslizamos sobre patines, en la banda salarial y en la cadena jerárquica todo es posible, vivimos coyunturalmente con el oído puesto en el negocio, podemos sacarte del campus o de un summer job y hacerte vicepresidente o consejero delegado y lugo bajarte de allí cagando leches. Y para eso, el nuevo capitalismo pide entrega y adaptabilidad. Tendrás que ser creativo y estar dispuesto a llenar tu agenda con docenas de mitines; y creativo quiere decir tomar decisiones... ahora voy a hacer un lanzamiento aquí, y un plan de ofertas, recortaré algunos gastos en ...qué sé yo, y una campaña de viajes probablemente... ¡qué coño¡ cualquier decisión vale, la suerte está echada, las decisiones que cuentan se toman globalmente, hay un determinismo que regula la suerte en el mundo de los negocios, mergers y fusiones, compra-venta, dumping a escala mundial...la gestión es sobrehumana y hay un equilibrio autocontrolado que regula las leyes del dinero. Complicado, sí señor, y nuestros ejecutivos lo saben. Por eso firman lo que les echen, se comprometen a cualquier cosa, aceptan sus salarios filisteos a cambio de nada, o mejor dicho sí, a cambio de entrar en el juego de roles. Ser creativo es bazofia, es asistir a montones de reuniones y escribir, si cabe, el nombre completo de la madre empresa con tu pene. Lo importante es decir tus palabritas oportunamente y gastarte la pasta en trajes y green fees. En cuanto a tu equipo, los currantes de siempre, bueno, esos no importan, son supervivientes, están semirobotizados y no tienen objetivos, o son mujeres, son piezas móviles de sustitución rápida o ocupan el puesto de manera permanente, y pueden entretenerse en casa sin arriesgar un duro de los contribuyentes.

El nuevo capitalismo trae también un mundo de fantasía: la empresa como parque temático, un lugar en donde recrear las diferentes estaciones en el proceso de producción de la riqueza. Un lugar mágico en donde las cosas no son lo que parecen, oficinas con muebles de Eames y Starck, cajas enteras de juguetes para los chicos del turno doble, golosinas y máquinas tragaperras, espacios lúdicos para marcarse buenas relaciones con los compis, y ocasionales ejercicios de tai-chi, zonas ajardinadas y horizontes paisajísticos...El lugar de trabajo (Microsoft, L'Oreal...y docenas de nuevos polígonos temáticos en las zonas punteras del desarrollo) es mejor que la casa familiar, peor aún, es mejor de lo que la casa nunca podrá ser. Se ha pasado de los ambientes alienantes y de la barbarie industrial a la casa de muñecas para el *moron* y maricón del currante. De la fábrica insalubre o la oficina asilo *vieux estile* a los encierros acolchados. Snacks y reuniones para crear una fantasía de poder y libre albedrío, y un tránsito de la disuasión a los ambientes persuasivos que invitan a quedarse en ellos el tiempo que haga falta. La jornada de doce horas es sugerida. Interesan sólo los segmentos cortos, la continuidad a largo plazo es contranatura, y al bureau ideológico de la nueva empresa no le interesa que te quedes en sus despacho a desovar, prefieren hacerte desaparecer y sustituírte de un plumazo con ejemplares frescos, tránsfugas de la competencia o del medio político, o de las castas sociales que se dedican a buscar negocio entre sus pares.

Senett dice que esta movilidad y fexibilidad produce stress. Yo digo que es mejor el stress que la miseria y desolación a corazón abierto que producían las viejas estructuras en donde los problemas tensionales eran del mismo género. Ahora te amenazan con ese distress funcional de casa de té, con esa cosilla histérica y estilosa de ejecutivo overworked, y lo mejor es que cuanto más nervioso mejor catalogado. Y mejor aún que eso, es que no hay tiempo para mostrar resultados, todo se juega a muerte en las elegantes oficinas de los head hunters, rápidamente y con un patético intercambio de perfiles psico laborales simples. La mediocridad bien trajeada y la bajada a los infiernos de un conductismo beligerante es el nombre del juego, mientras los chicos de verdad inteligentes se dedican a la tecnología o a la ciencias biológicas, o al mercado del arte.

Hablar, a esta altura, de la pérdida de atributos morales que se van por el desague junto al carácter corroído es una obviedad. Lo que no parece tan evidente es que si modificamos ligeramente la perspectiva podremos descubrir que más que inmoralistas, el trabajo en el neocapitalismo produce a muchos criminales a tiempo parcial. No necesariamente la clase de tipos intelectuales que sacuden a sus mujeres y musas o se mezclan en toda clase de camorras bajo los efectos del trago, sino de individuos formales con sus mates bien aprobadas que rapiñan fondos filantrópicos y de pensiones y se meten a dentelladas en los estrechos bolsillos de los pequeños accionistas, tíos que se largan a Perú o a exóticos cruzeros con el dinero público, mientras preparan inesperadas candidaturas, o genios económicos con planes delirantes para la economía mundial que residen en ciudades babilónicas superinteligentes, o jóvenes gurús de laboratorios asignados a los programas de investigación de la píldora total. El éxito en la empresa es un grado de criminalidad solapada, orquestado siempre contra los intereses de un sector victimizado cuya labor es proporcionar proteínas a los grandes depredadores económicos. En la sociedad del futuro el dinero habrá de desaparecer, o no habrá futuro.

El trabajo hoy es una mierda, pero no hay otro, sólo nos queda tomárnoslo con calma, con una especie de pansabiduría mundana, mandar a la porra las consignas de nuestros trabajistas y a los adoradores de la empresa, sentarse a intentar ser feliz con uno mismo, modestamente, y dejar a esos mochuelos con sus pajas mentales, con perdón.

Cuentos de la locura ordinaria"

Resulta difícil reprimirse ante las posibilidades satíricas de la cultura contemporánea. El mundo, se decía en una vieja entrevista de Amis a Vidal, está experimentando cambios que a pesar de inspirar un estremecedor pesimismo suenan para algunos (para Vidal) como "una campanilla de leproso". Cualquiera que haya llegado hasta aquí se habrá dado cuenta de lo adictos que somos a disfrutar maliciosamente con ciertos pronósticos, lo mismo que aquél divertidísimo viejo maricón de Ravello. Y la verdad es que basta dar un paseo por la calles de esta cultura desquiciada, personalísima y perfectamente formateada que nos rodea, para sentirnos en una magnífica disposición.

Mientras hago un somero registro de las bragas que se ha puesto hoy la guardia de seguridad en cierta recoleta y algo Le Corbusier sala de lectura de la BN, hago también recuento de los cortes culturales que he podido observar en las últimas horas… Un nuevo par de fusiones billonarias de portales y telefonías móviles para continuar difundiendo el bable descerebrado y semianalfabeto de millones de adolescentes perturbados colgados con el slang electrónico, y otros tantos vendedores de quincallería intelectual y toda clase de productos versátiles y más capital electrónico en la red. Fusiones galácticas que movilizan capitales para homologar aún más el universo de las comunicaciones en un mundo que no tiene nada que decirse pero que quiere hacerlo rápidamente y con tecnología limpia, y para garantizar el acceso a la cultura a una masa agorofóbica de buenos ciudadanos que hace tiempo han dejado de leer. Si la cultura habrá de convertirse en un juego para una población de intelectuales de sobremesa, o un paseo entre celdillas coloreadas e interactivas, la red es el mejor mensajero. Internet es fascinante, lo que nos preocupa son sus usuarios y el impacto de esta extrahordinaria tecnología sobre todas esas mentes con bajísimas capacidades de resolución confundidas con el camelo del puro diseño cultural. Los grillados se dan cita en infinidad de direcciones heterogéneas hechas a medida, e intercambian slogans, palimpestos, poesía erótica y una variedad de caldos carentes de cualquier elegancia o método, mientras se quedan en sus casas solos como se viene haciendo desde siempre. Se bajan programas, se chatea, se envían correos, se hacen consultas bajas en calorías intelectuales…click es el nombre del juego…la cultura es un videojuego, y este muestreo nervioso, su método científico.

Como las atómicas, estas armas no tienen límite teórico, pueden desplazar una fuerza machacante para tu minúsculo par de pelotas. Puedes pasar de Perry Como a la pornografía infantil, de la historia de la literatura latina a la manufactura casera de armas químicas, en cuatro o cinco pasos. Es imposible hacerles frente, es como un plasma que viajase a la velocidad de la luz. Por la mañana: media jornada de criminología laboral en el trullo; por la tarde: guerra nuclear; por la noche: Internet. Y sin parecer alarmistas digamos que ambos gadgets (gadget fue el nombre de la primera bomba) comparten el mismo estilo universalista y las mismas metáforas cósmicas y ultracientifistas, con la diferencia de que al menos retrospectivamente, desde el 49 la primera habrá hecho menos daño.

En términos mediáticos está claro que a nuestra cultura le gusta jugar a la totalidad y a la disuasión blanda, y quiere un *status quo* programático y una erudición normalizada que sea igual para todos y de fácil acceso. La cultura es diversión, una implosión de energía de poca masa, no hay nada de aquella vieja trola oscurantista de los antiguos objetos bibliográficos, nuestro cerebro se derrite de placer y vivimos contaminados dentro de un espacio de comunicación plena. Nos faltan guías para la defensa civil (Family Protection Guides) ante semejante despilfarro de medios y proliferación tecnológica; si no nos cuidamos nos meteran portales por el culo, nos harán infiltraciones en los huesos, nos implantarán chips en los lóbulos cerebrales para garantizar una buena recepción, lo único que se puede hacer para defendernos es racionalizar nuestros impulsos y festejar la vida en su justa medida. El boom de las comunicaciones han abandonado las altas esferas para cebarse en la vida cotidiana, y nos han hecho creer esta locura de la inmediatez y la comunicación universal como si fuese dogma. Es imprescindible desconectar el chisme y repensar el tiempo y los contenidos antes de que todo estalle en mil pedazos. Si señor, no soy ningún reaccionario, pero me jode este aspecto electrónico de la cultura, y sueño con sacar a los chicos listos de las nuevas tecnologías a dar un paseo por el ágora.

Un tipo en la calle que me aborda y dice: "soy de Zamora, pero escribo igual que Quevedo." Desconcertado, me distancio sin dirigirle la palabra. El escenario es la Plaza Mayor, el perfecto decor S.XVI de la arquitectura municipal. El encuentro me inspira alguna reflexiones: ¿será realmente de Zamora?, ¿qué tendrá que ver Quevedo con Zamora?, ¿estará la poesía de este desconocido a la altura de los clásicos del diecisiete? Olvidé decir que durante el breve encuentro me ofrecio una xerox con un par de sus sonetos. ¿Será éste el lugar que se le tiene reservado a la sátira española en los tiempos que corren, el de la locura, el de la mendicidad ante la ausencia de mecenazgo, el de la vulgaridad? ¿Será este personaje de Zamora que deambula por el Madrid de los Austrias tan bueno como el maestro Marcial, y aún así se vea condenado al ostracismo y a perpetuarse como autor desconocido y mendicante? Como habrán adivinado, la clase de reflexiones que experimenta un individuo ocioso y sin responsabilidades y que da como nadie el perfil del sujeto cultural contemporáneo. Lo cierto es que apuré el paso y salí de allí escopetado, pasando como una exhalación entre el retail de boinas, mantillas y bocadillos de calamares, para dirigirme a otros territorios más anónimos sin más cultura barroca que la imprescindible para pedir una ración de bollos de vacía, lechones y capones asados. Está claro que nadie iba a tomarse a ese tipo en serio, especialmente cuando una semana más tarde le sorprendería dirigiéndose a una pareja de atocinados turistas americanos con algo tan diabólico como el señor Francisco de Rioja, en un icomprensible atentado contra la lírica menor castellana. Aún así, seguía obsesionado con preguntarme si nuestra formidable cultura del diecisiete, y muy particularmente, la sátira, estaría condenada por esta cultura de atrezzo y pocas palabras que frecuentamos hoy, al olvido y a la marginación, y si la picaresca amarga y la comicidad literaria abrupta y apasionada estaría destinada para siempre al ostracismo. Me preguntaba dónde estarían nuestros Amis y Selfs, tipos cultos y crueles como el hidalgo montañés (de las montañas de Burgos), dispuestos a salvar la lengua literaria y fabricar burlas elegantes o bufonadas sangrientas o retratos despiadados de políticos, clérigos y avaros, al estilo de los viejos maestros. Quizás la cultura al uso se caracterice por eso, por desterrar la picaresca y obligarnos a una erudición blanda, sostenida por un lenguaje de préstamo. Es probable que la cosa crematística y los negocios de la creación hayan

hecho desaparecer las vocaciones, y los escritores estén condenados a la extinción, convertidos en chalados intinerantes,
escribiendo letrillas y endecasílabos en los barios históricos
para vendérselos a turistas analfabetos, y siendo remplazados
por plumillas de pacotilla, reciclados de la popularidad fácil,
de la televisión, o cualquier otro soporte mediático. La literatura en manos de famosillos mal encarados, feos o guapos o
narizados…"érase una pirámide de Egipto, las doce tribus de
narices era. Erase un narcisimo infinito… sabañon garrafal,
morado y frito"… armados hasta los dientes con sus delgados
books intelectuales. El futuro es estremecedor, no hay cultura
en la corte, y a los pícaros les está vedada la literatura, les
queda, como siempre, entrar al servicio de alguien, hacerse
cómicos o fulleros, o largarse a América. Y el paisaje, tres
cuartos de lo mismo: mucha telecomunicación y millones de
libros que nacen deshuesados, desangrados y desgrasados,
flor de un dia en las salvajes estanterías de los supermercados,
mientras una piara de escritorcillos desesperados rumian las
calles de la ciudad como fantasmas.

Otro corte cultural: la televisión. Los costes de producción sumados a la búsqueda desesperada de audiencias nos
obsequia a diario con una sórdida televisión antropológica en
donde los responsables lo único que hacen es aportar tecnologías audiovisuales para registrar data, según ellos socialmente
relevante para entender la realidad. Estos mismos señores no
parecen tener en cuenta que en el acto de filmar existen dos
culturas: la del que filma y la del que es filmado; y tampoco
parecen haber alcanzado a comprender la importancia de los
medios en la actual formación de la identidad cultural. El proceso se encuentra todavía en fase experimental y de momento
lo único que obtenemos es un montón de información vanal
sobre acontecimientos de la misma naturaleza. Es cierto que
desde hace años estamos particularmente interesados en el rol
de las audiencias en la construcción del significado, y que

desde los cuarenta estamos implicados en el análisis antropológico de los mass media (Bateson, Mead, Metraux) y el análisis textual de fenómenos virtuales. También es cierto que no existe un aparato conceptual que nos sirva para teorizar acerca de cómo la televisión puede servir para transmitir conocimiento, especialmente mientras su único interés parece estar en la especialización de su propio contexto, el contexto social en el que se producen las imágenes. Basta una breve permanencia frente al televisor, concretamente frente a la programación de las cadenas en emisión libre (el cable o satélite de alquiler es un fenómeno mucho más especializado en captar las audiencias por diversificación) para poder detectar que cualquier parecido de las actuales producciones con auténticos filmes etnográficos es pura coincidencia. El Bus o Supervivientes no parecen ostentar ningún parecido con The Silent Enemy (Carver,1930) o Nanook (Flaherty,1922) o Dead Birds (Robert Gardner,1964)- un estudio de las guerras ritualizada entre los Dani en Nueva Guinea- no tienen ni su credibilidad, ni sus cast nativos. Por otra parte, el boom de los programas hiperrealistas de corte sociológico no hacen sino amplificar el problema (ya planteado en los años veinte cuando Hollywood descubre el box-office potencial de los films interpretados por nativos en localizaciones exóticas) de los guiones y los prejuicios de los productores, y el hecho de que la televisión empiece a desarrollar sus propias tradiciones sobre nuestro orden social, relaciones personales y escalas de valores.

De todo esto deducimos que, en primer lugar, no hay nada antropológico o sociológico en nuestra televisión; en segundo lugar, que nadie como ella ha desaprovechado la oportunidad de intervenir positivamente en la construcción de nuestra identidad cultural; en tercer lugar, que la pobreza intelectual es lo que hace a un televisión intelectualmente pobre, y a menos que ésta se convierta en un metodo alternativo de percibir la realidad terminará hundiéndose en el absurdo junto a sus audiencias; y en cuarto lugar, observar que al menos nuestra televisión está completamente desfasada, casi cuarenta años de desfase en relación a gente como Jean Rouch, Vertov, Vincente Carelli, Terence Tunner, Eric Michaels, por no mencionar el Odyssey del Public Broadcasting Service en USA en los setenta, o al Man de Junichi Ushiyama y la Nippon TV, años de desfase en materia de auténtico *impromptu* televisivo, observación participativa, poder compartido y colaboración activa, y ha perdido la posibilidad de convertirse en soporte para la industria mixta del verdadero film etnográfico.

Dos horas son suficientes, un par de horas frente a ese fascinante generador de imágenes, para verle los colmillos a la bestia. La producción local de *sit coms* es penosa, actores mediocres junto a estrellas de liquidación, todos pegoteados por torpes guiones pseudonaturalistas. Se apuesta por los actores jóvenes, por los adolescentes sometidos a disciplinas de estudio y convertidos en cobayas del método dramático, y se apuesta por estrellas baratas que den credibilidad cinematográfica al producto, y por famosillos que metan en el asunto una cuña sociológica y un aire de realismo; y se reclutan guionistas jóvenes, o jóvenes a secas, de las aulas universitarias, que pongan palabras a todo ésto, una caca de discurso intelectual entresacado de sus viajes de fin de semana y libros de texto. Todos ellos realizados y dirigidos por sabe Dios quién, para crear al final una especie de subproducto escalofriante que te deja casi al borde del colapso total y masivo de todos tus órganos vitales, por no mencionar el desfallecimiento intelectual.

La producción local de talk shows no sólo es penosa, sino que está adulterada por la inclusión de cuerpos extraños al género, y que van desde el humor antipático al debate esquizofrénico, pasando por la pornografía blanda, la subnormalidad, el freakismo (un subgénero de invención nacional), la imitación paródica, el cientifismo, el supuesto reportaje de investigación, la perfomance, el ready made escatológico…la lista es interminable. Y todo está presentado y dirigido por un individuo correcto y controlado, parecido a tu profe de segundo curso, e incapaz de cualquier exceso dramático, de transmitir contenidos abstractos o de hacer gracia, un presentador estrecho de miras y anticarismático como sacado de las filas del Actor's studio de los empleados municipales, un buen tipo, ya saben, que debería estar en su casa montando piezas de modelismo naval. Sin hablar de los guionistas, logocéntricos desconocidos, convencidos de que escribir para grandes audiencias no implica ningún esfuerzo o talento, ni es diferente de aquellas pendejadas con que se apañaban los cursos del instituto, peregnes estudiantes de doxa y del arte de escribir como se habla o de hablar como se escribe, o todo lo contrario, en el mejor estilo "Balas sobre Broadway". ¿Pero qué coño hacen estos elementos en los despachos y platós, es que no van a clase? Y sin hablar de los formatos autóctonos, esos rancios guisos de nuestra cocina rural, hechos a la medida de los gustos desmedidos por las grasas y el colesterol cortado a rebanadas, formatos que son como el menudeo en los patios de vecinos y en las peluquerías. Y por supuesto de los formatos sociológicos, esos trabajos de investigación social en versión local en los que no sólo falta investigación sino sociólogos. Producción costosa, más un enorme equipo de producción, más infraestructura, y todo para ningún resultado, para confeccionar un triste retrato de nuestros aborígenes. Nos ha faltado coherencia y método. Los amigos del Australian Institute of Aboriginal Studies se retuercen en el suelo con incontrolables ataques de risa. No obstante, el éxito de audiencia nos hace pensar que algún botón de la sensibilidad cultural al uso ha sido tocado. El populismo extremo a la hora de elegir personajes parece estar en boga. Ésto, que no anticipaba nadie, podría convertirse en una amenaza contra el star system con el que nos manejamos en casa. Las audiencias, hartas del divismo y las mitomanías socialmente remotas y levantadas con el dinero de los contribuyentes, al menos el que se gasta en prensa amarilla, deciden volcarse con los desconocidos, con la gente corriente y crear mitos de la nada. Ésto, que podría interpretarse como una conducta revolucionaria en la historia breve del comportamiento público, es doblemente significativo. Amenaza, por un lado, el consumo de falsos héroes y divinidades menores para uso cotidiano, la mayoría de ellos mediáticamente forjados para generar riqueza y alimentar una rama ociosa del periodismo; y por otro, amenaza con agravar la preocupante disponibilidad mitómana de las grandes audiencias. ¡Queremos nuevos mitos, pero los queremos en el barrio!, es el grito de guerra. Las familias del sofá, los telespectadores quieren ver rodar cabezas, las de la vieja aristocracia de los medios, quieren a sus pares proletarios vestidos de atrezzo por del Pozo o Verino, y pagados en cifras millonarias por sus exclusivas, mientras imparten ex cátedra frente a las cámaras. Las familias se hacen comuneras, se hacen fuertes en la misma calle, levantan barricadas, y se manifiestan en los alrededores de los platós sociológicos. Quieren a sus mitos vivos o muertos, quieren ensalzarlos, despellejarlos, devorarlos, abandonarlos…y enterrar para siempre a los viejos ídolos. La nueva situación todavía no ha sido descrita, pero quizás además de hacernos todavía más mitómanos y populistas, pondrá a caldo a nuestra paleotelevisión propiciando la elaboración televisiva de temas étnicos marginales (al estilo, por ejemplo, de Channel 4) pero con un poco de suerte, menos estúpidos.

La improvisación y el abandono de la teoría (desde los sesenta no se hace sino chantaje a la teoría) es quizás otro de los rasgos culturales que nos definen. El mundo, a pesar de todos los medios, es el gran desconocido, empírica y hermenéuticamente, y el sujeto, desconcertado y desmotivado, ha decidido hacer caso omiso de su pasado gnoseológico y lanzarse a la aventura del descubrimiento de su propia subjetividad sin pagar prendas a nadie. La cuestión es simple: la única verdad es que no sabemos elaborar nuestro pasado teórico, no podemos ponernos en la piel, empatizar con los viejos maestros, demasiado conocimiento diversificado, ni siquiera podemos justificar curricularmente la pertenencia a algún sistema de significados. En la sociedad contemporánea suele ser el artista el primero en experimentar esta descontracción (pienso en Damien Hirst), el primero en no tener nada que decir sobre lo que hace, sólo que lo hace por que quiere y que lo hace así porque no conoce otra manera de hacerlo. Nosotros pensamos que el sentido común, extremo antagónico del arte en cualquier cultura, se encuentra en tren de hacer lo mismo por analogía con el pensamiento informático, que a la vez de ser íntegramente teórico, no sabe lo que hace. De alguna forma, la gente parece haber desconstruído su pasado y estar inmersa en un vacío absoluto en el que no sabe sino orientarse a instancias de referencias volátiles como la moda, la diversión, la frivolidad, el egoísmo, el tedio... Los sistemas de creencia y juicios han perdido pie y empiezan a parecerse a los caprichos aberrantes del arte que se vislumbra. Lo que quiere el sentido común es satisfacer sus deseos inmediatos sin preguntarse por qué lo hace, ajustarse a programas que le proporcionen una manera rápida e infalible de abordar el mundo, a sabiendas de que es un estructura mental como cualquier otra. A Hirst nadie le moja la oreja. Lo suyo es arte porque no puede ser otra cosa, nos faltan conceptos. Posiblemente, en el futuro también sea arte el maltrato de la mujer, el abuso del menor, los malos modales, la estupidez en televisión, el desorden moral, las patologías sociales en general, tu propia casa, con sus desórdenes y miserias, tu vida cotidiana en televisión o en cualquer otro soporte w.w.w. Así como las palabras pierden su genealogía, también le ocurre algo parecido al sentido. Esto puede querer decir dos cosas, que el sentido común se está haciendo artístico por insensato, y que el arte por primera vez especialmente insensato empieza a tener sentido común. Cualquiera sabe que desde siempre el arte no se debe explicar (ni entender), las cosas no han cambiado desde Millet o Picasso (el ejemplo es de Geertz). Millet, por ejemplo, pedía que se siguiera difundiendo las habladurías en torno a su pintura para así poder seguir admirándose de las ideas que la gente le atribuye. La diferencia radica en que, hoy más que nunca, nadie pide al imprevisto y a la coyunturalidad ninguna explicación, porque ambas forman parte de la naturaleza de las cosas.

¿Han visto ustedes a Hirst? Se le verá tarde, como siempre en la aldea. ¿Han visto "Couple fucking dead twice" o "Away from the flock". Bien, no hay ninguna necesidad de explicarlo. Sólo hay que verlo, aunque para verlo necesitamos antes de la concurrencia del signore Saatchi. Hirst inventa farmacias o mete tiburones o vacas en formol, crea vacíos asépticos para observar la descomposición, o iconos personales (entre sus últimas tendencias).Y a entremedias se deprime, se enfurece y gana grandes cantidades de dinero. Es el artista perfecto. El modelo que todos andaban buscando. La obra y su personaje son inseparables. Hirst, que no es el único, rompe el esquema tradicional del arte y se sitúa en un lugar confortable en el que no parece tener ninguna preeminencia teórica sobre su obra. No hay que confundirlo con el artista que no reflexiona sobre la suya, al menos en el sentido de propiedades formales o contenidos simbólicos, como lo haría el discurso crítico occidental, sino que piensa en ella como una actividad social a menudo intercambiable con otras de diferente naturaleza. Hirst da la impresión de no hablar en ningún sentido sobre su arte, y ha contagiado a la crítica la incapacidad de elaborar un discurso convencional sobre éste o responder con ese fácil sentimentalismo (etnocéntrico en el caso del arte primitivo) con el que se sustituye el conocimiento de la obra en sí y de las condiciones que la producen. Hablar de Hirst resulta difícil porque su obra ha superado los límites de la ruptura formal moderna del lenguaje artístico, para entrar en una dimensión polivalente de valores y sentidos imposible de corregir conceptualmente a partir del discurso crítico al uso. Hirst ha introducido la caducidad (no su concepto), el deterioro, el naturalismo *post mortem* y una insólita medicina forense en su obra. La narración es por lo general trivial, resulta claro que los sujetos están haciendo algo, nadando o copulando o lo que sea, pero ésto no parece tener incidencia en el contexto general. En su caso, el montaje o la instalación suele ser una idea antigua, lo mismo que la narración propiamente dicha, es decir la historia que los sujetos cuentan, lo importante es que la representación en cualquiera de sus modalidades ha sido sustituída por el sujeto mismo (la vaca) claramente inmóvil por defunción. La movilidad completa en el arte no es el dinamismo a lo Calder, es un concepto difícil de manipular, entre otras cosas porque el museo o la galería son todavía espacios fijos, simples localizaciones urbanas que no admiten el transfuguismo. Las vacas de Hirst están muertas, porque si estuviesen vivas ya se hubiesen largado en busca de verdes prados, ni Peggy Gugg, ni Satchi lograrían retenerlas; y si se pudren es porque ese es el destino de la carne, y porque el Sr. Hirst sabe que la momificación o la taxidermia son artes antiguos.

DH es un observador asombrado, un etnógrafo de cierta cotidianeidad vanal que es la misma que todos observamos, un hooligan del Manchester o el Arsenal que ha cambiado la barbarie de las pasiones colectivas, su bufanda y otros signos externos de adherencia, por el team artístico a lo Warhol y la creación artística a su bola. Ha puesto incluso a su persona, como hacían los viejos divos del pincel, en el proyecto, pero lo ha hecho a través del carisma de su naturaleza irreverente y descatalogada de la colección de clásicos. Lo único que ha querido hacer es pintar un par de bovinos echándose un polvo al fresco; pero pintar no es lo suyo, y los bichos no suelen hacérselo en espacios cerrados. Ha hecho lo que podía, dados sus limitados recursos académicos, ha hecho un enorme esfuerzo para localizar fuentes y relacionarse con su entorno. Y los galeristas, unos pocos de ellos, se vuelven locos por comprar piezas insólitas, como si lo insólito no fuese cosa del sentido común y su modo de pensamiento. Los artistas (y el público del arte) empiezan a salir ahora de esos lugares viscerales y fronterizos entre las academias y los suburbios industriales, y están hartos de tanta criptografía explicativa, de tanto lenguaje para iniciados, solo quieren hacer lo que les sale de los cojones y ponerlo luego en el mercado, en el mercado delirante y especulativo y añejo y conservador del consumo burgués. Al contrario de lo que se piensa, Hirst es idéntico a su entorno, su obra es única pero está conectada con todo: con el comercio del arte, con la patología forense, con los impulsos destructivos, con la conservación y la red de autopistas, con la decoración integral y el desmantelamiento de los espacios urbanos, con el vandalismo y la estética callejera... Y su estilo es el de los nuevos dealers, y está donde tiene que estar, y en el momento oportuno, y se dedica no sólo a reutilizar despojos o restos industriales o de cualquier otra clase, sino a hablar extra-académicamente de nuestros derechos y necesidades vitales. El arte es siempre primitivo y no explica la vida que nos rodea; la vida es exactamente igual.

Tenemos a Frankfurt, una auténtica feria del libro, donde los editores acuden a reforzar su imágen corporativa mientras compran unos cuantos kilos, dos o tres mil, ya saben, el libro es básicamente un problema (y un negocio) de la industria del papel y del transporte... habría que inventar los libros ultraligeros, delgadas láminas de pan de oro al estilo de los budistas. Bien entendido, hay un intenso aroma de culto y devoción en ambas experiencias, sólo que el libro tiene que terminar de pasar todavía completamente por esa *última ratio* del no leerse. Y tenemos también nuestra propia feria, un híbrido entre promiscuidad editorial, parque de atracciones y pobre aventura gastronómica, en donde la gente no acude a comprar libros o informarse de las novedades editoriales, sino a generar, como siempre que tienen oportunidad, bulla social. Puedes ir con tus niños, llevar a tu suegra, o en patines, elementos como es sabido, especialmente antiliterarios, y tomarte un par de botellines y un bocadillo de chorizo mientras te sometes a la brutal experiencia de ver a los famosos firmando ejemplares. Los verdaderos lectores no se acercan ni a varios miles de metros de distancia. La contradicción es flagrante: las ferias de libros están llenas a rebosar, atestadas, superpobladas, pero nadie lee, si sumamos a ésto otros fenómenos colaterales como las telecomunicaciones, el ocio colectivo y las clases de cultura corporativa que imparte la empresa, descubriremos una nueva moda intelectual desalentadora, la de la ignorancia, o para ser más exactos, la moda del pensamiento ignorante o la de la ignorancia en el pensamiento. En cualquier caso, el proceso ha sido vertiginoso, del malestar en la cultura a ninguna cultura en absoluto, del pensamiento psicológico e individual (Chomsky), al pluralista, colectivo, culturalmente codificado (Whorf), y de éste a ningún pensamiento. Nuestra hipótesis de trabajo es que la ignorancia es hoy un sistema perfeccionado para operar una curiosa separación de la realidad. Este sistema, aparte de detectarse fácilmente entre familiares y amigos, se observa con la misma claridad en las Ferias, lugares en donde incomprensiblemente ninguna experiencia literaria es verificada.

No saber nada está de moda, existe una extraña ostentación del pensamiento vacío, o lo que es lo mismo, lleno de los lugares comunes que utiliza para codificarse. La comunicación es fluída y hay una evidente afinidad entre los lenguajes, pero los contenidos se encuentran permanentemente en crisis. Por un lado, la formación académica se hace cada vez más especializada y particularista, estrechando y profundizando sus aéreas de estudio, lo que permite a sus sujetos ponerse a salvo del gran desconcierto que provoca la proliferación de sistemas, y proteger su prestigio profesional detrás de un escudo de secretismo chamanístico. Por otro, los que no persiguen formación académica han pauperizado sus objetivos culturales desintegrándolos y sustitutyéndolos por un alimento único, un porridge muy proteínico, como en los establos de sumo, hecho de señas de identidad sociales y teoría mediática. De esta forma siempre hay algo de que hablar y una movilidad discursiva pletórica. La otra cultura, dialéctica, humanista, referencial… se convierte en un fantasma del pasado, en un saber estigmatizado del que es mejor no dar cuenta. Por el contrario, la presunción de ignorancia en este sistema denso y agraviante para el usuario, es un nuevo signo de credibilidad y una contraseña para disfrutar de cierta emergente aceptabilidad social. Incluso los universitarios presumen de una relativa ignorancia, a la hora en que sólo se espera de ellos formalicen sus atributos de minoría educada. Entre unos y otros han dado respuesta a aquella vieja interrogación sofista: ¿para qué sirve la cultura? Está claro que para nada, o en el mejor de los casos, como una estrella de David o un triángulo rosa, para identificar a tus enemigos al mismo tiempo que se les archiva. En este vaciado ni siquiera el saber primitivo se salva: la industria lo produce todo y se espera de nosotros que no sepamos hacer nada, excepto leer las instrucciones de uso; las cosas no se rompen, sólo caducan, se inutilizan para movilizar el consumo, y la reparación a domicilio se convierte en un vehículo autorizado para la supervivenvia de las auténticas mafias técnicas, nuestros modernos hechizeros aliados de la gran empresa. Al final, ninguna cultura: ni los griegos, ni los clásicos latinos, ni la lectura, ni la escritura… ni la recolección (sustituída por la compra selectiva en grandes superficies), ni la caza, ni la escarcificación, ni el vestido (sustituído por la industria de la moda)… nada. Es mejor no saber nada, entrar a formar parte de ese peculiar y selecto club de diletantes entrenados en el manejo de signos del pensamiento único, y no detenerse a pensar que la ignorancia (nuestra) es el negocio (de ellos).

Otro sesgo que puede ser observado en el día a día, es el *pane* (un concepto tomado en préstamo del vacabulario guayaquí, un pequeño grupo tupí-guaraní probablemente ya extinguido, al este de Paraguay). El *pane* es la mala suerte en la caza, roto el equilibrio económico excesivamente frágil de la aldea, que depende de la caza y la recolecta, resulta imposible soportar el peso muerto de un individuo *pane*; y un sujeto en esta situación observará prolija y obsesivamente todas las reglas de conducta que le permitan recuperarse. Es lo peor que puede sucederle, el último atentado contra su honor, y una garantía de exclusión social. Para un individuo *pane* el mundo se cierra, como diría Clastres, y al fracaso técnico en su función de cazador se asocia la amenaza de la pérdida del yo y el derecho de permanencia social en la aldea, cuando no de la propia vida en la selva a manos del jaguar, su competidor directo, una amenaza que en si misma no preocupa al indio. En nuestra sociedad, cada vez más ritualizada y primitiva, en la medida en que las reglas de conducta se viven casi como una obsesión, la idea del fracaso asociada a la pérdida de prestigio social, es igual de nefasta. Afortunadamente no se espera de nosotros que volvamos con un par de monos aulladores para la cena; ni el nacimiento de un hijo nos coloca en una situación de vulnerabilidad y peligrosa exposición al fracaso que deber ser técnicamente conjurada. Pero es posible que el peso simbólico del trabajo y la perfomance social se haga sentir con la misma crudeza que el de la mujer parturienta para el padre (o padres) guayaquí, y esto nos obliga a tener que hacer constantes reajustes de la situación que vivimos dentro de la comunidad. La falta de trabajo o la simple falta de expectativas laborales, la falta de proyección dentro de la escala jerárquica, o el desajuste entre esfuerzo y retribución salarial, producen no sólo abatimiento sino la pérdida de entidad social y la posterior marginación y eventual desaparición. Sin embargo, en este entorno hostíl, uno no se siente del todo a gusto, a diferencia de los aché que en la selva se sienten en casa, y uno juega sus cartas torpemente sin nada de la infalibilidad de los nativos. En contraste con la selva tropical, nuestra sociedad nos acoge en un medio coherente pero lleno de comportamientos imprevisibles, y eso nos hace sentir expuestos, como los aché en la sabana. Éstos no sienten la caza como una carga, sino como una actividad exaltante y gratificadora que los hace sentir en paz con ellos mismos y plenamente libres en el quehacer que les asigna el grupo. Para nosotros, el trabajo, con sus miserias y bondades, genera una mezcla discordante de sensaciones de frustración y gloria, una oscilación sostenida entre el éxito y el fracaso, que poco tiene que ver con ese equilibrio total, físico y espiritual del cazador aché…continuará.

Eat or be eaten

Existía antes, en los sesenta, una civilización regida por los sentimientos y algunos clichés de tolerancia y conciencia social, compuesta por inconformistas, activistas de aspecto gracioso e intelectuales ilegibles, que promovían la liberación, la lucha contra los poderosos y el no alineamiento. Existía entonces la posibilidad de vivir al márgen de esta dieta caníbal excluyente, en un verdadero espacio de resistencia y al menos alguna viabilidad reivindivativa. Las opciones eran múltiples, de los gurús y el Garopa hasta la resistencia armada y el estructuralismo, te dejabas crecer el pelo y la barba, o pagabas la insolencia con tu propia vida. Había dietas macrobióticas y movimientos solidarios y filantrópicos que no eran corporativos. La gente utilizaba su cabeza y no andaba por ahí dogmatizada y lobotomizada con pantalones tres tallas más grandes. Había un discreto paisaje multicultural y los jóvenes agitadores de la década probaban sus dientes contra las blanduras del sistema y la (hoy anticuada) corporalidad de sus enemigos. Los medios de comunicación vivían su edad del bronze, eran mecánicos y movían los engranajes dando tiempo a los más pringados a tomar medidas, se conservaban los contenidos emocionales y la ingenuidad, y se practicaba un estilo voluptuoso y comprometido que poco tiene que ver con la actual neutralidad, junto a una permisividad que nos hacía intensamente felices. El teléfono no se llevaba en el bolsillo y todavía tenía el aspecto de un pollo en el refrigerador, los coches eran caros y en la televisión no se practicaban extremismos ni cultos a la personalidad de cualquiera. Existía una guerra fria con agentes infiltrados y topos que hacían turismo de incentivos en el Este, había roles contestatarios a los que uno podía adscribirse libremente con solo un par de cursos teóricos en Berkeley o en París, y había una guerra supercaliente y paranoica y psicodélica en un lugar improbable como Indochina que era una puesta en escena, una perfomance, una acción publicitaria de la pax americana con un fuerte componente racista y música de Jimmy Hendrix…

Pero un dia todo eso se acabó y llegó un tiempo de transición muy estimulante en donde los muros se derrumbaban y la transparencia invadió los sistemas más opacos y se firmaron alianzas con antiguos y recalcitrantes enemigos, y entonces se inició un período de postguerra fria que no ha dejado de crecer y globalizarse, al mismo tiempo que se fragmenta por dentro y se etnifica brutalmente, mientras nos engulle. Uno no se resiste fácilmente a los tecnoplaceres y al consumo, más aún, se podría decir que las mayorías -que están hechas un asco- construyen su personalidad a partir de los gadgets de los que se dispone en el mercado y que se ocupan de difundir el mensaje teórico de los superpoderes amancebados y ocultos detrás de complejas fusiones y sociedades. Un mensaje teórico todavía no formulado que nos hace autodestructivos y nos conmina a comprar el futuro en bienes eléctrónicos y bonos de telecomunicaciones, y a aspirar a un poder irrisorio de empatía universal y a un diálogo plano y constante con los demás pringados que recuerda al murmullo de los insectos.

Y si ésto crea una sensación de amenaza para la identidad personal, se han puesto en marcha unos planes a corto plazo de afianzamiento local o provincial o mini-nacionalista más o menos etnocéntricos que podrían calificarse de parroquialismo, y que sirven para preservar el placer y la certidumbre de chapotear en un caldo de particularidades intensas bien conocidas. Uno vive en su entorno, o en su ciudad o aldea, tecnológicamente difuso pero bien a gusto en un tibio caldo interior. Galicia, nueva York, Gerona o Gibraltar… da igual. ¡Vivan los buenos viejos tiempos de lo malo conocido, del vecindario, de la historia local y el canibalismo en casa! El mundo amenaza con devorarnos, convertirnos en microchips, en pequeños transmisores de su orden universal; nosotros nos defenderemos haciéndonos fuertes de una manera anecdótica en reinos caóticos de duendes y lepricornios, hasta que todo vuelva a la normalidad.

Así estamos: lo exótico a la vuelta de la esquina y nosotros encerrándonos en nuestros estrechos horizontes pueblerinos. En el futuro todos tendremos que hacernos antropólogos para negociar con alguna lucidez el complejo camino entre dos estaciones de metro. En Manhattan no saben una mierda de Pamplona o Sierra Leona, construyen a diario su propia personalidad exótica a base de estoicismo, indiferencia y paranoia, se hacen superhéroes de su gran ciudad extrema, igual que si fueran un pueblo de La Mancha. Los catalanes hacen lo propio: se dogmatizan y se pasteurizan, limpian su sangre de agentes contaminantes como si fuesen una comunidad menonita en el Chaco paraguayo, diversifican sus ciudades, las proveen de un lenguaje arquitectónico que las hace diferentes a otras culturas urbanas en la península, buscan afinidades entre sus vecinos y reinventan un lenguaje mediteráneo del que se sienten protagonistas. Los gallegos, desde una óptica más introvertida, también se pasteurizan, vuelven a sus modelos tradicionales y a un difuso parroquialismo celta por asociaciones difusas con otros pueblos (galeses, irlandeses, bretones…) de su área de parentesco histórico, mientras emigran a Nueva Yersey o Brooklyn sólo con la intención de maximalizar sus ingresos en una divisa fuerte, abandonando toda aquella melancolía ritual de la diáspora de postguerra, y dejando a su split family en el terruño memorizando los códigos y construyendo interminablemente su última y definitiva residencia de doble planta. Una personalidad a tono, también construída desde el desgarramiento, la emigración extrema, la desestructuración familiar del mundo rural, y el inmovilismo de la burguesía urbana, debería incluir rasgos como la contención, la hospitalidad, la impecable etiqueta social para las adversidades, una especie de panatlantismo biopsicológico que comparten con otros pueblos de los frentes tormentosos, y una curiosa brusquedad impostada que expresa por oposición su delicada y compleja naturaleza reprimida. Los corsos reclaman autonomías más amplias y les siguen otras etnias francesas; ocurre lo mismo en Europa del este y en la ex repúblicas soviéticas, y las tribus de Africa se atomizan al punto de mutilar a sus vecinos con la sola intención de volver a trazar el mapa colonial y hacer de su tribalismo feroz un doble colonialismo en donde los poderes coloniales son ellos mismos y los colonizados también. Mientras, Latinoamérica se federaliza ingenuamente, creando por un lado una supercasta económica que no conoce fronteras, y por otro una enorme masa social desposeída y precaria en donde se mezclan criollos, mestizos, pobres y clases medias en retroceso… El espectáculo está garantizado y se le conoce entre nous como: comer o ser comido.

Si nuestra cultura incluye en su dieta de estación la ingesta, aunque sólo sea simbólica de partes de nuestro propio cuerpo o el de nuestros congéneres, es algo que nos preocupa. Ser engullido por lo medios de comunicación, la afectividad cotidiana, el trabajo o las propias señas de identidad, pocas veces tuvo tanta significación, y se convierte en una manera nueva de pasar a formar parte de los demás. Si antes podía uno resistirse al enfrentamiento desde una posición de marginalidad, hoy no queda otra posibilidad que formar parte de esta rotación circular de doble signo. Los márgenes son ahora patéticos, y los que habitan en ellos gozan de un status de decadencia, obliteración y mal gusto… el trascendentalismo, las viejas escuelas de pensamiento, los programas de letras, el texto literario, la teoría romántica, la memoria histórica, el cine de los sesenta, el ocio, la muerte… La cultura contemporánea impone sus ritmos como si fuese un frenético carnaval electrónico, mientras el alma escapa a velocidad de barrena.

A nadie le interesa otra cosa que el canibalismo televisivo, devorar a subtipos genéricos que evocan la parodia de nuestra propia circustancialidad en un medio de diseño mediocremente programado pero muy tecnológico, que dibuja el paralelismo perfecto con la vida cotidiana. En este exaltante duelo entre depredadores y presas, la opción crítica, digamos intelectual, no sólo es inadecuada, sino también perseguida. Los europeos, y muy especialmente los protoeuropeos, vivimos el punto crítico y terminal de esta enfermedad degenerativa de cierto sistema de valores, y no hemos llegado aún a la cura autocrítica en la que están otras sociedades mucho más pragmatizadas que han descubierto a tiempo la rentabilidad del buen gusto y el gossip intelectual. La televisión devora nuestras células linfáticas, se mete en la circulación como si fuese una droga de diseño, y sustituye con imágenes y sentimientos sintéticos cualquier sano ejercicio de representación. Y los que van a ser devorados, una pobre casta elegida al azar, ofrece su cuerpo en sacrificio a los currantes mollocks de la cara oscura de la TV a cambio de no demasiado grandes sumas de dinero y la promesa de un chute total en la psicopatología de la popularidad. Que la televisión es una mierda es bien sabido, que la mierda en televisión somos nosotros, se sabe menos.

En el mundo gris del trabajo se observa una sintomatología similar, salvo que se reducen las cifras (vivimos todavía en en un espacio económico de remuneraciones sátrapas y sangrantes sin ninguna justicia social), y la popularidad se reduce también a los márgenes más o menos clínicos de la oficina y el área de influencia de la empresa. En la macroeconomía los valores se disparan, y se da una cosmología universal de fusiones y opas que movilizan cifras inmateriales de dinero, y los protagonistas nacen, mueren o estallan como planetas. Creamos idolatrías económicas y figuras de culto que materializan los sueños de la mayoría de multiplicar al infinito la cuantía de sus recursos y entrar a formar parte de esta élite cosmológica de los amos del universo, según reza en las genealogías de los poderosos. Nuestros aprendices recitan de memoria las escalas litúrgicas que ordenan las altas jerarquías del orden económico, siguen sus instrucciones y consejos espirituales y repiten miméticamente el comportamiento de los gurús del gran espíritu financiero. Intercambian fluídos vitales, los cabrones, a través de sus mergers y toda clase de movimientos telúricos que reorganizan los flujos del dinero. El canibalismo económico es esencial a la hora de asegurar que no habrá pérdidas y de garantizar la transmisión adecuada, no del espíritu, sino de los bienes del muerto.

En el mundo del arte ocurre algo parecido. Los pequeños artistas de atelier han desaparecido en beneficio de los grandes sintetizadores, las grandes máquinas no de pintar sino de generar todo el lenguaje ecléctico del arte, tipos increíbles que hacen desaparecer aviones en sus estudios, que reutilizan restos orgánicos, cadáveres de mamíferos enormes, o que reciclan depósitos fecales para sus esculturas de papier mâché, al mismo tiempo que producen sus propias puestas en escena y programas de televisión, y hacen a través de sus agentes conexiones bursátiles que mantiene sus valores más vivos que los de Microsoft. El arte se magnifica (Oldenburg, Louise Bourgeois...), se copia de los modelos industriales y entra más que nunca en la circulación del dinero por la puerta grande. Los artistas, media docena de ellos, viven sus mejores tiempos, se convierten en pushers financieros y al mismo tiempo en divas extravagantes. Un poco como Miguel Angel en el Vaticano, con sus trabajos de encargo y bufones… l'Indaco, Menighella… pero sin aquellos frescos llenos de ocres, amarillos de Nápoles y tierras verdes tostadas. En su lugar, grandes montajes absurdos pero con la carta de naturaleza que dan mecenas como Saatchi o la Tate Modern, y nada de inspiración religiosa o cualquier otra inspiración, sino una especie de corto publicitario de la propia frustación artística hecha de restos ocasionales. Los artistas canibalizados, por su parte, exprimen sus esencias en beneficio de este lenguaje de síntesis, y desaparecen en el ostracismo de sus minúsculos estudios. Los chicos listos del art trust no quieren formatos pequeños, quieren expos universales, naves espaciales, desiertos, puentes, bosques húmedos enteros, son arquitectos frustrados, quieren ballenas azules en tanques de formaldehído, quieren inventar mitos y crear cuerpos vivos a partir de restos funerarios… Si se desea ser alguien en el mundo del arte es preciso dejarse de tonterías del tipo artista sublime o aquél asunto de las pinceladas o las mezclas propias o los microgestos de las vanguardias, y estrechar filas con los directores de marketing y las oficinas de obras públicas, son éstas y los coleccionistas los que marcan tendencias. Las opciones son infinitas, hay artistas con aspecto funky que encargan sus diseños industriales a Perkins & Will o a Solomon Cordwell Buenz & associates, y otros que viajan a Ghana o a Mali buscando reforzar étnicamente sus cualidades atávicas… Ya no hay arte pequeño como con Monet o Pisarro, se le deja a la tecnología la magia de cautivar en esos espacios, hoy es necesario que el arte se sitúe entre los medios de comunicación de masas y que sirva para trascender el viejo mensaje de carácter intimista, y elaborar insólitos proyectos de decoración. El artista se ha hecho inteligente al tiempo que ha perdido su capacidad plástica, teóricos implacables de su propia obra se muestran incapaces de pintar un monigote. Otros lo son todo, técnicos y cerebrales, y tienen el mismo poder de encantamiento que Gautier o algunas pinturas rupestres en Africa. En cualquier caso, engullimos las obras de los antepasados, lo que más se paga son las ideas frescas, un poco como siempre, las ideas frescas no importa que huelan un poco. Corren tiempos felices, a la pregunta de ¿qué coño es el arte?, no hay quien responda. Hay un mercado para las grandes falsificaciones, para el arte perecedero, y muy especialmente para lo insólito. Muerto el artista, en este oscuro pasado de morbo y canibalismo nadie quiere saber nada de genealogías.

Y otro tanto ocurre en el mundo de los sentimientos. Acabado el matrimonio burgués, asumido el fracaso de la familia occidental, terminada la pasión en beneficio de los horarios laborales y la pareja institucional, nos queda apenas la ilusión de comer y ser comidos, hacernos depredadores en nuestros clubs de barrio. El 2X2, el Chandelles… hacen furor en París. Lugares extremos para una sexualidad desinhibida y decadente. Junto a la macroeconomía, nunca ha existido un imágen más representativa de nuestro final anunciado. Perversión, promiscuidad, escatología, estupidez… todo tiene cabida en estos extraños lugares en donde se pone a debate cierta precariedad sentimental. Porque hablamos de sentimientos (no de sexualidad), uno de los últimos espacios a ser transgredidos. El discurso de la sexualidad se ha quedado en Viena, los matices de que hoy disponemos para hablar de ella son algo así como funerarios: la impotencia, la sexualidad química, la pornografía, el narcisimo… En el 2X2 o en el Chandelles, te seudoviolan o te sodomizan en presencia de tu marido o mujer o partenaire ocasional, se practica la poliandria desenfrenada, el voyeurismo, el chauvinismo extremo, puedes desangrarte por el ano o conseguir que te perforen el útero, pueden reducirte a cenizas emocionales o acabar con la última brizna de optimismo e ingenuidad que queda en tu corazón, puedes desintegrarte como persona en un ambiente liberal institucional hecho para la cria *in vitro* de especies sentimentales desconocidas. Los más débiles son devorados, física y moralmente aniquilados por tipos priápicos y analfabetos intelectuales que deambulan por las sombras terribles de esos bares del fin del mundo, prendados por sus atributos y pavoneándose como enfermos mentales. La sexualidad obsesiva, tan parecida a aquél canibalismo aprovisionador de los tupí que amortizaba a sus cautivos doblemente: por su sexualidad unida a una jocosa sentimentalidad social (mientras vivían), y por sus proteínas (después de muertos), parece ser el síntoma de sociedades que quieren rentabilizar al máximo aquellos impulsos que empiezan a parecer extinguidos. Houellebecq me recuerda a Panero, sus relatos de promiscuidad y sexualidad temática en los hospitales psiquiátricos. La sexualidad burguesa de "Sexo en la ciudad", me recuera a ambos. Nos preguntamos si alguna vez hemos disfrutado de una vida sexual saludable, o si como con las chicas de la serie, todo se ha reducido a un mal rollo de despropósitos y malentendidos, cuando no de graciosas y no tan graciosas psicopatologías, bien mezcladas con una sensación de decepción. Entre dos, dice Bukowski, siempre hay un amo y un esclavo…nos engordan y pintarrajean para nuestro sacrificio y luego nos dejan allí tumbados, mutilados y desconcertados, mientras el otro se va a la ducha o duerme con el estómago lleno. Hoy, en nuestro continente al borde del cambio epistemológico, se presume de una sexualidad sana, hecha con partes de trabajo de laboratorio escandinavo, algo de viejo liberalismo frances, la sensualidad difusa del mundo mediterráneo y un poco de método anglosajón, pero no se dice nada de este despiste sentimental que experimentamos a la hora de materializar nuestros deseos. La sexualidad puede ser un infierno o un paraiso, dependiendo de la sentimentalidad que se le asocie. Como diría Panero, todos estamos un poco locos y apremiados por una urgencia sin sentido, y apenas nos queda tiempo para un simple polvo o una buena mamada.

La situación global es confusa, por un lado se eleva nuestro rendimiento bruto, aumentan las expectativas materiales, se nos concede una nueva dignidad urbanística sin salir siquiera de la aldea, y en algunos casos incluso aumenta significativamente nuestro patrimonio; por otro, se nos convierte en alimento para los demás, dialécticamente ya saben, como se decía en la antigüedad, a través del trabajo o por la simple exclusión del gran banquete de los cazadores. Hoy, como en aquél inquietante relato de Staadler, muchos viven cautivos, engordando, charlando con otros paquetes de proteínas, en el patio fangoso de los futuros comensales.

Criaturas exóticas

En el horizonte de la ciudad, en los cinturones industriales, en los cultivos intensivos, en las playas, en las barriadas pobres se levanta un paisaje de comunidades exóticas que se entiende mal, y con ese carácter unidimensional que asoló la península durante el pre-europeísmo. Nuestros vecinos conocen bien la experiencia, comunidades angloindias en el Reino Unido, argelinos y negros de la Francia colonial que han establecido sus derechos de ciudadano en la ciudad luz hace ya varias décadas, la emigración consuetudinaria turca en Alemania, los albaneses en la Italia meridional (los etíopes en la Toscana, street vending en el Rialto), los indonesios de Java, Yogya, Bali, Sumatra, en Holanda…Todos ellos han dado valiosos rasgos eclécticos y una fuerza caleidoscópica a la mojigatería y europeísmo parroquial de la postguerra. Nosotros, como siempre, nos incorporamos mal y tarde a este provocativo capítulo de estudios extranjeros en nuestra propia casa.

Entran por el mar y por el aire, el ritmo es creciente y hay una escalada de cifras como era predecible. Todo nos hace pensar en esa misma lenta homogeinización que se cons-

291

truye en Europa desde los años sesenta, sin embargo es probable que, siguiendo la costumbre, estemos haciendo algo mal…no sé, controlando esas minorías desde fuera, con una jurisprudencia coercitiva y duras leyes de inmigración, excluyéndolas de los auténticos procesos institucionales, según norma de la casa, desconociendo cualquier principio de diversidad (y persiguiendo la literatura sobre ésta) e ignorando su riqueza idiosincrática. Nuestras culturas exóticas se tiran de los pelos pensando en la inmigración que les espera, mientras los buenos vecinos del districto Centro y Lavapies, por ejemplo, se hacen la señal de la cruz desconcertados ante la llegada al barrio de espiritus malignos del Sahel o de restos bélicos de Sierra Leona, o de valles animistas en Ecuador. La aventura es excitante y el anecdotario de las ciudades se llena con toda clase de aventuras asombrosas procedentes del mundo antropológico de la inmigración.

En el pasado eramos undimensionales. Apenas se veían extranjeros en nuestras tierras, y los que había, vivían una singular experiencia para-colonial en donde no solo eran agasajados y tratados con mimo y paciencia exquisita, sino tambien disfrutaban de jefaturas reservadas para ellos, como en las Fidji. Las gentes de otro linaje, aunque ocasionalmente maltratadas por las instituciones, eran consideradas valiosos contactos y agentes de cambio por una sociedad que salía de interminables años de aislamiento. Superadas las primeras desconfianzas y el miedo a que los elementos perturbadores rompieran el equilibrio interno y la simpleza formal de esa pax sociológica que venía impuesta desde los años cuarenta, éstos eran socialmente proyectados a través de la empresa o el matrimonio o los vínculos sociales, pasando a formar parte de una corte difusa de asesores. La burguesía, las clases medias, los estudiantes… todos pobremente niponizados, sin tradiciones estéticas y formales a las que agarrarse, encerrados a cal y canto en un absurdo shogunato de copa y puro y sin ninguna fuerza de carácter, veían en estos curiosos forasteros la fascinación de horizontes desconocidos, y sentían el olor de tierras misteriosas en donde la gente vivía sujeta a códigos políticos ultraliberales, se practicaba la retórica o se consumían enormes cantidades de carne de vacuno.

En aquellos tiempos todavía se modelaba un raro carácter nacional, folklórico y fuertemente escolarizado, bien untado con los ungüentos del viejo régimen. Ser español era una *commodity* de segunda, en donde uno se sentaba a la puerta de su casa para ver a los otros venir. Los sentimientos nacionalistas dormían un largo sueño invernal mientras vivían de su propia grasa, prepárandose para estallar un día con la virulencia de un virus congelado. Eran tiempo difíciles, el panorama intelectual resultaba ingenuo e incestuoso, había emparedados vivos, la televisión se hacía con estacas para atravesar cadáveres y todos vivían en un limbo cultural del tipo que uno experimenta en Albania o Madagascar, ese sopor del aburrimiento, el progreso detenido y la falta de demanda. Caminabas por las calles de tu ciudad endógena y no veías ni un sólo negro, de Ghana o Guinea ecuatorial o Coata de Marfil, da igual, y el único y solitario chino de nuestro panóptico era Fumanchú.

Hoy, aunque nos falta algo de experiencia en materia de convivencia, empezamos a acostumbrarnos a que familias o grupos de solteros procedentes de Cantón, Medellín o misteriosas ciudades ecuatorianas, se instalen en el piso de al lado e inicien una existencia cotidiana parecida a la nuestra, en la medida en que lo permitamos. Cualquiera conoce la cantidad de reliquias del pasado (preceptivas morales, cultos, clichés convivenciales, una agresiva etiqueta social inadecuada para el multiculturalismo, inclinación a patronizar y tratar a los extranjeros como niños maleducados inspirada en el más completo desconocimiento de raiz nacional, o alternativamente, una simpatía y curiosidad empalagosas hechas de los mismos elementos…) que los pobres desgraciados tardan años en desmontar. Los recién llegados no se encuentran con el esnobismo y la predisposición de otras culturas receptivas; aquí nunca se han promocionado la hetererogeneidad ni la diversidad al estilo Isaac Joseph o Manolo Delgado. Los desafortunados quichuas ecuatorianos o negros subsaharianos que llegan no se encuentran, como antes sus hermanos en Francia o Holanda, con la tolerancia muda o la caza romántica a lo exótico, inmediatamente seguida por medidas de proteccionismo social, sino con una actitud de desconfianza y permanente mal humor, difíciles de contrarrestar. Con más frecuencia de la deseada actuamos como auténticos perturbados mentales a la hora de contemporizar con los extranjeros, otras muchas somos objeto de burla, fruto de la habitual incomprensión entre etnias. Somos como dowayos y fulanis, tutsies y hutus, tinglits y esquimales, kosovares y bosnios... qué sé yo, una maraña de tribus incompatibles, obsesionadas por viejas reliquias y tradiciones del pasado, motivadas por un deseo sedicioso y criminal de poder sobre los demás.

Tarde o temprano habrá que aceptarlo, una multiculturalidad de cielo cerrado (donde la convivencia puede pasar en un instante del equilibrio al caos...ver Zimbawe) aparece por todas partes. Basta dar una vuelta por el barrio. Aunque nuestras escalas sean todavía anecdóticas, puede detectarse una colonización lenta que sigue patrones muy bien definidos. Cada asentamiento tiene sus particularidades, dependiendo del lugar y de su naturaleza. La aventura no es exactamente apasionante, pero al menos estimula la curiosidad, y ayuda a dar los primeros pasos en un relativismo de supervivencia. Veámos.

En menos de doscientos metros y en la puerta de mi casa me encuentro asediado por unas cuatro muestras de comunidades diferentes apenas capaces de negociar entre ellas, y no digamos conmigo, el tejido de sus peculiaridades. En el bajo, alterno con la presencia preferentemente nocturna y homologada al calendario de fiestas musulmán, de un bar con musica marroquí en vivo con todos los ingredientes tradicionales, ya saben, armonias obsesivas, palmas, castañuelas y tambores bendirs... que me introduce noche a noche violentamente en la cosa fonética y gutural y la fuerte presencia de hormonas masculinas de oscuras barriadas del Rif, de Safi, Salé o cualquier otra ciudad de la costa. Dormirse en un medio acústico como éste, precisamente cuando el sueño ligero pide a gritos el retorno a un rincón uterino cubierto de signos familiares, requiere la templanza del lama Rinpoché. La verdad es que hecho en falta la paz de las mezquitas, el silencio y el murmullo de la oración con el que nunca se me obsequia. De verdad que lo he intentado, entrar en un estado de ánimo magrebí y conciliar el sueño al ritmo de sus canciones, pero confieso que no lo he conseguido, hechas como están para el desierto y el campamento, dentro de un apartamento suenan como una camada de gatos en una bolsa.

En el bajo contigüo, separado por un tabique de pocos centímetros, un restaurante indio, con sus alfombras y wallhangings del Rajastán, su horno tandoori y todos los colores de las especies en la decoración interior, y justo debajo de la ventana del salón, sentados sobre sus talones y fumando bidis un cocinero y un auténtico pinche de Uttar Pradesh o Bihar, ilegales que rotan anualmente, con varios expedientes abiertos en materia de crímenes contra la higiene en locales de restauración, y que pasan la noche conversando animadamente, escupiendo y tratando de pillar un destello de mi mujer en bragas evolucionando por el salón. Lo cierto es que horas de hindi e intensos olores de curries, tandoories y masala, te dejan en un estado lamentable de desaliento y rencor contemplativo hacia toda la nación india. Está claro que con la excepción de Santa Teresa de Jesús y otros conocidos devotos, la gente corriente sólo aguanta estos fuertes standards subjetivos desde el Overoi o el Mughal Sheraton. En casa la experiencia resulta demasiado cercana, como un trabajo de campo, y un pobre escrupuloso obsesivo como yo necesita otra perspectiva.

Pero sigamos. A unos veinte metros, latitud sur, en un espacio vital de no más de sesenta metros cuadrados, habitan tres generaciones de chinos huaqiao de ultramar. Son discretos y silenciosos, cosa que nunca agaradeceré lo suficiente, y aparte de la pólvora y el papel higiénico, han inventado la manera de discurrir subrepticiamente por el vecindario durante diez años. Los ancianos viven reclusos en un mundo de altares de plástico y ahorros secretos, su entereza y distanciamiento raya en lo divino; siempre he dudado si los chinos están chalados, o son auténticos heremitas étnicos, o ambas cosas. Los jóvenes están aculturados, son bilingües y funcionan perfectamente bien, como máquinas de guerra. Aunque aquí digamos no encontrarán muchas, cogerán todas las oportunidades que la sociedad receptora les de, y eventualmente volverán a emigrar, a Australia o Canadá, sus particulares el Dorado. La magia de esta cultura tránsfuga no tiene límites y atraviesa el planeta sin esfuerzo. Mis chinos son una maravilla, inescrutables y displicentes, y sólo se permiten un par de grandes crisis emocionales al año que duran unos pocos segundos. Es cierto que uno no puede fiarse de ellos, pero eso no crea ningún mal precedente, se sabe que éstos son por naturaleza inconsecuentes.

En el apartamento de enfrente, en la misma planta, en un espacio de más de ciento veinte metros cuadrados, adquiridos de manera imprevisible y en contra de su tradicional frugalidad y economía de supervivencia, una pareja de uruguayos de la generación pérdida con un hijo adolescente nacido en el exilio, haría las delicias de cualquier espíritu nostálgico y mortecino. Ella es delgada y pálida, él es obeso y pálido y camina lentamente y con un rictus funerario como si fuese un zombie haitiano o del Camerún, si existiese un panteón vudú entre la noble sociedad criolla de la ROU (República Oriental del Uruguay), él sería la cabeza. Uno de los dos es pianista, y por las tardes interpreta mazurcas y temas clásicos poco conocidos. El hijo adolescente, delgado y activo, incapaz de enfrentarse a los pequeños actos de madurez propios de su edad, posiblemente a causa de esa imágen agónica de la edad adulta que proyecta su familia, divaga amablemente entre toda clase de juguetes durante períodos aproximados de quince o veinte dias… espadas de samurai, patines, cohes teledirigidos, walkie talkies, aeromodelismo. En su conjunto, el grupo revela un montón de claves sobre la familia nuclear uruguaya y el exilio entre culturas sedentarias fuertemente asociadas a la tierra. El exilio uruguayo, técnicamente forzoso y violento, queda reflejado en la pérdida de entusiasmo, la decrepitud de las ideas originales vinculadas a la emigración, y la incapacidad para afincarse sin un gasto emocional excesivo. Mis pobres orientales al lado de mis chinos, parecen unas tristes cobayas inoculadas con el bacilo de Koch. Entre todas estas muestras, brillan con luz propia una gran variedad de criaturas autóctonas (pensionistas, jóvenes extranjeros comunitarios en asignaciones laborales, parejas de recién casados, divorciados, solitarios…) en tránsito hacia lo que sea… la muerte, el regreso, una vivienda digna, la marginación permanente… pero son harina de otro costal.

Si ahora abandonamos el domicilio familiar y buscamos un espectro más amplio, en un radio de apenas trescientos metros nos encontramos estas mismas comunidades en pleno funcionamiento y mostrando ya los signos de una aculturación precaria y un mestizaje psicológico bastante desfavorecedor. Este nuevo exotismo de cuño local es muchas veces patético y exhibe todavía el aspecto de esa mezcla frustrada entre el espiritu pionero y una sociedad indígena refractaria. Amortiguadas las singularidades y acriollados a la brava, nuestros extranjeros se embrutecen. Es probable que en países más distributivos adopten los atributos evidentes… en Francia, por ejemplo, se intelectualicen, y en Alemania quizás se germanizen… a saber, lo cierto es que pocos intelectuales subsaharianos surgirán en estas costas.

Una tarde, antes de la puesta de sol, decidí pasear por el barrio a la búsqueda de algunos signos de adaptación precaria y de las primeras marcas de una futura cohabitación seguramente decepcionante. Resulta difícil verlo de una manera optimista, cuando todo nos induce a pensar que nos encontramos en un lugar inhóspito. La aventura de la ciudad tiene que ver con códigos tan complejos que difícilmente uno pueda usufructuar sin generar tensiones. Su parte interior es privilegio de las clases medias (los ricos habitan pequeños satélites de verdor en la periferia o en areas protegidas); su parte exterior, en la intemperie, es tierra de nadie. Y es justamente aquí, en este humus urbano, en donde discurren nuestros sujetos.

La comunidad negra africana, por ejemplo, bastante dispersa y en tensión permanente con el medio, por su deseo de hacer de este país un lugar de tránsito hacia lo que ellos consideran auténticas culturas de acogida, y por que piensan que en materia de etnicismo blanco, somos una tribu de cuarta, como los bushmen o los dowayo, incapaz de generar prosperidad alguna para terceros. Entre ellos, las opciones son pocas: irse es la primera (la venta ambulante es el mecanismo de ahorro), o quedarse y entrar a formar parte de mafias marginales de la droga; o, por exclusión, españolizarse, lo que como cualquiera pueda imaginar, no significa nada excepto una opción lingüística, y hacerse sirviente de algún amo de provincia; o dedicarse al laborismo de derecho común entre los inmigrantes. Las mujeres llevan la peor parte. Es frecuente verlas perder la razón, fijar algunos tics delirantes de su desconexión con el pasado africano, y deambular por las calles practicando una curiosa forma de mendicidad por la que no piden abiertamente, sino que se autoconfinan en un acto público de autismo. Abandonadas por el hombre, excluídas de sus relaciones familiares y de género, estas pobres mujeres entran a través del spleen local en el mundo africano de los espíritus. La prostitución extrema, coyuntural y de bajo coste, en parque públicos o lugares similares, parece ser otra salida, si se quiere, mejor negociada. En términos generales, se trata de una comunidad casi desintegrada, difícil de observar , y uno tiene la sensación de que se encuentra en un proceso permanente de extinción.

Los ecuatorianos, hondureños colombianos, dominicanos, en cambio, ponen en funcionamiento estupendos mecanismos de adaptación. Tienen una cultura de supervivencia magnífica, y a pesar de proceder de ciudades y pueblos arrasados, han recibido una alfabetización completa y cierta preceptiva humanista. Planificados y organizados, su inmigración es bastante coherente, como una operación de desembarco. Establecen sus centros de comunicación (a cincuenta metros de casa, en una vieja tienda de chapelas, un centro telefónico con faxes e internet) y líneas vivas para la transferencia del dinero. Tienen planes a medio plazo y una estructura interna sin fisuras. Marginada, como cualquier otra minoría inmigrante, mantienen sin embargo relaciones cordiales y amortiguadas con los depredadores locales. Las mujeres son la clave de esta resistencia cool, trabajan de criadas (muchas veces reinventando, a la inglesa, una idiosincracia cínica del servicio doméstico) o como asalariadas industriales, o se aprovechan de la mitología erótica que generalmente se les atribuye y se enrolan en la prostitución. El hombre, por su parte, da la impresión de repetir su rol autóctono, practicando prerrogativas masculinas como un consorte algo inútil y pendenciero, y ejerciendo el liderazgo que la mujer le concede. En conjunto, son comunidades intensamente gregarias y prefieren una inmigración por oleadas en donde los sujetos suelen renovarse. Si se habla con ellos (experiencia en ocasiones algo inquietante) parecen escépticos en relación a nuestra acogida, y sueñan utópicamente con la transitoriedad y el regreso definitivo al mundo sensible de sus países de orígen.

La comunidad musulmana resulta bastante más compleja, lleva a sus espaldas siglos de incomunicación y un mozarabismo que no se ve por ninguna parte, y que todavía ha de definir su clientela. El jóven marroquí es el prototipo. Son estupendos cruisers, y en el barrio establecen no sólo una sinuosa sexualidad flagrante hecha de signos discretos y una presencia desbordante, sino también comunidades flotantes de pequeños ladrones y traficantes. Muchos trabajan duramente a cambio de salarios miserables en los cultivos intensivos, pero en la ciudad la mayoría repite esa ociosidad ramplona y el vagabundeo intermitente de sus viejos barrios, en busca de oportunidades y vínculos temporales. Las alianzas entre varones están a la orden del dia, y existe una camaraderia de resistencia repartida en bunkers más o menos aislados. Hablar la lengua de adopción no es ningún problema (son políglotas naturales), y descifrar las claves de nuestro carácter es algo que hacen en minutos (somos perfectamente predecibles para ellos). Uno tiene la extraña sensación de que nos consideran un segmento tosco de su propia identidad. Consideran a los franceses sus únicos padres putativos coloniales, y con nosotros juegan a un colonialismo invertido con el que nos provocan. La convivencia con estos astutos infieles del Magreb parece condenada al tedio y al desconocimiento mutuo, como en las Cantigas. El mestizaje, siempre promocionado desde la intelectualidad menos europeísta, es un esfuerzo bizarro.

En otro orden de cosas, existen en las costas mediterráneas y archipiélagos, toda clase de asentamientos variopintos (rusos, noruegos, ingleses, alemanes…) que componen un tejido único sin clasificar. Un poco comensalistas, un poco oportunistas, siempre legales y distantes, tienen a sus anfitriones perplejos y sin saber qué hacer con esa masa suya de humanismo protonacional y política de vecindario que están más que dispuestos a vomitar sobre sus distinguidos huéspedes. No se muestran interesados en ninguna integración excepto aquella que contribuya a homologar sus derechos de residentes, y muy excepcionalmente participar de la gestión municipal en sus pueblos de adopción. Algunos han restaurado el patrimonio inmobiliario rural, creando una jardinería ecológica burguesa que realza el decoracionismo y el kitsch residencial contra la cultura material autóctona y el trascurrir cotidiano de la aldea, insular por ejemplo. Esto ha disparado los precios de la propiedad histórica y el consumo, por así decir, de viviendas típicas, no solo en el Mediterráneo, sino también en las provincias nordatlánticas en donde se detectan desde hace años asentamientos extremos, ideológicos o no, en aldeas secesionistas de la Costa de la muerte. En algunos casos, ésto ha generado una clase local rica, beneficiarios directos de la venta de su patrimonio por encima de los precios de mercado y una prosperidad general que los nativos no terminan de festejar. Por supuesto existen también aventuras urbanísticas mucho menos afortunadas y una mentalidad especuladora dirigida al suelo que ha hechos estragos en buena parte del paisaje peninsular, y que se nutre de dinero negro procedente de bielorrusia, de la droga o la venta de armas, a saber, dinero de rotación que termina reconvertido en bonita arquitectura orgánica y macrourbanizaciones para los nuevos ricos europeos.

Toda estas comunidades están aquí por accidente, por factores de coste, clima y agrupamiento. No tienen deseos de compartir ni protagonizar un asentamiento de verdad, ni van a producir ningún mestizaje, son pensionistas o clases dirigentes en el exilio, una inmigración capitalista entre el retiro espiritual y el nuevo laborismo a tiempo parcial, ya saben, vivo en Valldemosa pero trabajo en Londres, o ricos en busca de su propio Palazzo Contarini o Barbaro, low cost.

Nos guste o no, ahí están, son criaturas de paso, algo absurdas y profanas en materia de esa desconcertante autenticidad que nos gusta practicar localmente, pero pueden ser divertidas, enriquecedoras incluso, desde el momento en que seamos capaces de monitorizar sus comportamientos y adelantarnos en todo lo que sea gestión del capital. Culturas exóticas del retiro ecológico que nos convertirán a corto plazo en una polis singular, en la Grecia inmobiliaria del nuevo clasicismo español. Y quizás nos ayuden a mejorar nuestra autoestima, y a superar esa timidez neurovegetativa que nos acosa desde el tardofranquismo, y que hoy ya no tiene razón de ser.

@@@@@@@@ @@@ @@@@@@@@

www.ingramcontent.com/pod-product-compliance
Lightning Source LLC
Chambersburg PA
CBHW071330280526
45787CB00001B/57